让 我 们 一 起 追 寻

Copyright ©1980, 2009, 2016 Steven Runciman

Published by arrangement with I.B.Tauris & Co Ltd, London

The original English edition of this book is entitled *The Lost Capital of Byzantium: The History of Mistra and the Peloponnese* and published by I.B.Tauris & Co Ltd.

Simplified Chinese translation copyright© 2020 by Social Sciences Academic Press

STEVEN RUNCIMAN

[英]斯蒂文·朗西曼 著
谭琦 译

拜占庭的失落之城

米斯特拉斯与伯罗奔尼撒的历史

THE HISTORY OF MISTRA AND
THE PELOPONNESE

THE LOST CAPITAL OF
BYZANTIUM

社会科学文献出版社

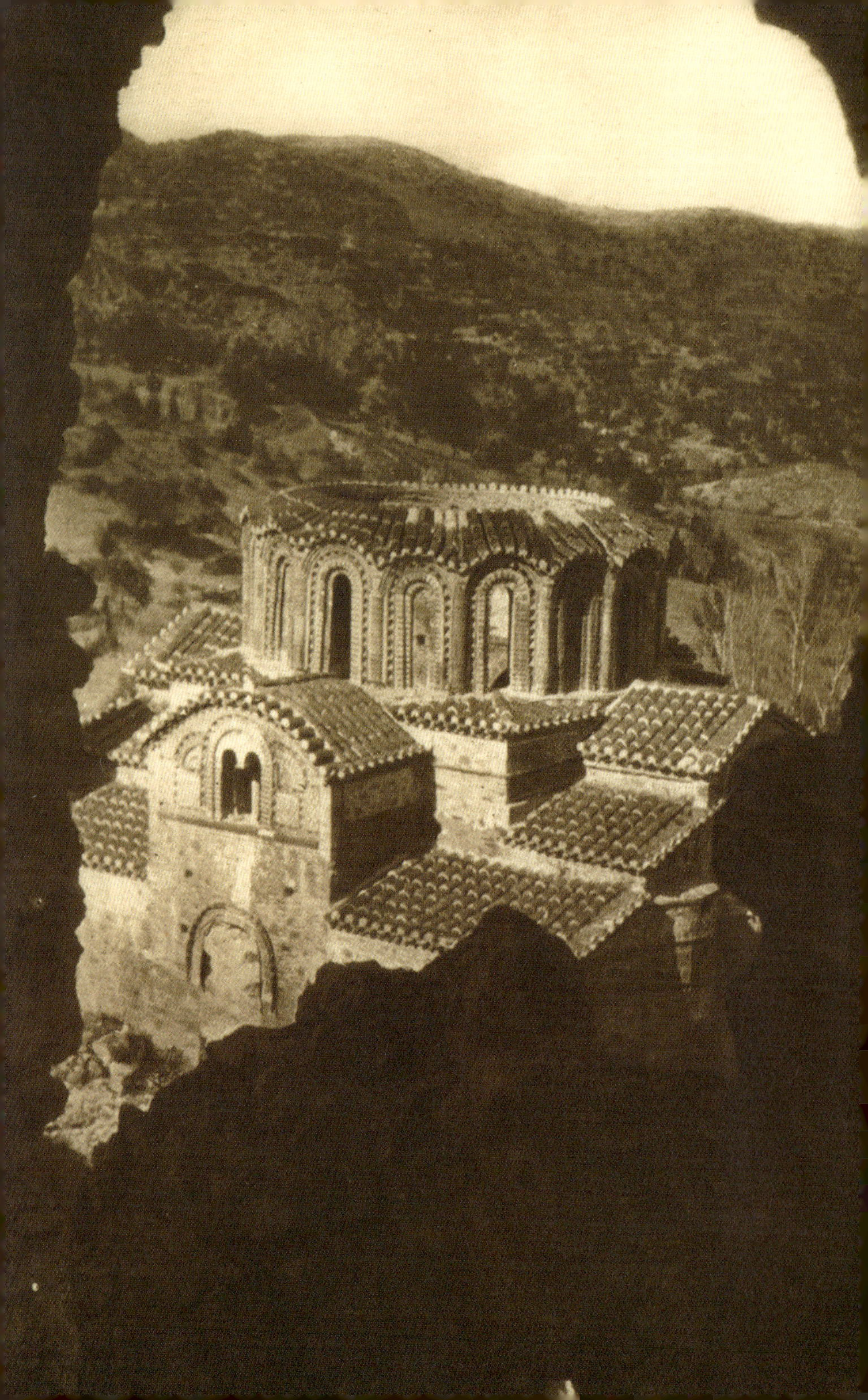

目 录

序 ……………………………………………… 001
前　言 ………………………………………… 006

第一章　斯巴达谷地 …………………………… 008
第二章　法兰克人来了 ………………………… 018
第三章　米斯特拉斯的创建 …………………… 037
第四章　希腊人卷土重来 ……………………… 048
第五章　专制君主曼努埃尔 …………………… 063
第六章　专制君主狄奥多西一世 ……………… 074
第七章　专制君主狄奥多西二世 ……………… 085
第八章　最后的专制君主 ……………………… 101
第九章　米斯特拉斯之城 ……………………… 119
第十章　米斯特拉斯的哲学家 ………………… 132
第十一章　异教徒的统治 ……………………… 146
第十二章　古典米斯特拉斯的终结 …………… 166

尾　声 ………………………………………… 185
参考书目 ……………………………………… 188
谱系表 ………………………………………… 194
索　引 ………………………………………… 196

感谢
米斯特拉斯的各位统领
和公民们

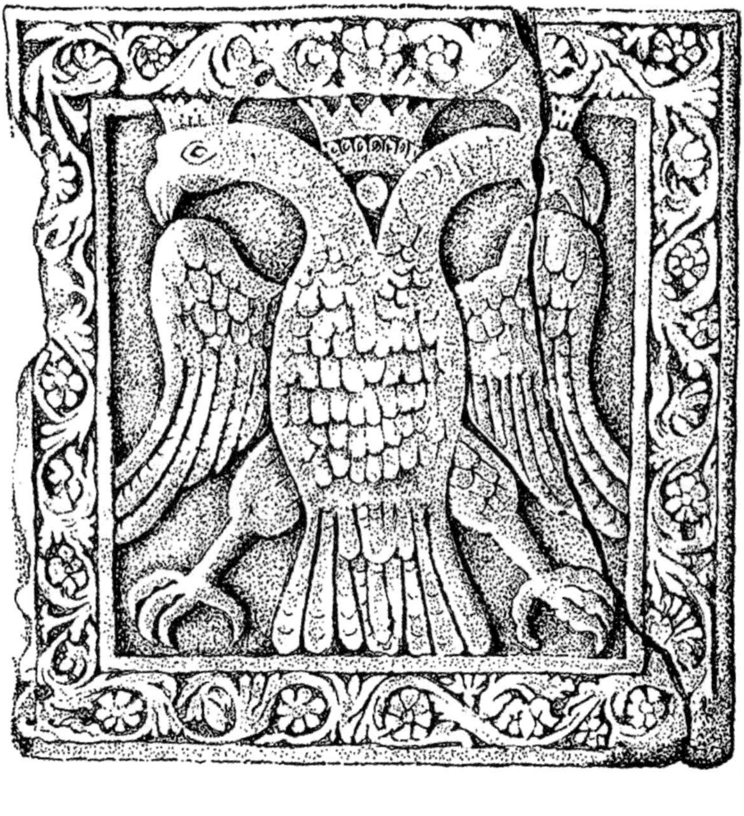

序

我还记得第一眼看到米斯特拉斯（Mistra）的时候，那是1973年的春天，我们驾车穿过伯罗奔尼撒的群山去寻找这座城市的遗迹。这座城市曾经是拜占庭摩里亚专制君主国（Despotate of the Morea）①的首都，拜占庭人最后的据点之一。我们最终在日落前一小时左右抵达了遗迹所在地，我们看到圆锥形的山丘上有一座十字军城堡的城墙和塔楼，还看到了专制君主宫殿的遗址和西面山坡下方成群的拜占庭教堂。这座空寂古城荫蔽在影影绰绰的柏树林之中，四周围绕着斯巴达谷地的橄榄树林和果园，塔吉图斯山（Mount Taygetus，又译泰格特斯山）的五座覆盖着积雪的山峰在被遗弃的中世纪都城的上空若隐若现，这就是我们一行朝圣之旅的终点。

七年之后我拜读了斯蒂文·朗西曼爵士关于米斯特拉斯的著作，唯愿第一次参观该城遗迹时就能有此书在手，因为关于米斯特拉斯及其历史，这本书讲述了很多我之前不知道的事情，唤回了它的过去，将这座城市以一种其他历史文本或旅游指南可能无法做到的方式再现于世间。要描述此书品质，借用戈

---

① "专制君主"一词在此并无贬义，只是作为某些诸侯国、藩属、封国元首的称号。"专制君主"在拜占庭贵族头衔中排第三位，后来，一些地位逊于"帝国""王国"领袖的统治者会使用"专制君主"称号。译者在此参照了马千译《1453：君士坦丁堡的陷落》（北京时代华文书局，2014）第199页的说法。（本书脚注如无特别说明均为译者注。）

尔·维达尔（Gore Vidal）① 对于朗西曼的《十字军史》（*A History of the Crusades*）的评论再好不过："读像斯蒂文·朗西曼爵士这样的历史学家的著作，才发觉历史是一种不亚于小说的文学艺术。"所以，我在获悉 I. B. Tauris 出版社准备重新发行《拜占庭的失落之城》之后尤为高兴，因为这是一部独一无二的经典之作，应当予以重印，好向作者以及他在复兴拜占庭文化的研究热潮中所发挥的作用致敬。正如他在前言中所言："这既不是一本旅游指南，也不是一篇鉴赏论文。我意在呈现米斯特拉斯的完整历史，解释它何以出现，言明它在中世纪时期最后两百年里的重要地位，并追溯其漫长的衰落过程中的悲伤往事。"

这段历史始于 13 世纪。当时，法国十字军战士维尔阿杜安的若弗鲁瓦（Geoffrey de Villehardouin）在伯罗奔尼撒半岛开创王业，于斯巴达谷地建起一座行宫。他的儿子威廉（William）又在谷地上方、塔吉图斯山脉的一处支脉建起一座要塞，尔后，人们将围绕这座要塞发展起来的、被城墙围起的城市称为米斯特拉斯。在威廉于 1261 年被拜占庭人俘获后，他被迫将米斯特拉斯割让给拜占庭皇帝米哈伊尔八世·帕列奥列格（Michael VIII Palaeologus）。

米斯特拉斯在拜占庭的统治下蓬勃发展，并在 1348 年成为摩里亚专制君主国的首都，世人皆知伯罗奔尼撒当时正由皇帝约翰六世（John VI）的儿子米哈伊尔·坎塔库泽努斯（Michael Cantacuzenus）② 统治。拜占庭帝国的最后一位皇帝君士坦丁十

---

① 1925～2012，美国小说家、剧作家，出身于纽约州显赫的政治家族，涉笔小说、剧本、政论等多种题材，以讽刺幽默见长。

② 此处疑有误，根据后文内容应该是曼努埃尔·坎塔库泽努斯。

一世·德拉伽塞斯（Constantine XI Dragases）于1449年继承大统时是摩里亚的专制君主，四年后他就命丧土耳其人之手。米斯特拉斯则坚守到1461年，是最后两块落入土耳其人手中的拜占庭领土之一，特拉布宗（Trebizond）①在随后一年陷落。

14世纪上半叶，米斯特拉斯成为拜占庭帝国的一个学术中心，在帝国陷落前两个世纪里的最后一次文艺复兴中繁荣起来。米斯特拉斯在文化上的突出地位发轫于乔治·杰米斯图斯·普勒桑（George Gemistus Plethon）②，这位拜占庭帝国晚期最伟大的哲学家在1407~1452年的大部分时间里居住在米斯特拉斯，他的存在吸引了众多学者的到来。普勒桑被称为"第二个柏拉图"，在将复兴后的拜占庭希腊文化引入西方一事上发挥了直接的作用，引发了意大利的文艺复兴。

米斯特拉斯在奥斯曼帝国的统治下走向衰落，且在被俄国人短期占领后，于1770年遭到土耳其人的洗劫。此后，1824年，正值希腊独立战争期间，它再一次被易卜拉欣（Ibrahim）帕夏③洗劫。易卜拉欣是奥斯曼帝国埃及总督穆罕默德·阿里（Mehmet Ali）之子，他将这座城市付之一炬，城中幸存下来的人口遂散落到拉科尼亚（Laconia）④的其他地区。

在希腊王国于1832年建立后，其政府决定将斯巴达古城重

---

① 土耳其东北部黑海海岸的港口城市，始建于公元前8世纪，是一座历史悠久的文化名城，1204~1461年为从拜占庭帝国分裂出来的特拉比松帝国的都城。
② 1355~1452，拜占庭哲学家和人文主义学者，阐述了柏拉图和亚里士多德的思想之间的区别，对意大利文艺复兴时期的哲学取向产生了决定性影响。
③ 奥斯曼帝国行政系统里的高级官员，通常是总督、将军或高官。
④ 曾是古希腊城邦斯巴达的核心统治区域，位于伯罗奔尼撒半岛东南部，它的北面是阿卡迪亚，西面为美塞尼亚。

建为拉科尼亚地区的行政中心。米斯特拉斯的居民大多移居斯巴达,将米斯特拉斯这座中世纪城市遗弃,只有该城南部的外城区（Exokhorion）,如朗西曼所写的,"存续下来并成为今日人们所知的怡人小镇米斯特拉斯"。

在过去的一个世纪里,希腊政府已经修复了米斯特拉斯存留的历史遗迹以及艺术杰作。米斯特拉斯现在是拜占庭文化的一座独特丰碑,经过保护已经恢复了它在其黄金时代末期的原有模样,维尔阿杜安城堡的坚壁固垒和环绕上城区（Kastro）的城墙居高临下、掌控全局,另外一道较为低矮的城墙将处于山坡较低地势处的中城区也围绕起来。专制君主宫殿的庞大外体在上下城区之间昂然而立；一系列穹顶分布在整道山坡上,分属十五座拜占庭教堂和两座修道院,其中的一些建筑被保护得近乎完美。而且,就像朗西曼描写的那样,"在破败的街道和小巷漫步时,就能看到过去一定是属于贵族的深宅大院、穷人的房屋、商家店铺或部队营房的建筑,尽管还有很多建筑的用途已无法被辨识出来"。

在这些被修复的遗迹中,有一处是圣德米特里都主教座堂,君士坦丁十一世·德拉伽塞斯于1449年1月6日在那里加冕为皇帝,其加冕之处是一块上面雕刻着双头鹰图案的大理石,这既是帕列奥列格王朝的族徽,也是拜占庭帝国的永恒象征。他在加冕典礼结束几周后前往君士坦丁堡,将他的弟弟德米特里和托马斯留下,他们双双成为摩里亚的专制君主。君士坦丁的统治结束于1453年5月29日,他在保卫君士坦丁堡时战死,君士坦丁堡也于同日被苏丹穆罕默德二世（Mehmet Ⅱ）统领的土耳其大军攻陷。穆罕默德二世将会在接下来的九年里逐一征服拜占庭帝国的剩余领土。

朗西曼在他撰写的尾声的最后一段里追忆了中世纪古城米斯特拉斯已经消逝的荣光，并将其与他在1930年见到的现代小镇的风光天衣无缝地缝合在一起——"那是一次徒步旅行，正如我年少时所为。"

古城现已无人居住，除了那些仍然居住在潘塔纳萨修道院，维护东正教信仰之永恒传统的善良修女……但是，在一些人眼中，历史绝非枯燥无味而又落满灰尘的一堆故纸，对他们来说，想象力提供了一个宏大的选择：无论是武士还是艺术家，落落大方的女士抑或满腹经纶的哲学家，或是在乡间可人之处纵情狂欢的维尔阿杜安领主……或者仅仅是普普通通的工匠和手艺人，以及前往集市的农民，我们也许仍可以看到他们的后代驱赶着羊群经过崎岖狭窄的街道，他们身后是塔吉图斯山的山峰与峡谷，展现在他们面前的则是斯巴达空谷的壮美无匹。

这就是斯蒂文·朗西曼爵士的《拜占庭的失落之城》，一部通过史实再现的手法将拜占庭的暮日耀光描绘得栩栩如生的上乘之作。朗西曼将这本书献给了这座现代小镇的地方官和人民，他们也投桃报李，以他的名字命名了一条街道以示纪念。现在，他的这本书已经再版，业已消失但被他以史家笔法重塑的拜占庭世界，将被介绍给新一代的读者。

约翰·弗里利（John Freely）
伊斯坦布尔

前　言

自我第一次前往米斯特拉斯已经过去了五十年,那是一次徒步旅行,正如我年少时所为。从那时起,胜地美景,悠悠我心,每一次故地重游都让我越发着迷。就在最近,现代米斯特拉斯,这座建造于古城最偏远郊区的友爱小镇,用其温情和善意加深了我与它之间的羁绊。我对米斯特拉斯及其人民亏欠良多,本书旨在表达我的感激之情。

这既不是一本旅游指南,也不是一篇鉴赏论文。我意在呈现米斯特拉斯的完整历史,解释它何以出现,言明它在中世纪时期最后两百年里的重要地位,并追溯其漫长的衰落过程中的悲伤往事。米斯特拉斯在年龄上无法与欧洲大多数"年高德劭"的伟大城市相提并论。它仅创立于七个半世纪之前,而且自身的光辉时日持续了不到两个世纪。自从它的最终毁灭以来已经过去了一个半世纪。然而,它在有生之年熠熠生辉。对于米斯特拉斯的历史,我们无法将其从伯罗奔尼撒半岛的整个历史中剥离出来理解,因为它就在其中。它的命运也会被更遥远的地方发生的事件左右,比如马其顿北部的一场战斗,或者是巴勒莫(Palermo)①的一场屠杀。一段米斯特拉斯的历史必然会涉及多个地域。

正确的拼写永远是一个大难题。关于这座城市的名称,我

---

① 位于西西里岛西北部,是西西里第一大城,也是一个地势险要的天然良港。

们采用了"Mistra",而不是"Myzethra",后者似乎是最早的拼写形式;抑或是"Misistra",这是大多数早期西方旅行者采用的拼写形式;也不是"Mystras",这代表了从现代希腊语音译转化而来的正确形式。我采用的是看起来最容易被现代旅行者接受的拼写形式。我们可以将伯罗奔尼撒称作摩里亚吗?这个名字通用于法兰克和威尼斯时代,却往往被官方的希腊世界回避。两种名称我都会使用,最终的选择取决于哪一种名称在语境中听起来更为自然。我不敢断言能在外文名称的音译转化上保持完全一致,但我已采用了看起来与英文著作最贴切的拼写形式。

在这样一本书中,过于详尽的参考注释未免不太适宜。我已在本书末尾罗列了我要感谢的主要原始资料来源以及一些较为现代的著作,而且我也努力避免了需要详细论证来支撑的争议性表述。我非常感谢 Fani-Maria Tzigakou 在本书插图上的宝贵帮助。

我希望拙作能鼓励富有学识的旅行者们参观米斯特拉斯,也许还可以丰富那些能够成行的游客的见解。

斯蒂文·朗西曼
艾希舍尔兹,邓弗里斯郡

第一章　斯巴达谷地

希腊大地之壮美，主要在于对比鲜明，这种对比既存在于荒凉海岬与碧蓝海湾之间，也存在于荒芜山坡与肥沃河谷之间。而斯巴达谷地，拉栖代梦（Lacedaemon），也就是荷马时代的"陆上空谷"，将这种对比体现得最为淋漓尽致。当旅行者们取道主路，沿着源于古时的泰耶阿（Tegea）①、今天的特里波利斯（Tripolis）②的路线攀爬帕农山脉（Parnon range）③的一个个小山坡时，随着峰回路转，塞拉西亚（Selassia）赫然耸现于头顶，这是古斯巴达人兴建的山头要塞，它面向东方，昂然而立，拱卫着山口。蓦然间，他们发现脚下是一片郁郁葱葱的山谷，种植着橄榄树、果树、夹竹桃和柏树，欧罗塔斯河（River Eurotas）蜿蜒其间。而谷地背后，所有希腊山脉中最为险峻荒凉的塔吉图斯山从平原上陡然而起，它由五座山峰组成，并因此被称为"五指山"（Five Fingers），山头几乎一整年都白雪皑皑，冰雪直至晚夏才会消融。晨曦初现时，人们会发现，在这道山墙之前，还有一座圆锥状的山丘，亭台楼阁点缀其上，其山顶处是一座城堡，而这座城堡，就是米斯特拉斯。

从最早的年代起，斯巴达这片富饶的平原就一直是希腊生

---

① 希腊古城，位于伯罗奔尼撒半岛东部。
② 又译的黎波里，今希腊共和国南部城市，位于伯罗奔尼撒半岛中部。
③ 位于伯罗奔尼撒半岛拉科尼亚平原东部，分隔拉科尼亚地区与阿卡迪亚地区的一条山脉。

活的一个中心。在迈锡尼时代，美貌空前绝后的海伦王后生于斯长于斯，她在私奔到特洛伊之前一直统治着这里。也就是在这里，根据传统的说法，她与墨涅拉俄斯（Menelaus）这个她曾弃而复返的丈夫长眠于此。她和他被一同葬在铁拉普涅（Therapne）山顶的陵墓里。在基督教圣人取代她的地位之前，她的陵墓一直是一座神庙，渴望拥有俊美子孙的人纷纷前往祈祷。之后，多利亚人（Dorians）[①] 来到这里，在斯巴达建起一座城邦，其制度之严格，军纪之严明，史上无可匹敌。

斯巴达城邦宪法据说是立法者吕库古（Lycurgus）的杰作，这位神秘的神话人物可能生活在公元前8世纪。据传，他在将自己制定的法案交给同胞后便去国离乡，启程前命他们发誓在其归来之前绝不更改法案，之后他故意在流亡中度过余生，从而使法律存续了五百年之久。城邦内分为三个阶层：黑劳士（Helots，又译希洛人），很可能是古老的亚该亚人（Achaean）[②] 的后代，他们身为农奴，世代为其斯巴达主子躬耕农地，效为仆役；庇里阿西人（Paroikoi，又译边民），受斯巴达支配的城镇和乡村中的居民，拥有人身自由，但是在政府内部毫无发言权；还有斯巴达人自己，他们选出自己的行政长官和元老院，以及两位世袭的国王作为首脑，这两位国王虽无独裁实权却具有一定的威望。国王在战时会被拥戴为领袖，除非他们乳臭未干或者力有未逮。除了被选举出来的行政长官和元老之外，所有人都子承父业，或为律师，或为盔甲匠，或为马夫，或是从事其他行业。但所有人都有服兵役的义务。妇女则享有对于古

[①] 古希腊人的一支，于迈锡尼文明末期登场。
[②] 古希腊大陆上四个主要的部族之一（另三个为爱奥尼亚人、伊奥利亚人和多利亚人）。

代希腊来说极大的自由。虽然她们要为城邦养育儿女，而且没有选举权，但她们与男人自由交往，并且在战时接管实际的行政权力。城邦的一切事物都被设计成为军事效率服务。教育，甚至女孩的教育，都主要是军事化的。体格羸弱之人不曾存在；不健康的婴儿会被立刻扔到塔吉图斯山的荒凉山坡上自生自灭。这是一个压制个人努力的社会群体，除了合唱诗之外，没有产出任何重要的艺术作品，文学或音乐作品也寥寥无几。但是，这种制度文化保障了安全与稳定。斯巴达是希腊大地上唯一一个不需要城防要塞的城市。整个谷地都被山墙保护，西面是塔吉图斯山，北面和东面是帕农山脉，瓦尔多诺科里亚（Vardounokhoria）较低的群山保护着由大海通向城市南部的入口，而斯巴达军队的军事技能则御敌于城门之外。后世的希腊文明拥趸为雅典人的天才而目眩神迷，对于他们而言，相比民主自由的雅典人，斯巴达人看起来总是那么糟糕透顶。他们忘记了雅典人的民主制度之所以可行是因为雅典以规模庞大的奴隶人口为根基，而雅典妇女的命运并不比那些奴隶好多少。当雅典人的个人主义导致派系林立、动荡不安乃至灾祸频仍时，很多雅典人带着艳羡的目光注视着斯巴达政治生活的稳定性。

但最终斯巴达的严格制度还是崩溃了。从对雅典的胜利中获得的战利品反而腐化了它自身的体制。它的军事机器也衰落了，而其他的希腊城邦，在数个世纪的仇恨的推动下，也联合起来一致对付它。公元前4世纪，斯巴达人第一次目睹敌人的军队进入谷地，攻击他们没有城墙保护的城市。无论是试图修复旧宪法还是使之重新焕发活力的努力都归于失败。公元前2世纪中期，在一次草草的抵抗之后，斯巴达陷落了，落入罗马的掌控之下。

希腊本土已是一潭死水，远离了历史的主流。锐意进取的希腊公民已经搬往希腊化世界的大城市，或是罗马，或是君士坦丁大帝（Constantine the Great）即将在博斯普鲁斯（Bosphorus）海滨兴建起的壮丽首都。在罗马皇帝治下，希腊城市仅仅是一些博物馆罢了。在斯巴达，曾经促使男孩成长为男子汉的激烈竞赛在剧院里成了博取游客眼球的舞台剧。严于律己的精神已从斯巴达的生活中消散。欧罗塔斯河的谷地开始以好逸恶劳、放荡不羁的奢华闻名于世。海伦的幽魂胜过了吕库古的魂魄。

基督教的到来收紧了道德的约束，但看起来斯巴达人并不急于皈依新的宗教信仰。直到公元5世纪我们才清晰地听到一位拉栖代梦的主教的声音——教会恢复了这座城市古老而又悦耳的名字。到了5世纪末，所有异教信仰的迹象了无踪影。神庙要么被遗弃，要么被改建成教堂。游戏和竞赛被人们弃如敝屣；而待产的母亲也不再爬上铁拉普涅的山丘去海伦的陵墓祈祷求福。但是，谷地生活的宁静早已被打破。376年，帝国政府允许蛮族西哥特人（Visigoths）渡过多瑙河进入帝国领土。十九年后，由于没有分到定居的土地而满腔怒气的西哥特人在其躁动难安的首领阿拉里克（Alaric）率领下，一路杀入希腊半岛。雅典幸免于难，因为阿拉里克看到了女神雅典娜和英雄赫拉克勒斯守卫城头的幻象，尽管他自称是一个正经的基督徒。然后他们继续推进，穿过科林斯地峡（Isthmus of Corinth）①进入伯罗奔尼撒，一路烧杀抢掠，最终于395年的晚夏杀到了毫无防备的斯巴达。这座城市遭受了史上第一次洗劫。阿拉里克似乎考虑过在伯罗奔尼撒建立自己的王国，但几个月之后一支

---

① 希腊南部联系大陆和伯罗奔尼撒半岛的狭窄地峡，宽仅6.5公里。

帝国军队的到来诱使他向北移动，进入了伊利里亚（Illyria）①，重新开始马不停蹄的作战生涯，并将战火引入意大利以及罗马城本身。

和平重新回到了斯巴达谷地并维持了将近两个世纪。但是，人们的信心已经消散，最终他们还是建起了城墙以保护这座城市。在这几个世纪里，人们见证了整个希腊半岛的繁荣不再。随着基督教的盛行，希腊城市失去了古时的声望，有进取心的市民则迁徙到更有活力的帝国省份。地中海的贸易路线现在也绕过了希腊，这里的工业规模更是小得可怜。帝国税务的重负，尤其是在查士丁尼大帝（Emperor Justinian）②的治下，沉甸甸地落在了这个自然资源不怎么丰富的行省头上。皇帝的注意力被边境上的忧患，以及蛮族人重新征服西部省份的野心占据。但更糟糕的事马上就要来了。

在公元6世纪的最后数十年里，当帝国分心于与波斯人的苦战中，以及阿瓦尔人（Avars）③庞大的突厥汗国正把触角伸入巴尔干半岛而使其统治者焦头烂额时，一个新的种族进入了希腊。早在这个世纪初斯拉夫人（Slavs）就已进入巴尔干半岛。现在，半是受到阿瓦尔人的鼓励，半是为了摆脱阿瓦尔人的直接统治，他们成群结队地进入了希腊。在6世纪即将结束的时候他们来到伯罗奔尼撒；在7世纪的第一个十年里，当无能的福卡斯（Phocas）在君士坦丁堡执政的时候，蛮族的数量

---

① 古地区名，在今巴尔干半岛西北部，包括亚得里亚海东岸及部分内陆地区。
② 在位期间发起军事行动，重新收复被蛮族占据的北非、意大利和伊比利亚等地，也因此耗尽国力。
③ 古代游牧部落，源于突厥人，约在6世纪迁徙到欧洲中部和东部，7世纪初参加反拜占庭战争，626年几乎占领了君士坦丁堡。

增长到了如此庞大的程度,以至于旁观者惊恐地感觉到整个希腊都落入了蛮族人和异教徒斯拉夫人的手中。

美好怡人的斯巴达谷地正符合他们的心意,当地的希腊人纷纷逃离。很多人逃向南方马尼(Mani)半岛的深山野林,在那里复兴了古斯巴达人严格的军事美德。一些人逃进了沿海城镇,斯拉夫人还无法攻取这些城镇,尤其是伸入爱琴海的岩石要塞莫奈姆瓦夏(Monemvasia)。更多的人则是跨海逃往西西里,建立起一个新的拉栖代梦,他们将其简称为戴蒙纳(Demona),这看起来是个更为安全之地。肯定也有些人留下来,与入侵者通婚并给他们带去了些许己方的文化。有两个世纪之久,斯巴达谷地以及环绕其周围的群山,都在蛮族人的掌控之下,而基督教和拜占庭式生活的文化标准都消失殆尽。

在出生于雅典的女皇伊琳娜(Irene)① 的领导下,希腊人在公元 8 世纪的最后几年开始收复希腊本土,但伯罗奔尼撒是被她的继任者尼基弗鲁斯一世(Nicephorus I)拯救的。他手下的伯罗奔尼撒总督利奥·斯克莱鲁斯(Leo Sclerus)发起了一系列战役,将斯拉夫人驱入山区,为希腊人回归谷地清场。由于太多的希腊居民在斯拉夫人盘踞期间移居海外,皇帝发现有必要从帝国的其他省份引入定居者。大多数被他迁往斯巴达谷地的殖民者似乎是来自小亚细亚的希腊人,以及一小部分亚美尼亚人,而很多早期斯巴达人的后代一定也回到了故土。大约在 810 年,斯巴达重新建起了一个主教辖区——拉栖代梦主教辖区,在帕特雷都主教辖区(Metropolitanate of

---

① 拜占庭帝国历史上的第一位女皇,在儿子君士坦丁六世年幼时摄政,后废黜儿子且弄瞎其双眼,自己独享大权并于 797 年加冕为皇帝,于 802 年在一场政变中退位,最后死于流放地。

Patras）的管辖之下。

谷地因而再次得以享有一段相对和平的时期。退入塔吉图斯山脉和阿卡迪亚（Arcadia）① 深山中的斯拉夫部落有时仍然试图袭击谷地，所以帝国政府也不时向其发起军事远征，重新征服蛮族并向他们收取其可以承担的微薄贡品。不久之后，他们也被劝服皈依基督教。这一成就主要归功于一位10世纪的圣人——尼康（Nikon）的努力，他的姓为梅塔尼奥特（Metanoeite），意为"悔改吧"。这位有着亚美尼亚血统的圣人出生在阿尔戈斯（Argos）②，他在拉科尼亚的群山间跋涉，坚定地向人们布道福音书。他个性刚强而善于收服人心，但难容异己的态度也让人对他敬而远之。当斯巴达遭遇瘟疫侵袭时，他拒绝入城，直到自几年前起定居于此的所有犹太人都被驱逐。他入城后，瘟疫也恰在此时平息。后来，当保加利亚人对伯罗奔尼撒蠢蠢欲动时，行省总督将他召唤至科林斯城。他的个人威望让那里的士气为之一振，而保加利亚人则审慎地撤退了。他不知疲倦地推动着教堂的建造，尤其是在斯巴达内部及周边地区。他在撒手人寰之后被封为圣徒；深怀感激之情的斯巴达人将他推崇为主保圣人。毫无疑问，他把这个城市一手造就为行省里最富有活力的宗教中心，尽管直到他去世后大约一个世纪，拉栖代梦主教才于1081年被提升到都主教的行列。

谷地在10世纪和11世纪继续保持着欣欣向荣的景象。塔吉图斯山的斯拉夫部落，现在被称作梅林吉（Milengi）和埃泽瑞特（Ezerites），已经不再是威胁了。一次发生在925年前后

---

① 古希腊地区名，位于伯罗奔尼撒半岛中部，拉科尼亚地区以北。
② 希腊历史名城，有约五千年的历史，是欧洲最古老的始终有人居住的城市之一。

的叛乱被军事行动镇压了下去；而且，多亏了圣人尼康和他的门徒，这些斯拉夫人都成了基督徒。他们只要定时纳贡，就会在伯罗奔尼撒总督任命的一位地区长官的管辖下被许以一定的自治权。生活在马尼半岛的希腊人和帕农山脉的扎贡斯人（Tzakones）——很可能是希腊人与斯拉夫人的混血儿——现在都成了虔诚恭顺的好子民。足够富有的斯巴达人可以参观帝国首都。倾国倾城的帝国皇后狄奥法诺（Theophano），罗曼努斯二世（Romanus Ⅱ）的妻子，便来自斯巴达。有流言蜚语宣称她的父亲不过是一个斯巴达客栈老板。但即便真相如此，那么客栈的生意也一定是红红火火的，因为他有财力将自己的女儿送到君士坦丁堡，并且让她进入了年轻皇帝时常光顾的交际圈。如果皇帝的父亲，君士坦丁七世因为年轻皇帝与狄奥法诺坠入爱河而懊丧不已的话，那只能是因为当时他正在谈判，准备让自己的儿子与一位日耳曼公主——巴伐利亚的黑德维希（Hedwig of Bavaria）订婚，这位公主是当时西帝国皇帝奥托一世（Otho Ⅰ）①的侄女，后来受封施瓦本女公爵，成了中世纪历史上赫赫有名的悍妇之一。但是，君士坦丁并未禁止儿子与狄奥法诺的婚姻。大约十五年后，她与人同谋，谋杀了她的第二任丈夫，尼基弗鲁斯二世（Nicephorus Ⅱ）②——一个冷酷无情的将军。她当初嫁给他是为了保住自己儿子们的皇位；但那之后谣言四起，称她一定与君士坦丁八世③和罗曼努斯二世的死脱不了干系。这一指控不实：君士坦丁已是一位风烛残

---

① 于962年在罗马被教皇加冕为罗马帝国皇帝，以德意志民族的"神圣罗马帝国"创建者而著称。
② 拜占庭历史上著名的军人皇帝，在与阿拉伯帝国的战争中收复了包括克里特岛、塞浦路斯岛、奇里乞亚和叙利亚的一部分在内的大片失地。
③ 原文似有误，根据上下文应为君士坦丁七世。

年的老人，而罗曼努斯一旦驾崩就会危及她的整个事业。她的儿子巴西尔二世（Basil Ⅱ）① 是拜占庭帝国最伟大的武士帝王。可能是源自他那斯巴达生母的血脉使得他继承了先祖的厉行简约，摈弃了文娱嬉戏，投身于治兵讲武。

11世纪晚期与土耳其人和诺曼人的战争使得拜占庭元气大伤，斯巴达与邻近的拉科尼亚地区虽然逃过了这些战争的直接伤害，但是繁荣不再。海盗在一片混乱之中重返爱琴海，使得贸易饱受其害。12世纪的皇帝施加的重税超出了以往，让农民无力缴纳。如同在帝国其他地区早已发生的一样，农民不得不将他们的土地交给那些能够承担税负或是敢于违逆税吏的豪强巨头，成为雇农。到了12世纪末期，除了部落地区之外，伯罗奔尼撒落入几个大家族的手中，他们蔑视帝国政府的权威，甚至当他们自己的家族成员被任命为地区官员时也是如此。的确，在12世纪的最后二十年里，软弱无能的安格洛斯（Angelus）王朝皇帝统治下的帝国政府根本不值得尊敬。

在斯巴达——当时的作家经常将其称为拉栖代梦或是拉栖代梦尼亚，处于主宰地位的家族是查玛莱蒂（Chamareti）家族。据我们所知，这一家族有三位名人，米哈伊尔、其侄约翰以及约翰的兄弟利奥，利奥在第四次十字军东征（东侵）期间以"统领"（proedros）的头衔统治着整个拉科尼亚行省。伯罗奔尼撒，或摩里亚——当时正在流行的地名，被早期的十字军绕过。西西里的罗杰二世（Roger Ⅱ）② 于1146年入侵希腊，

---

① 在位期间连年对保加利亚第一帝国发动征战并最终将其灭掉，因残酷对待保加利亚人（据传曾在一次会战中将15000名保加利亚俘虏弄瞎，保加利亚沙皇因此受惊而死）而被称为"保加利亚人屠夫"。
② 作为诺曼人领袖以武力统一西西里和意大利南部，于1130年加冕为西西里国王。

其麾下的军队在没能攻下莫奈姆瓦夏要塞之后便放弃了进攻这一地区。1203 年的夏天，伯罗奔尼撒半岛上没人注意到第四次十字军东征的大军乘坐着威尼斯人的船正绕着海岸线驶向君士坦丁堡。没人意识到十字军简单粗暴的贪婪与威尼斯人精心算计的贪婪使双方一拍即合，即将导致帝国首都陷落并被洗劫一空。1204 年的晚春，劫难的消息才姗姗来到伯罗奔尼撒，引得众人一片惊慌失措；但是，在斯巴达谷地，没人能预见拉栖代梦历史上最为辉煌的两个世纪即将随之而来。

第二章　法兰克人来了

1204年3月，在联军攻下帝国首都的一个月前，参与第四次东征的十字军骑士与他们的威尼斯盟友就开始讨论对这个他们希冀迅速征服的帝国的分赃安排。分割条约列出了将要分配给新建立的拉丁帝国的皇帝、主要的十字军领袖以及威尼斯人的领土，并于10月签订。很少有条约如此不切实际。拉丁皇帝，佛兰德斯①的鲍德温伯爵（Count Baldwin of Flanders）不得不与威尼斯人共治君士坦丁堡，后者将拥有城区的八分之三；不光如此，他们还将与皇帝分享色雷斯（Thrace）②。分给他的土地大多位于亚洲，这些土地不仅当时没有一块被征服，在后来也几乎没有一块被拉丁帝国征服。签约各方胆怯地回避了塞萨洛尼卡③（Thessalonica）的问题，因为佛兰德斯伯爵在此次十字军中的死对头蒙费拉④侯爵（Marquis of Montferrat）宣称此地为己所有并占领了它。级别较低的贵族们分得了希腊半岛和（爱琴海）诸岛上的土地，其中大多数土地也尚未被征服。威尼斯人得到的好处最多。他们在拜占庭水域做买卖已有数个世

---

① 中世纪欧洲一伯爵领地，大体包括现比利时西部、荷兰南部以及法国北部的一部分地区。
② 古代巴尔干半岛东部地区名，大体包括今保加利亚、土耳其和希腊境内各一部分。
③ 又称萨洛尼卡，是希腊北部最大港口城市及第二大城市，古时也是拜占庭帝国的重要城市。
④ 又译蒙特弗尔拉，中世纪一侯爵领地，位于意大利北部。

纪之久，因此深知什么样的安排对他们最有利。实际上，他们索要的和获取的远远超过了原本想要占有的。除了在君士坦丁堡和色雷斯瓜分到的地盘之外，他们还将接收以品都斯（Pindus）山脉①为边界的整个希腊西部地区，以及包括拉栖代梦和拉科尼亚行省在内的几乎整个伯罗奔尼撒半岛。这片帝国领土中的大部分地区还没有屈服，而威尼斯人也无意花费时间和金钱去征服这些可能难于治理、耗费不菲的土地。不过，拥有对这些土地的合法权利并将其记录在案仍然意义非凡。

尽管威尼斯人并不情愿接管分配给他们的土地，但伯罗奔尼撒人也没有过上多少安稳日子。当地的希腊领主早有自立之心，在这些人中最为活跃的就是纳夫普利翁（Nauplia）②领主利奥·斯古洛斯（Leo Sgouros），他甚至早在君士坦丁堡陷落之前就计划在希腊建立一个公国。他占领了阿尔戈斯，然后是科林斯，以及这座城市坚不可摧的卫城城堡阿克罗科林斯（Acrocorinth，又译科林斯卫城）。1204年夏，他向雅典进军，尽管雅典卫城在其杰出的大主教米哈伊尔·阿克米纳图斯（Michael Acominatus）的领导下坚决抵抗，但斯古洛斯还是占领了地势较低的市区。到1204年9月，斯古洛斯已经占领了位于皮奥夏（Boeotia）③的底比斯（Thebes），直抵色萨利（Thessaly）④的拉里萨（Larissa）城下。在那里他与一些从君士坦丁堡逃出来的难民相遇，这些难民身份高贵，包括前皇帝阿历克塞三世（Alexius Ⅲ），还有他的女儿欧多西亚（Eudocia），

---

① 位于南欧巴尔干半岛中部，从阿尔巴尼亚南部到希腊中部（伯罗奔尼撒半岛以北）。
② 位于伯罗奔尼撒半岛东部的港口城市。
③ 又译维奥蒂亚，古希腊地区名，位于希腊大陆中部。
④ 古希腊地区名，位于希腊大陆中部，北临马其顿，西临伊庇鲁斯。

即阿历克塞五世穆尔策弗卢斯（Alexius V Murzuphlus）的遗孀。斯古洛斯急不可耐地迎娶欧多西亚为妻，以赋予自己的政权些许合法性。伯罗奔尼撒的领主们，比如斯巴达的利奥·查玛特鲁斯（Leo Chamaterus）[①]，对于他的向北推进都乐见其成，因为斯古洛斯非但没有影响他们的独立地位，还会如他们所料在法兰克人的前进势头前形成一道保护屏障。

然而，领主们的一厢情愿注定要落空了。斯古洛斯纵然锐意进取、勇猛有余，却因其野蛮行径而受到希腊平民的憎恨；而且，他敲骨吸髓的程度与帝国税吏相比不遑多让。另外，他的军队兵微将寡，难有作为。1204年9月底，他听闻一支法兰克大军从北方开拔过来，便退到了温泉关隘口（Pass of Thermopylae）。然后，在意识到效仿古时的斯巴达人毫无意义后，他又退到了科林斯地峡。

这支法兰克大军由蒙费拉侯爵博尼法斯（Boniface）率领。他曾渴望在君士坦丁堡称帝，梦想落空后转而自立为塞萨洛尼卡的统治者，进而意图在希腊建立起听命于己的十字军国家，而不是听命于拉丁皇帝佛兰德斯的鲍德温，抑或是威尼斯人。在所有的十字军领袖中，博尼法斯是最深得希腊人民心的一位。他虽然来自伦巴第（Lombardy）[②]的一个小公国，但富甲一方，且出身名门，与法兰西国王和日耳曼皇帝都是堂兄弟关系。作为意大利人，他似乎更受那些来自阿尔卑斯山另一边的作风粗犷的骑士们青睐。此外，他的家族与东方有着千丝万缕的联系。他最年长的哥哥是曾经的拜占庭皇帝曼努埃尔·科穆宁（Manuel Comnenus）的女婿，也是塞萨洛尼卡深受欢迎的总

[①] 即第一章末的查玛莱蒂家族的利奥。
[②] 意大利古地区名，位于意大利半岛北部，与瑞士接壤。

督。他本人在君士坦丁堡陷落后不久便迎娶了拜占庭皇帝伊萨克·安格洛斯（Isaac Angelus）的遗孀，即匈牙利的玛格丽特。她初来君士坦丁堡时还是妙龄少女，而今在那里已是交友广泛。大批希腊人归入博尼法斯的麾下成为封臣，包括安格洛斯家族的私生子米哈伊尔。然而，正是此人随后于色萨利离军出走，带领大批希腊部队西行至伊庇鲁斯（Epirus）①，在那里浑水摸鱼。

米哈伊尔的叛逃并没有难住博尼法斯，后者继续进军，同时将土地分封给信任的战友作为采邑。斯古洛斯发现地峡根本无法守住，于是又退入了阿克罗科林斯城堡。博尼法斯留下部队将斯古洛斯围困在那里，然后继续进攻阿尔戈斯和纳夫普利翁的城堡。斯古洛斯的这两座城堡都易守难攻，而且博尼法斯也没有足够的人手拿下它们。所以他只是在城下等待，封锁住敌人直至他们粮尽后归降。

只要这三座城堡拖住了十字军，斯巴达谷地的利奥·查玛特鲁斯和周边的小领主就有希望和平地统治自己的领地，而且他们现在也有了潜在的守护者。米哈伊尔·安格洛斯在听闻伊庇鲁斯的总督、他的堂兄塞纳克里姆（Senacherim）处境艰难之后立刻率军前往。到达之后他才发现塞纳克里姆最近已经遇刺身亡。他火速迎娶堂兄的遗孀并接管了当地政府。他富有才干、精力充沛，又深得当地人的民心。在不到一年的时间里，他就成为希腊西部从都拉基乌姆（Dyrrhachium）②到科林斯湾

---

① 古希腊地区名，位于希腊西北部。
② 现名都拉斯，是阿尔巴尼亚最古老的城市。公元前627年由来自科林斯、克基拉的古希腊人建成，被称为"埃皮丹那斯"，后被罗马人占领，改称"都拉基乌姆"。

（Gulf of Corinth）所有地区的主宰。这一片区域没有引起十字军的兴趣，虽然根据分割条约它被划给了威尼斯人，但他们直到米哈伊尔根基已深时都无所作为，只是之后才要求米哈伊尔承认威尼斯的宗主权并且将他的城市向威尼斯商人开放。这正中米哈伊尔的下怀。区区名义上的宗主却能保护他在一定程度上免受恶邻的袭扰，与威尼斯的贸易则为他的子民带来了繁荣。他开始将自己视作希腊境内所有希腊人的权利捍卫者。

危险从一个意想不到的地方向伯罗奔尼撒袭来。在加入十字军进行第四次东征的骑士中有两位来自香槟（Champagne）地区的贵族：维尔阿杜安的威廉元帅和他的侄子若弗鲁瓦（Geoffrey）。威廉与远征军的主力同行并将成为大军的首席编年史撰写者。若弗鲁瓦启程时便已落后，于是决定带着他的小分队径直前往巴勒斯坦。他直到抵达那里才听说十字军已转向君士坦丁堡进发，而且他似乎也收到了叔叔的私人信件，催促他赶紧前往以分享即将在拜占庭土地上赢得的战利品。因此，在圣地进行了一场简短的朝圣之旅后，若弗鲁瓦和几名十字军同袍登上了一支驶往博斯普鲁斯的小船队。彼时已然入秋，一场风暴将这支船队吹得七零八落。若弗鲁瓦和他的一小队追随者所乘坐的船被迫向西驶去，在临近伯罗奔尼撒半岛西南角的迈索尼（Methone）港口请求避难。当地的希腊领主急于扩张自己的地盘，即使伤及自己的友邻也在所不惜。他邀请若弗鲁瓦助他一臂之力，并许以丰厚报酬。冬季天气变幻无常，继续试图驶往君士坦丁堡已毫无意义，故而若弗鲁瓦接受了这一提议。不久以后他就发现，小队装备精良的西方战士去征服伯罗奔尼撒的领土简直易如反掌。这里的希腊人疏于战阵、武器不足、装备过时，且对于自己的统治者毫无忠诚度可言，对于千方百计盘剥自己的领主到底是谁也漠不关心。只有少数几座坚固城堡的守军或是一两个山地部落才会顽强抵抗侵略者。

在这个冬季,若弗鲁瓦为他的雇主征服了美塞尼亚(Messenia)①。但是在迈索尼领主于1205年春天去世后,领主的儿子将若弗鲁瓦解雇并赖掉之前许诺的酬劳。若弗鲁瓦的人手太少,还不足以进行有效的抗议。于是,得知蒙费拉的博尼法斯正在伯罗奔尼撒围攻纳夫普利翁后,若弗鲁瓦率领他的队伍越过群山前去加入围城大军。在经历了危机四伏的六天之后,他们到达了法兰克军队的营地。在那里若弗鲁瓦遇到了同样是来自香槟地区的一位老朋友——香普利(Champlitte)的威廉。威廉的父亲是香槟地区一位伯爵夫人的儿子,但是伯爵本人否认了和他的合法关系,所以他作为私生子,只能继承母亲在香普利的土地。不过,香槟地区的很多贵族,包括维尔阿杜安在内都认为(伯爵)此举极不公平,并且奉香普利的威廉为他们的真正领主。所以,尽管威廉较为年轻,若弗鲁瓦仍然认为自己有作为封臣向其效忠的义务。威廉雄心勃勃,当若弗鲁瓦告诉他摩里亚有富饶肥沃的土地且用一小支职业部队就可以轻易征服时,他急不可耐地倾听着。博尼法斯同意了他们的计划,允许威廉带走自己的私人武装。威廉也同意将自己征服的所有土地都置于博尼法斯的宗主权之下,而若弗鲁瓦则将在威廉分配给他土地后作为封臣对其效忠。

这支小型远征军由大约一百名骑士和四五百名来自其他阶层的军士组成,于1205年4月拔营北上,当其经过科林斯时又有数支参与围困阿克罗科林斯的部队脱离主力加入其中。然后

---

① 古希腊地区名,位于伯罗奔尼撒半岛西南部。

他们向西沿着伯罗奔尼撒的北部海岸行进，一路如入无人之境，并在较大的城镇留下小股部队以作卫戍。在帕特雷（Patras）①他们转而向南，穿过厄利斯（Elis）②。当地的首府安兹拉维扎（Andravida）为不设防城市，而且上层市民也欢迎侵略者的到来。在远征过程中，只有阿卡迪阿［Arkadia，如今的基帕里夏（Kyparissia）］城堡奋起反抗。一些部队被留下来封锁这座城堡，而威廉和若弗鲁瓦则率军进入了美塞尼亚。迈索尼领主逃向深山，法兰克人占领了迈索尼和科罗尼（Corone），然后沿着美塞尼亚的海湾杀向卡拉马塔（Kalamata）。城市陷落了，但是城堡还在抵抗。

19　　卡拉马塔位于塔吉图斯山上，距离斯巴达谷地不过咫尺之遥，拉科尼亚的领主利奥·查玛特鲁斯对此态势大为警惕。他传书通报尼科利（Nikli）和维利戈斯蒂（Veligosti）的领主，这两块领地俯瞰着从伯罗奔尼撒中部通向谷地的北部通道。他们一致向一位留在东欧的希腊君主请求援助。这位君主就是伊庇鲁斯的米哈伊尔·安格洛斯，他之前还收到了阿卡迪阿守军的求援。米哈伊尔乐于干涉伯罗奔尼撒的事务，于是率领一支轻骑兵部队即日启程。围困阿克罗科林斯的法兰克人放任他大摇大摆地通过了地峡。在半岛中部，他与拉栖代梦尼亚、尼科利和维利戈斯蒂领主率领的征召军会合。到手下兵力约有五千之众时，他率军开进美塞尼亚与侵略军对决，两军在一片名为康多罗斯（Koundoura）的橄榄林遭遇了。

---

① 位于伯罗奔尼撒半岛西北部，是希腊西部通往意大利和伊奥尼亚诸岛的重要港口城市。
② 古希腊地区名，位于伯罗奔尼撒半岛西部，西面临海，南临美塞尼亚，东临阿卡迪亚。

威廉和若弗鲁瓦手下只有大约六百名士兵，但都是训练有素、装备精良的职业军人。很多远征军的初始成员被留在之前征服的城市里充当卫戍部队，但是似乎时不时有小股士兵加入远征军，这些人来自那些执行封锁斯古洛斯的城堡之类无聊任务的部队。还有很多希腊人愿意为法兰克人充当向导和侦察兵。相比之下，希腊领主的征召军则是由不擅刀枪也不喜武力的士兵组成的。法兰克重骑兵的第一轮冲锋就令这些杂兵四散而逃。很多人被砍翻在地，幸存者逃之夭夭，而米哈伊尔的轻骑兵无法将他们重新集结起来。很快希腊领主们就飞奔回各自的城池，而专制君主和他麾下的轻骑兵也穿过科林斯地峡回到自己的领地。

这场胜利使香普利的威廉获得了伯罗奔尼撒的支配地位。1205年末，他收到了教皇来信，信中将他称为"亚该亚亲王"。"亚该亚"，尽管与"摩里亚"一样，其当时的含义已将整个伯罗奔尼撒地区包括在内，但原义是指这个半岛的西部地区。所以，这一头衔此时的内涵要比威廉可能认识到的还要准确。他仍然需要占领东部的地区才能与自己的头衔相符。但是，既然东部的领主已无法对他造成任何伤害，他采纳了若弗鲁瓦的建议，放弃向拉科尼亚进军，专心巩固他在西部的地盘。阿卡迪阿城堡在粮尽后向他屈服。他随后引兵攻向阿拉克劳翁（Araklovon）城堡，这座城堡控制着通往内部高原的最佳路线。城堡领主是一名身形高大的希腊人，名为多克西帕托索斯（Doxipatras）。他拒绝交出城堡，但是兵微将寡的守军无法抵挡住法兰克人的攻击。多克西帕托索斯在战斗中被杀，而他可爱的女儿玛利亚为躲避好色的征服者而跃下了城墙。

大约在同一时间，维尔阿杜安的若弗鲁瓦也攻下了卡拉马塔城堡，威廉便将该城顺带着美塞尼亚的全部地区都封给了他。

若弗鲁瓦将卡拉马塔作为自己的封邑定居下来，但他没能长时间享有自己的全部封地，因为有人不允许。根据分割条约而得到了伯罗奔尼撒的威尼斯人决定，既然法兰克人征服了这个行省，那就是时候要回对自己有用的地盘了。1206年，一支威尼斯舰队在迈索尼和科罗尼卸下了登陆部队，将若弗鲁瓦的弱小守军逐出。他新建于迈索尼的防御工事被摧毁，而科罗尼则被扩建成一个要塞化港口，作为威尼斯船只驶往东方更远之地的航程中补充淡水和给养的中继站。若弗鲁瓦没有做出任何抗议举动，他可能认为威尼斯人在半岛上的存在会带来潜在的好处。为了补偿他的损失，威廉将阿卡迪阿城堡加封给他。到了1207年，若弗鲁瓦感觉领地已足够安全，便将自己的妻儿从法国召来。第二年，他的次子降生于卡拉马塔并被命名为威廉。

此时若弗鲁瓦是亚该亚国的实际统治者。1208年末，香普利的威廉得知自己在法国的长兄未及留下子嗣就撒手人寰。为了确保自己年幼的孩子能继承家族土地，威廉必须以下一位继承人的身份在一年零一天内出现并声明自己对这些土地的合法权利。次年早些时候，他将自己的封臣和追随者召集到他的都城安兹拉维扎。一个由两位主教、两位方旗骑士（banneret）①和四位希腊律师组成的委员会将半岛（包括还未被征服的地区）划分给他的封臣，每位骑士所获得的份额由其追随者数量和其管理守护领土的能力决定。至于拉栖代梦尼亚，则被保留给亲王本人。威廉指定自己的侄子香普利的于格（Hugh，一个私生子）为自己不在亚该亚时的钦定执政官（bailli）②或摄政，

---

① 方旗爵士是一种封建骑士爵位，其勋位在最低级骑士和男爵之间，有权率领随从在自己的方旗下上阵作战。
② （在中世纪的法国北部）代表国王负责行政、司法的执行官。

然后他就启程前往法国了。然而，他未能重返故土，而是在旅途中因热病死于阿普利亚（Apulia）。他指定的钦定执政官在他亡故后也没能活多久。因而，（亚该亚公国）需要选出一个新的钦定执政官。既然若弗鲁瓦迄今为止拥有的封地面积最大，且早就以征服行动的军师为人所知，还广受被征服的希腊人爱戴，男爵们便毫不犹豫地推选他为钦定执政官。1210 年 3 月，在根据惯例等待了香普利家族的某些成员前来宣布他的合法继承权的一年零一天之后，若弗鲁瓦接受了亲王的头衔。后世有传言说香普利的某位名叫罗伯特的贵族代表威廉的家族前往希腊，但是若弗鲁瓦通过使诈巧妙地让罗伯特在旅程的每一阶段都受到耽搁，当罗伯特最终抵达安兹拉维扎的时候为时已晚。不过，这则故事里充斥着不实之言与前后矛盾。罗伯特这个人很可能从来都没有存在过。此时威廉家族仅有的生存下来的成员是两个满足于留在香槟地区的小孩。

若弗鲁瓦作为钦定执政官的第一个举措是确认了亚该亚男爵们的封地，然后他便开始占领半岛上未被征服的区域。他首先进军维利戈斯蒂——该地未经战阵便屈膝投降，然后是防卫更加完备的尼科利。那里的守军在激烈抵抗了一周之后才俯首听命。现在，通往斯巴达谷地之路的大门已向他敞开。

利奥·查玛特鲁斯早已预料到敌人会大举进犯。虽然拉栖代梦尼亚的城墙状态良好，但是负责防守的拉栖代梦尼亚人半心半意，而且查玛特鲁斯知道自己已孤立无援。在经过五天的抵抗之后他拱手让出城市，最终被准许退隐到一个乡下庄园。

斯巴达谷地在早春时节最为可人，若弗鲁瓦沉醉其中。他在欧罗塔斯河河岸建起一座宫殿（可能就在城墙外，但现在已无踪可循），这是他最为钟爱的住所。安兹拉维扎继续充当公国的行政首都；尼科利由于地处中央，成为男爵们集会的方便处所。但是只有拉栖代梦尼亚，或者被他们称为拉克莱梦（La Cremonie）的地方，成了维尔阿杜安家族的居住地。

拉科尼亚的其他地方也被迅速占领，谷地周边的城堡、北部的尼科利、东部的杰拉基（Geraki，鹰堡）①和马尼半岛上的帕萨瓦（Passava）被分封给了信任的封臣。但若弗鲁瓦将谷地本身保留为王室领地。

定居在周边群山中的蛮族部落，比如塔吉图斯山的梅林吉部落、帕农山脉的扎贡斯人以及南方的马尼人，在威吓之下也不得不在名义上臣服于亚该亚亲王，尽管没有一个官员敢在没有全副武装的卫队保护的情况下就冒险进入蛮族的地域。现在，伯罗奔尼撒半岛上唯一留给希腊人的就是危耸于巨岩之上、从东南海岸伸入海中的莫奈姆瓦夏要塞，以及利奥·斯古洛斯领土的三个残余部分：科林斯、阿尔戈斯和纳夫普利翁三城的卫城城堡。莫奈姆瓦夏由三位世袭执政官统治；要塞内的公民在爱国主义大旗的引领下对法兰克船只进行海盗式袭扰，发家致富。而斯古洛斯的三座城堡所在的地理位置就不尽如人意了。每座城堡都从1205年起被封锁至今。但封锁是一个沉闷枯燥的任务，所以渐渐地有很多士兵出走并投奔到亚该亚亲王的麾下也就不足为奇了。然而，尽管围城者不能阻止供给甚至人力进入被围困的城堡，守军的力量还是过于薄弱，无法尝试突围。1208年，在阿克罗科林斯的城堡中被禁锢了将近四年之后，利奥·斯古洛斯被这种生活带来的压力逼疯了，他纵马跃下城堡

---

① Geraki 在希腊语里意为"鹰"。

周围的悬崖绝壁,成了岩石之下一具血肉模糊的尸体。但是,守军还没有放弃。听闻此消息之后,伊庇鲁斯的米哈伊尔·安格洛斯派兵南下,部队由他的异母弟狄奥多西(Theodore)统领。狄奥多西破围而入,加强了所有三座城堡的守卫力量,并且定居于阿克罗科林斯。

1210年4月,维尔阿杜安的若弗鲁瓦集齐所有可用的部队,开始进逼阿克罗科林斯。就在马上到达那里的时候,他收到了召唤,被要求前往色萨利的拉维尼卡(Ravenika)觐见君士坦丁堡的拉丁皇帝。

自从若弗鲁瓦抵达伯罗奔尼撒之日起,定居在更为东面的法兰克人可谓度过了一个十分坎坷的时期。君士坦丁堡陷落之后出现了希腊人的三个继业者国家:西面是米哈伊尔·安格洛斯的伊庇鲁斯专制君主国;更远的东方是大科穆宁(Grand Comnenus)王朝的特拉比松(Trebizond)帝国;位于中央,距离君士坦丁堡不远的地方,皇帝阿历克塞三世的女婿狄奥多西·拉斯卡里斯(Theodore Lascaris)在圣城尼西亚(Nicaea)①自立为帝,而且很快就被大多数希腊人奉为正朔,代表合法的拜占庭帝国。君士坦丁堡的第一位拉丁皇帝,佛兰德斯的鲍德温,是一个愚不可及的人。他的军队非但没能占领拜占庭帝国小亚细亚地区的哪怕丁点地方,而且没过多久就陷入了被动防守尼西亚人的状态。然后,鲍德温还不必要地挑起了与巴尔干正在崛起的势力——保加利亚人的战争,结果保加利亚人于1206年2月在色雷斯爆发的维尔尼西阿(Vernicia)战役中击败并俘虏了他。这位拉丁皇帝最后死于囹圄之中。恰好一年之

---

① 在拜占庭历史上,尼西亚因承办了两次基督教大公会议而声名卓著。

后，保加利亚人又设伏杀死了他的老对手，塞萨洛尼卡国王蒙费拉的博尼法斯。法兰克人之所以能渡过难关是拜鲍德温的弟弟及继承者亨利所赐，他是东方所有法兰克国王中最为精明能干和富有魅力的一个。他将尼西亚的希腊人和保加利亚人逼入困境，并且让自己在希腊臣民和法兰克臣民中都广受欢迎。当塞萨洛尼卡因为博尼法斯之死而爆发内战时，他向这座城市进军，亲自将博尼法斯的幼子加冕为国王并接受其效忠。现在他进入了希腊北部以确保建立于希腊领土上的所有法兰克国家忠贞不贰，继续将塞萨洛尼卡国王奉为宗主。

若弗鲁瓦受到了拉丁皇帝的盛情款待，后者将他视为希腊的主要封臣并赐予他"罗曼尼亚总管"（Seneschal of Romania）① 的头衔。在拉维尼卡，若弗鲁瓦遇见了自己在法国时从小就认识的玩伴——获得雅典与底比斯统治权的拉罗什②的奥托（Otho of La Roche）。奥托同意助他一臂之力，消灭阿克罗科林斯的势力。在拉维尼卡的会见结束后，两人的军队一起向阿克罗科林斯进发。他们这回将这座城堡封锁得如此彻底以至于这一年的初秋守军就被迫投降。狄奥多西·安格洛斯在城陷之前成功脱逃，带着全城财富逃往阿尔戈斯。他在那里的卫城"拉里萨"（Larissa）③坚守到1212年的夏天，直到城堡也因粮尽而降。他再一次逃脱，但这一回没能带出财富。纳夫普利翁的卫城城堡则于1211年在威尼斯舰队参与攻城的情况下被攻下。由于若弗

---

① 原文"Romania"并不等同于现代国家罗马尼亚，而是指自罗马帝国建立以来，人们对首都罗马城周围地区的称谓。拜占庭帝国一直以罗马帝国自居，拉丁帝国也将自己视为罗马帝国的后继者，两者都将首都等同于罗马城，自诩为罗曼尼亚人。
② 法国西部城市，今为卢瓦尔地区旺代省的省会。
③ 以希腊名城"拉里萨"命名。

鲁瓦一直面临人手不足的问题，所以他乐于让这三座城堡归属于奥托及其继承人的名下。

威尼斯人的援助是若弗鲁瓦自拉维尼卡归来后与共和国签订的一项条约带来的成果。他认可了威尼斯共和国对科罗尼、迈索尼，以及从伯罗奔尼撒西南角向北至皮洛斯湾（Bay of Pylos）的土地所有权。他代表全伯罗奔尼撒向共和国效忠，但这"没有影响到他对他的主人、罗曼尼亚皇帝的忠诚"。为表示忠心，他每年都要向威尼斯进贡三件丝绸长袍，一件献给总督大人（Doge）①，另外两件献给圣马可大教堂（Church of St Mark）。他要完成对拉科尼亚的征服并将行省的四分之一分给共和国，这项条款他从未兑现；作为共和国的公民，他和他的继承人必须在威尼斯长久居住，该条款他也从未兑现。最后一项是威尼斯商人在他的公国里将享有自由贸易权。

到1213年为止，若弗鲁瓦已经控制了整个伯罗奔尼撒，除了一小部分威尼斯行省、少数几个蛮族山谷以及莫奈姆瓦夏要塞之外。他对君士坦丁堡的拉丁皇帝和威尼斯共和国的双重效忠没有对他起到多少约束作用。事实上，他所受到的制约更多来自公国内部严格的封建宪法。作为亲王，他是军队总司令并可以召集封臣为他作战；他可以禁止封臣离开这个国家；他可以操控女继承人的婚姻；他可以重新安排人选空缺的采邑。但是，他受制于公国最高评议会（High Court）的权威。这个公国法庭由公国的主要封臣、帕特雷大主教及其手下的主教，以及三大骑士团的地方主管组成。三大骑士团——圣殿骑士团（Templars）、医院骑士团（Hospitallers）和条顿骑士团（Teutonic Knights）在公

---

① 又译"威尼斯执政官"，通过选举产生，从8世纪至18世纪末为威尼斯共和国最高领导人。

福基斯
·萨罗纳
加拉克西季
萨尔门尼康
·帕特雷
沃斯提萨
亚该亚
卡拉夫里塔
阿吉亚·拉夫拉修道院
埃奇那戴斯群岛
克拉伦扎
·安兹拉维扎
克莱蒙斯
桑特岛
皮尔戈斯
阿科瓦
阿卡迪亚
阿尔菲奥斯河
卡瑞泰纳
特里波利斯
尼科
斯德洛卡斯特罗
维利戈斯蒂
加尔季基
莱昂塔里翁
阿卡迪阿
(基帕里夏)
美塞尼亚
阿拉克
安德鲁萨
斯巴达
卡拉马塔
米斯特
欧罗
纳瓦里诺
拉科
帕萨
迈索尼
科罗尼
维伊特洛
马塔潘角

0 10 20 30 英里
0 10 20 30 40 50 千米

哈尔基斯

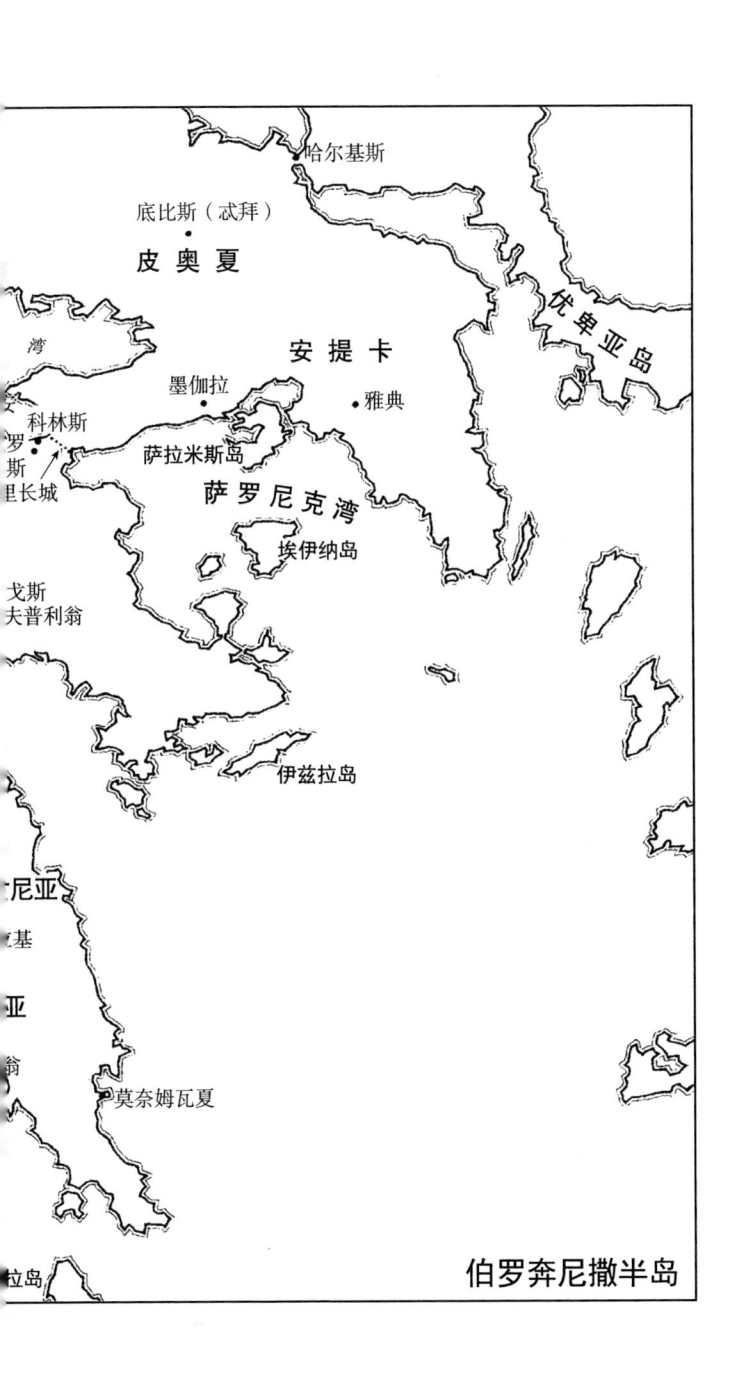

底比斯（忒拜）
皮 奥 夏

优 卑 亚 岛

安 提 卡

墨伽拉　　　　雅典

科林斯
罗　　萨拉米斯岛
斯
里长城　　　　萨罗尼克湾

戈斯　　　　　埃伊纳岛
夫普利翁

伊兹拉岛

尼亚
基
亚
翁

莫奈姆瓦夏

伯罗奔尼撒半岛

国内都有封地。没有最高评议会的准许，亲王不得惩罚任何违背其意志的封臣。而且，尽管亲王是法庭庭长，但他也有可能在法庭成员面前被他人起诉。他握有总行政权，但政务决策，尤其是外交事务的决策，需要最高评议会的同意。

亚该亚此时有十二块主要封地，其中阿卡迪阿和卡拉马塔为若弗鲁瓦自己所有，而帕特雷大主教座下还有六名副主教，故而最高评议会除亲王之外总共有二十名成员。在主要的男爵之下是拥有小地产的低等级封臣和骑士，他们和男爵之间的关系与男爵和亲王之间的关系类似。这些封臣与骑士之中不乏被允许保有自己土地的希腊领主。这些人实际上形成了一个另类阶层，平时为其法兰克邻居们所鄙薄，但亲王及高级封臣在处理地方问题时往往又会动用这个阶层的成员。城镇事务由当地议会管理并受到亲王或当地领主的严格监管。在这个社会体系底层的是农民。在早先的希腊领主治下他们被束缚在土地上，而现在他们的农奴命运被法律化了。他们对于自己微薄的财产没有任何权利，辛勤劳作的农产品除了维系他们自身生活所必需之外都归领主所有。他们可以被一位领主转让给另一位领主。一个人身自由的女孩在嫁给一个农奴后也将为奴，但如果一个农奴的女儿在领主允许的情况下嫁给一个自由人，那她就会赢得自由。

在一个殖民地社会经常发生的事情是，处于权力顶层的行政当局对于当地的臣民是心怀好意、关怀备至的。而对希腊人盛气凌人的则是侵略者中地位较低的阶层。即便如此，双方之间的交流接触也不可避免。侵略者到来的时候并未携妻带女，他们之中只有最富有的人才有条件将自己的妻子从西方召唤而来。较为贫困的法兰克士兵，甚至其中还有很多人是骑士，不得不在希腊人中寻找配偶。这就导致了被称为"加莫莱人"（gasmoules）①的混血人种的产生。骑士和军士的子嗣倾向于将自己视为父系的同族，说法语并拥护拉丁教会的信仰。比较贫穷的士兵的儿女则更倾向于说希腊语并追随母系的宗教信仰。但是，混血人口中大多继承了父辈好战的嗜好。他们开始在希腊人中形成一种尚武的文化元素，但法兰克领主尚不能完全将其倚为干城。

事实上，是宗教引起了社会的分裂。随征服者而来的西方教士决心将这里的整个教会拉丁化。东正教的希腊主教们受到驱逐而流亡海外，他们的教堂所提供的宗教服务是用异国语言进行的奇怪仪式。甚至连修道院也未能免于被接管的命运，所有教会财产都被转入拉丁教会的名下。主要拜亲王若弗鲁瓦所赐，教区司铎相对平安无事。一名教区司铎可以传统方式进行礼拜仪式并且免于缴税。但他在名义上隶属于一名拉丁上级。他再也不能向自己信仰的主教寻求宗教上的建议，也不能使用当地修道院图书馆的圣书来更新自己的知识。在失去主心骨之后，东正教会在希腊开始失去自身的文化准绳——但它从未失去人民的忠心。

拉栖代梦尼亚在这个成分复杂的社会里保持着独特的地位。不同于他们在卡拉马塔和阿卡迪阿的领地（它们不过是公国封地），维尔阿杜安家族将斯巴达谷地视为他们的私人传承。尽管若弗鲁瓦在谷地周围的城堡里安置了封臣，但是他似乎阻止了法兰克人进入谷地定居。他尽可能地在谷地度过自己的时光。他的王府里全是希腊文书和事务员，这些人深受亲王的恩泽并

---

① 指拜占庭希腊人与拉丁人混居的后代。

由于亲王的保护而免受法兰克人的羞辱。他的宫廷成员在市区频繁出现，为这座城市带来崭新的生机，市集也因而变得繁荣兴旺。店铺老板总能在亲王的随从和前来向亲王致敬的领主大人中寻觅到富有的主顾。谷地中，对于居住在肥沃的亲王地产之上的农民来说，生活还不算太艰辛。但是，世事无法尽如人意。若弗鲁瓦亲王虽然对希腊人善意有加，却还是拉丁教会的忠诚赤子。他无法拒绝由一位拉丁主教来接管这个教区。东正教主教被赶走之后，拉丁教会的司铎们在街头上大摇大摆，目空一切，惹起一片憎恶之情。

虽然如此，若弗鲁瓦的希腊臣民还是感受到了他的善意。他在希腊人中的受欢迎程度不亚于在他领导下走向胜利的法兰克骑士们对他的热爱。当他于1218年逝世时，伯罗奔尼撒陷入深沉肃穆的哀伤之中。

第三章　米斯特拉斯的创建

伯罗奔尼撒在若弗鲁瓦亲王统治的最后几年里可谓一片升平、国富民康。公国里唯一的政治斗争是由亲王决心促使拉丁主教们向王室财库贡献出他们财富的一部分引起的，而他的希腊臣民对这场斗争则泰然处之。在他的继承人、长子若弗鲁瓦二世的治下，这种平和的生活也得以维系。若弗鲁瓦二世被同时代的人公认为最为富有和睿智的亲王。他登基时大约已是而立之年，并且和君士坦丁堡前两位拉丁皇帝的妹妹过了十年的夫妻生活。艾格尼丝王后（Princess Agnes）是个捉摸不定的人物，很可能与她的两个哥哥一样性格软弱，但她毫无疑问是一个称职的女主人。她的丈夫则是一个豪华气派的东道主。他的宫廷因盛大宴会和比武大赛而举世闻名。亲王常有八名全副武装的骑士不离左右作为护卫。而起誓前往拯救陷于危亡的耶路撒冷王国或是君士坦丁堡拉丁帝国的各方骑士们，经常在途中驻足于亚该亚公国并停留在那里侍奉亲王。与他的父亲一样，若弗鲁瓦二世也热爱位于拉克莱梦或拉栖代梦尼亚的宫殿，这座宫殿是他所有居所之中最好的，也是最豪华的庆典之盛景所在。

尽管崇尚奢华，但若弗鲁瓦二世是一个颇具才干、审慎精明的管理者。他的领地内秩序井然，而且王室代理人会定期巡视封臣们的宫廷，以确保他们公正治理，不剥削希腊子民。他也是出色的战士和卓越的外交家。1236 年，他指挥舰队挫败希腊人与保加利亚人的联合进攻，拯救了君士坦丁堡。作为回报，他的内兄，每年都需要他提供资助的拉丁皇帝鲍德温二世（Baldwin Ⅱ），将爱琴海诸岛和优卑亚岛（Euboea）①的宗主权，以及邻近温泉关的巨大城堡博登尼萨（Boudenitsa）的领主权都指派给了他。若弗鲁瓦还被认可为雅典公国和凯法洛尼亚岛（Cephallonia）的宗主。威尼斯的主权被置之不理，而共和国也没有冒险去抗议。

若弗鲁瓦二世与其父亲一样受到希腊臣民的热爱，但表象之下暗流涌动。新一代的加莫莱人正在成长起来，他们对凌驾其上、颐指气使的法兰克人大为不满，开始在其母系亲族中灌输反抗精神。不过，从表面上还看不到法兰克人会被逐出的任何迹象。

1246年，若弗鲁瓦二世正值盛年之际，却突然死去。尽管修士们在秉承艾格尼丝王后的虔诚旨意修建起的西多会修道院里日夜为其祈祷生子，若弗鲁瓦仍然膝下无子，他的弟弟威廉成了继承人。

维尔阿杜安的威廉很可能是于1211年在希腊的卡拉马塔出生的。他是一个英俊的男子，俊美的面容只是由于过于突出的牙齿而略有瑕疵。他已经向世人证明自己是一个出色的战士，但在外交上还欠缺兄长的智慧。他由希腊姆妈和侍从抚养成人，说起希腊语来与自己的母语法语一样流畅。他认为自己的全身心都属于他出生的国度。而很多早期的定居者，比如拉罗什的奥托一世，在暮年时返回了西方的故土。对于威廉来说，亚该亚就是他的家，而且，如他的所有家庭成员一样，他身处拉克

---

① 又译"埃维亚岛"，威尼斯人则将其称作"内格罗蓬特"（Negroponte）。

莱梦的时候是最为快乐的。

威廉登基后首先采取的措施就是确保公国里他最心爱的这一角的安全。他对莫奈姆瓦夏仍在希腊人的手中大为光火。莫奈姆瓦夏人是精力充沛的海盗，以"捕猎"亲王的船只为生。如果希腊人寻求重新征服伯罗奔尼撒，那么莫奈姆瓦夏的港口用于部队登陆再便利不过了。威廉做好了周全细致的准备，他下令所有封臣都派兵参战，而同样饱受海盗袭扰之苦的威尼斯人也派来四艘舰船，将岩石城堡封锁起来。虽然大军没有试图一举攻下要塞，但是封锁线在稳步收紧。莫奈姆瓦夏人坚持了整整三年，他们就像摩里亚编年史里记载的那样，"如同身陷囚笼的夜莺"，动弹不得。最终他们的给养耗尽，巨大的贮水池为之一空，军民们甚至吃掉了所有的猫和老鼠，于是他们投降了，并得到了体面的条款。三名联合执政官在希腊本土分到了土地；市民免于所有军事服役，但如果他们要从事海上行业的话就要交税。

当莫奈姆瓦夏还处于重重围困之中时，威廉就已经迫使居住在斯巴达谷地周围群山里那些无法无天的部落臣服。为了使他们安分守己，要塞堡垒是极为必要的。一旦莫奈姆瓦夏被拿下，驻扎在那里的守军再加上强化后的杰拉基城堡便可以驯服扎贡斯人。为了制服马尼人，原本已有帕萨瓦城堡存在，但威廉还是在邻近马塔潘角（Cape Matapan）尖端的地方兴建了一座名为大马伊那（Great Maina）的要塞。这肯定说明对马尼人的驯化没有完全成功。马伊那还专设了一名拉丁主教，但是在度过了担惊受怕的几年之后，该主教设法拿到批准，永远定居在意大利。

在这些部落里最为棘手的就是斯拉夫人部落梅林吉了，他们定居在塔吉图斯山脉闭塞难通的山谷里，但距离拉栖代梦尼亚很近，十分危险。为了使他们产生敬畏之心并确保他心爱宫殿的安全，威廉决定在附近的塔吉图斯山山丘上建起一座城堡。他以行家眼光挑选了一座圆锥形山丘，这座山丘从平原上拔地而起约两千英尺，位于城市西南方四英里处。山丘的西面和南面的悬崖峭壁将其与塔吉图斯山的主山脉分隔开来，北面和东面的山坡很陡，易守难攻。从顶峰的一侧展目望去，欧罗塔斯河河畔的平原一览无余；从另一侧眺望，两座巨大的峡谷直插山脉的心脏部位。从卡拉马塔经过兰格达（Langada）隘口的道路是唯一一条适合骑兵穿过山脉的路径，这条道路从山中延伸出来后，进入平原略北的地方，并从山脚不远处经过。这座山丘被称为米兹特拉（Myzithra）①，很可能是因为人们认为它很像当地的一种圆锥形奶酪。这个名字后来被简称为米斯特拉斯或米斯特拉。这座山丘上无人居住，但山顶上有一座小礼拜堂，毫无疑问是献给群山的主保圣人先知以利亚（Elijah）②的。

威廉在这座山丘上兴建的巨大城堡于1249年完工。亲王对这座城堡很是满意，其选址令人赞叹不已——它既能监视梅林吉人的动向，又能为他在拉克莱梦的宫殿提供保护。

如果亲王能够抑制自己的野心的话，一切都将会很美好。他的第一个妻子有一半希腊血统。她是图西的纳尔若（Narjaud of Toucy，此人曾以恺撒③的头衔为尚年幼的拉丁皇帝鲍德温二世摄政了一年）的女儿，也是法国出生的帝国皇后艾格尼丝

---

① 如今在希腊还有一种甜品叫这个名字。
② 《圣经》中的重要先知，生活在公元前9世纪。
③ 在罗马帝国的君主体系中，恺撒的头衔相当于比奥古斯都低一级的副皇帝或共治皇帝。

（拜占庭皇帝阿历克塞二世和安德罗尼柯一世科穆宁的寡妻）与其情人狄奥多西·布拉纳斯（Theodore Branas，拜占庭叛徒）的女儿。但年轻的新娘在新婚几个月之后就不幸离世。若弗鲁瓦二世在临终之时敦促自己的弟弟尽快续弦，否则维尔阿杜安这个家族将荡然无存。登基后不久威廉就娶了一个有伦巴第血统的女子为妻，卡琳塔娜·达勒·卡瑟利（Carintana dalle Carceri）是优卑亚岛三分之一土地的女继承人。这看起来是一段美好的姻缘，只可惜他们依然无子。当她于1255年去世后威廉要求继承她在优卑亚岛的遗产，但是她在达勒·卡瑟利这个家族里的叔伯堂兄认为，他们的权利要比她的无子鳏夫更为正当合理。他们向威尼斯人求助，后者对于这样一个限制亲王权力的机会求之不得，因为亲王总是无视共和国的宗主权。当威廉召唤他的封臣加入进攻优卑亚岛的军队时，很多人选择了无视。为首的是雅典的领主拉罗什的居伊（Guy of La Roche），他作为科林斯和阿尔戈斯的领主对亚该亚亲王宣誓效忠，而他本人也确实将若弗鲁瓦二世认作他的宗主。与居伊一道的还有他的兄弟威廉，此人通过与维利戈斯蒂女继承人的婚姻成为该地领主。更为严重的是，居伊的女婿、卡瑞泰纳（Karytaina）领主布吕耶尔的若弗鲁瓦（Geoffrey of Bruyères）也站到了居伊这一边，若弗鲁瓦不仅被公认为公国里最优秀的战士，而且因为是威廉亲王唯一妹妹的儿子而成了王位继承人。优卑亚岛上的战事旷日持久，直到1257年亚该亚的军队大败于威尼斯人之后，亲王才不得不退回伯罗奔尼撒。但是亲王决心惩罚那些不忠的封臣，并于1258年向这些人的避难所——底比斯进军。他与雅典军队在位于墨伽拉（Megara）通往底比斯的道路上的卡瑞迪（Karydi）相遇。叛军被打得溃不成军，只好逃回底比斯。威廉亲王仅仅是在当地大主教出面担保的情况下才没有纵兵洗劫市镇，居伊以及其他被控有罪的封臣将去到亚该亚并接受最高评议会加诸其身的任何判罚。1258年秋，最高评议会成员齐聚尼科利。但让亲王略有几分失望的是，亚该亚的男爵们宣称他们无法给居伊施加任何判罚，因为居伊作为雅典的封君领主与他们并非处于同等地位，尽管他在亚该亚亲王的治下领有科林斯。他们建议将这个案子交由当时最为明智的君主——法王路易九世审理。他们当中的很多人曾作为侍从骑士随威廉亲王到塞浦路斯（Cyprus）觐见法王。当时路易九世正准备前往埃及进行十字军东征，威廉向他致以敬意；尽管那次十字军东征以灾难告终，却丝毫无损他们对法王能力的信任。再者，由于亲王和大多数男爵有法国血统，所以无论名义上他们奉何人为宗主，在他们的内心里，法国国王都是至高无上的共主。雅典的居伊于是被命令前往法国并接受法王的当面判罚。而对于亲王来说，原谅自己的侄子——布吕耶尔的若弗鲁瓦就困难得多。然而，当颈缚缰绳的若弗鲁瓦被带到他面前，且所有男爵都为其求情时，威廉的态度软化了。若弗鲁瓦重获自由，他的封地也被归还给了他，但是这些土地将被视作亲王的私人馈赠，而不再是一位男爵的封建权利。居伊的兄弟，维利戈斯蒂的威廉也被宽恕并收回自己的封地。

威廉亲王对于没能夺取优卑亚仍然恼怒不已。他于1258年重返那里并小胜威尼斯人，但这场胜仗有些无足轻重。于是他开始纵横捭阖，期望借助外交手段取得希腊北部和南部的主宰地位。黎凡特（Levant）的国际形势自他父亲的时代起已经发生了巨大变化。君士坦丁堡拉丁帝国已经病入膏肓、行将就木。拉丁皇帝鲍德温二世仅拥有自己治下的首都城区以及外围的些许土地,并把大部分时间用来奔走于欧洲各大宫廷,乞求自己的王亲贵戚们为他的帝国续命。威尼斯人则开始考虑为保留他们在君士坦丁堡的地盘而付诸努力是否值得。塞萨洛尼卡的蒙费拉王国消失已久,它的首都于1224年被伊庇鲁斯的一位安格洛斯王子攻占。亚该亚的威廉亲王,作为伯罗奔尼撒的统治者和希腊北部很多地区的宗主,是东方天主教国家里最有权势的法兰克统治者。他的主要权力竞争对手来自流亡的拜占庭帝国,它以尼西亚为基地。拜占庭皇帝约翰·瓦塔特泽斯(John Vatatzes)是一位雄才大略之主,在三十二年的励精图治下,他先是夺取了鲍德温二世的亚洲领土,然后又是色雷斯。1246年,他率军挺进马其顿(Macedonia),从安格洛斯王室的手中夺走塞萨洛尼卡。但他光复君士坦丁堡的企图于1236年被亚该亚的若弗鲁瓦二世的干预挫败。当他于1254年撒手人寰时,他留下了一个四周都是潜在敌人的帝国:东有土耳其人,北有保加利亚人,中有威尼斯人,还有业已成为死敌的亚该亚亲王以及伊庇鲁斯的安格洛斯王室。

伊庇鲁斯现在的统治者是1230年前后掌权的专制君主米哈伊尔二世,他是一个野心勃勃的私生子,急于收复堂兄的遗产塞萨洛尼卡,并梦想着赶在尼西亚干涉之前向东进军攻下君士坦丁堡;但是他首先得将尼西亚人驱逐出马其顿。

亚得里亚海沿岸还有一位君主准备干涉希腊大陆的事务。伟大的神圣罗马帝国皇帝腓特烈二世已经与约翰·瓦塔特泽斯建立起友谊,两人因为同样遭受教皇憎恨而惺惺相惜。继承了腓特烈二世的意大利领土的私生子曼弗雷德(Manfred)却改弦易辙,试图通过捍卫教皇所钟爱的主顾鲍德温二世的权利而打消教皇的敌意。此外,他还有扩张亚得里亚海沿岸领土的野心。

33　　伊庇鲁斯的米哈伊尔是一位聪明的外交家，他手中的牌里有两个楚楚动人的女儿。1258年，听闻曼弗雷德新近丧偶之后，他为自己的女儿海伦娜提婚，以科孚岛（Corfu）和阿尔巴尼亚本土的三座城市为嫁妆。与此同时，另外一个女儿安娜则被许配给恰好也是鳏夫的亚该亚亲王威廉。安娜的嫁妆是色萨利的土地。这两项婚姻提议都被接受了，而两个女婿也承诺帮助米哈伊尔去对付尼西亚人。时机正好，约翰·瓦塔特泽斯的嫡子继承人狄奥多西二世死于1268年，皇位落入一个幼童手中。朝臣们对于摄政事宜争吵不休。先以摄政王面目出现而后又黄袍加身的米哈伊尔·帕列奥列格（Michael Palaeologus）是一个精明能干却又寡廉鲜耻的贵族，并不受所有人的待见。

这些政治权谋看似远离斯巴达谷地；然而，正是这些阴谋诡计的结果导致米斯特拉斯的命运决定于马其顿北部的一个战场上。

伊庇鲁斯的米哈伊尔于1259年初夏开始集结自己的军队。曼弗雷德派来四百名最好的德意志骑士，而亚该亚的威廉亲自前来参战，带领着自己的所有领主和公国里的封建征召军。米哈伊尔的儿子约翰因娶了一位瓦拉几领主的女儿为妻，也带来了一支瓦拉几人（Vlachs）①的队伍助阵。对手的军队则是由尼西亚新君的弟弟约翰·帕列奥列格率领。他是一名优秀的将军，不久之前成功入侵伊庇鲁斯。他将拜占庭的军事艺术运用得炉火纯青，擅长在对手阵营内部制造分裂不合。他的军队由希腊步兵和一大批雇佣兵组成：土耳其人、塞尔维亚人（Serbs）、

---

①　又译弗拉赫人，欧洲中世纪罗马尼亚人的一支，曾建立瓦拉几亚大公国。

来自大草原（Steppes）① 的库曼（Cuman）② 轻骑兵，以及卡林西亚（Carinthia）③ 大公的一些日耳曼骑士。尽管他的军队规模比联军要小，但其优势在于统军大权系于一人之手。

两军在莫纳斯提尔（Monastir）附近的佩拉戈尼亚（Pelagonia）平原相遇。战斗爆发前夕，约翰·安格洛斯向威廉亲王抱怨自己的妻子被一个法兰克领主侮辱了。在没有收到任何补偿之后他决定撤出自己的瓦拉几人部队，并将此事告知自己的父亲，而后者认为效仿儿子的做法才是慎重的。第二天早上，威廉亲王和他的手下，以及曼弗雷德的德意志骑士们发现他们将在没有伊庇鲁斯盟军的情况下作战。他们英勇奋战，但由于敌我悬殊、智不如人而在几个小时之内就一败涂地，指挥官们或是惨遭屠戮，或是沦为战俘。威廉亲王试图乔装逃跑，被敌军搜出时他正藏在一个谷仓的大捆稻草之下，因突出的牙齿而被认出。

佩拉戈尼亚战役终结了伊庇鲁斯君主国安格洛斯王室的春秋大梦，羞辱了曼弗雷德并推动了他于七年后的陨落。但亚该亚公国的维尔阿杜安家族才是损失最为惨重的一方。噩耗传到伯罗奔尼撒后，安娜王后听从仅剩的一些男爵的建议，派使者前往法国宫廷请雅典的居伊归国主政，并豁免了他背叛亲王的罪名。居伊在陪伴圣路易（St Louis）④ 度过了几个月的苦行僧般的生活后，身心意志得到磨炼，被路易九世授以雅典公爵之衔，老练精干地履行了自己的职责，直到亲王被释放回国。

---

① 尤指东南欧及西伯利亚树少的大草原、干草原。
② 又被称作钦察人，突厥系游牧民族。
③ 位于奥地利南部地区。
④ 路易九世由于信仰虔诚、执法公正且多次响应教皇号召发动十字军东征，在死后被教皇封为圣徒，被后人尊为"圣路易"。

与此同时，亲王和其他被俘男爵被送往米哈伊尔·帕列奥列格在尼西亚的宫廷。他们受到了公正体面的对待，威廉因为一口流利的希腊语而受到皇帝及其朝臣的喜爱。尽管如此，他们受到的看管十分严密。拜占庭皇帝起初提出的释放战俘的条件是必须将整个公国都割让给他。作为补偿，他将付钱给亲王和主要的男爵们在法国购买大片地产。威廉亲王拒绝了这个提议，解释说公国并非为他所独有，因而无法被割让给他人。他的父亲作为一大批同等阶层贵族的首领征服了亚该亚，而他在没有征得这些贵族继承人同意的情况下无权处置亚该亚的任何一片领土。米哈伊尔是否真的曾经考虑过兼并整个伯罗奔尼撒是存疑的，因为这会给他带来太多麻烦。此时，随着安格洛斯王室的没落，亚该亚亲王落入他的手中，以及威尼斯被其盟友热那亚制约，米哈伊尔的军队在万事俱备的情况下于1261年攻占了君士坦丁堡，拉丁皇帝早已先于他们逃之夭夭。威廉亲王和他的男爵们被带去参观拜占庭皇帝进入历史故都的入城典礼。

　　处于这样一个强势地位，米哈伊尔提出的条件不再大无边际，而是细致微妙了许多。他先是索要纳夫普利翁和阿尔戈斯，在威廉告知他这两地因属于雅典公爵的封地而无权处置后，他又提出只要威廉割让莫奈姆瓦夏、马伊那和米斯特拉斯这三处要塞，他便许诺还威廉和男爵们以自由。谈判进行到这里，威廉就再也无法用法律程序上的理由推托反对了。这三处要地都位于威廉父亲所征服并作为其私人领地保留至今的行省内，而且威廉自己征服了莫奈姆瓦夏并修建了马伊那和米斯特拉斯的城堡。威廉接受了这些条件，只待公国最高评议会的同意。他的侄子，卡瑞泰纳领主布吕耶尔的若弗鲁瓦，被拜占庭皇帝派去将这些条款面呈王后和公国最高评议会。最高评议会于1261年晚夏在尼科利召开。这次最高评议会的会议以夫人议会而出名，因为其成员除了布吕耶尔的若弗鲁瓦和雅典公爵和另外两位年长男性之外，都是被俘领主的夫人或是战死领主的遗孀。居伊公爵处于左右为难的境地。人人皆知，如果威廉亲王继续身陷囹圄，那么对他自然十分有利。但他看起来确实真心担忧割让这些城堡将带来的战略后果。他争论道，这些条款应该被拒绝，如能筹集一大笔赎金，拜占庭皇帝肯定会释放亲王，而且他也会请求自己公爵领地的上上下下去做这件事。但布吕耶尔的若弗鲁瓦指出，赎回每一位领主将是一个漫长且耗资甚巨的过程，而拜占庭皇帝开出的条件则保证所有人能被释放。在场的夫人们，在王后带头的情况下，一致投票让丈夫回到她们的身边。若弗鲁瓦被派回去通知拜占庭皇帝接受放人条款的决定，他随身带着两个作为人质的年轻贵族女子。

维尔阿杜安的威廉于当年秋天的晚些时候回到自己的公国，跟他一起回来的还有他的贵族们。他向拜占庭皇帝宣誓效忠并且让皇帝成为自己一个儿子的教父。他归国后不久，拜占庭帝国官员便接踵而至，根据约定他要与他们交接这三座城堡。帕列奥列格家族的双头鹰旗帜再一次在莫奈姆瓦夏上空飘扬，并且第一次在马伊那的上空和米斯特拉斯城堡所在的山顶飘扬。

35

第四章　希腊人卷土重来

拜占庭的官员于 1262 年抵达并接管了米斯特拉斯。在皇帝所取得的所有希腊的领土中，米斯特拉斯起初最不被人重视。莫奈姆瓦夏是一个重要的海港并且仅仅被法兰克人统治了十三年。马伊那的巨大要塞控制着止于马塔潘角的狂野半岛，而位于半岛西边名为凯斯特纳（Kisterna）的地区同样被划入了割让给拜占庭皇帝的领土之中。在下拉科尼亚，杰拉基的要塞及小城镇的领主，尼维雷的约翰（John of Nivelet）也同意交出自己的领地，很可能是为了换一大笔钱好在科林斯湾海岸上的阿吉翁（Aigion）附近置办一大片地产。但米斯特拉斯不过是法兰克人所控制的土地上的一个孤单哨所。法兰克人仍然占据着山脚下的拉栖代梦尼亚，而维尔阿杜安家族也无意放弃他们在那里的宫殿。正是莫奈姆瓦夏成了新行省总督——凯法（Kephale）①，或"首席官员"——的派驻地。

然而，米斯特拉斯迅速地发展起来。拉栖代梦尼亚的希腊人在这里被视作二等公民，他们纷纷从这座城市迁出，以便生活在与他们同宗同族且信仰一致的总督治下。他们开始自发地在城堡下的山坡上建造房屋与教堂。那里并非完全适合兴建城镇，因为山坡陡峭、平地稀少。但是，那里也并非没有优势：水源充足、空气质量远胜平原。拉栖代梦尼亚的东正教都主教

---

① Kephale 在古希腊语里意为"头"，后文中该词统一译为"首席官员"。

由于被法兰克人禁止居住在自己的教区内，便来到米斯特拉斯定居；而他的继任者们，秉承良好的教会传统，很快就与莫奈姆瓦夏的都主教们就地位问题打得不可开交。

世事难料，拜占庭皇帝不会对已经割让给他的土地心满意足，而威廉亲王也不会对公国的领土损失坦然释怀。1262年夏天，亲王公然在米斯特拉斯的希腊守军众目睽睽之下游览自己的心爱居所——拉克莱梦。他并不惧怕挑起一场战争，因为教皇已经热情地告诉他作为囚徒向一个分裂教派的君主立下的誓言在上帝的眼中并不受约束。米斯特拉斯的守军指挥官十万火急地派遣一个信使前往莫奈姆瓦夏，向新上任的总督米哈伊尔·坎塔库泽努斯报告此事。总督又转而将此信息通报君士坦丁堡，与此同时，他与塔吉图斯山的梅林吉部落取得联系，向其许以一定程度的自治权和税收让步，作为回报，他们承诺支持总督的行动。自此以后，尽管匪性难改，他们基本上还是保持了对拜占庭帝国总督的忠诚。东正教的信仰，以及（与希腊人相同的）对拉丁人的憎恨，都使他们开始慢慢融入伯罗奔尼撒信仰东正教的人口之中。

在听闻莫奈姆瓦夏传来的消息之后，拜占庭皇帝派他年轻的弟弟，首席副皇（Sebastocrator）① 君士坦丁·帕列奥列格率领其他高级官员和一支土耳其雇佣兵前往伯罗奔尼撒。君士坦丁快马加鞭地赶往米斯特拉斯，他在那里确认了总督对梅林吉人的安排，因而从中吸收了不少人加入他的军队。大批加莫莱

---

① 该词是由拜占庭人设计出来用以细化皇室等级的专有名词，由希腊语中的奥古斯都（Sebastos）和皇帝（Autocrator）合成，该等级的地位位于恺撒（副皇帝）之上，奥古斯都（皇帝）之下，一般授予在某一方面或几方面执掌大权的皇子或驸马。

人的加盟使他军队的力量更为强大，这些法兰克-希腊混血儿备受法兰克人的歧视，但拜占庭人就少了很多种族成见，乐于接纳任何信仰东正教的族群，因此将这些人视若同胞。

威廉亲王在君士坦丁到达米斯特拉斯之前就离开了拉栖代梦尼亚。拜占庭军队因此开始围攻这座城市。随后，在听说威廉前往科林斯与雅典公爵共商大计之后，君士坦丁决定大胆地快速穿越半岛，直捣法兰克人的首都安兹拉维扎。他率军经过维利戈斯蒂并纵兵对其大肆劫掠，然后在经过拉丁神殿圣母伊索瓦（Our Lady of Isova）时，又对圣地进行了亵渎。很快，拜占庭军队的前锋直抵距离奥林匹亚（Olympia）不远的普利内萨（Prinitsa）。但在那里，拜占庭人被安兹拉维扎的法兰克守军和邻近封地赶来的勤王军合力击败。此时已是1263年的最后几个月了，所以君士坦丁迅速退回米斯特拉斯。在同一时间内，他统属军队的一支分遣队向北深入卡拉夫里塔（Kalavryta），当地的希腊人民欢迎他们入城并驱逐了当地法兰克领主——图尔纳的奥托（Otho of Tournay）的守军，奥托本人可能正与亲王一起待在科林斯。卡拉夫里塔将在后续数十年内成为法兰克领土内的一块希腊飞地。

首席副皇在第二年春天与法兰克人重启战端，但时运不济。当主力军队围攻尼科利的时候，担任先锋指挥官的总督大人米哈伊尔·坎塔库泽努斯被自己的战马掀翻在地，他的随从还未来得及营救，法兰克士兵就冲上前来将他当场砍死。更糟糕的事情还在后头。拜占庭皇帝付给土耳其雇佣军的资金已经用尽，而副皇不允许他们通过洗劫希腊村庄来补偿自己的军饷。他们宣称拜占庭人还拖欠着六个月的佣金，转而向威廉亲王提议为其效力，亲王欣然接纳。大约在同一时间，副皇被召回君士坦丁堡，临走之前他将伯罗奔尼撒的指挥权指派给两位将军——菲尔斯（Philes）和马克瑞努斯（Macrenos）。因土耳其人的加入而壮大的法兰克主力军队，由图西的安瑟兰（Anselin）统率，正在马克里普莱吉（Makryplagi）巨大的山口中行进，这条山间道路通向阿卡迪亚的中部。两位将军在打探到这一消息后，计划伏击法兰克人。战斗在一开始打得很成功，法兰克人已有动摇之象。但是土耳其人随后发现一条可以从背后袭击希腊人的小道。实际上以斯拉夫人和加莫莱人为主体的希腊军队陷入重围之中，大部分被消灭。一小部分人设法从山里逃了出来，却被紧追不舍的敌人死死咬住。两位将军在加尔季基（Gardiki）的一个岩穴中躲避时被土耳其人发现并被带到亲王面前。亲王将他们囚禁在克莱蒙斯（Chlemoutsi）的城堡里。菲尔斯在那里死去，而马克瑞努斯很快就被放回君士坦丁堡用来交换安瑟兰那被拜占庭皇帝囚禁的弟弟。在马克瑞努斯回国后不久，他的岳母，皇帝的妹妹欧洛希娅（Eulogia）指控他叛国，她怀疑他打算与现任妻子离婚，另娶敌对王朝拉斯卡里斯家族的一位公主，这位公主是维利戈斯蒂的法兰克领主的遗孀。

在得胜之后法兰克人向米斯特拉斯进军。尽管这座城堡的守军力量所剩无几，但它的城墙仍然固若金汤，法兰克人夺下城墙的企图失败了。威廉亲王再一次回到拉栖代梦尼亚的宫殿居住，但这里再无往日的美好，城市因为所有的希腊居民都搬迁到米斯特拉斯而被遗弃。威廉召集法兰克人来到这里并接管空空如也的建筑。然而，法兰克人口因为频仍的战事而大为缩减，没有足够的人力到这里来殖民。不久以后威廉离开了他深爱的拉克莱梦，此后也再未回来。

战争的结果就是，虽然希腊人征服伯罗奔尼撒的努力化为泡影，但是法兰克人也无力将他们从已经占领的要塞驱逐出去。与此同时，拉栖代梦尼亚，古时的斯巴达所在地，也走到了历史尽头，直到19世纪才重新崛起。斯巴达谷地的生活在随后接近七个世纪的时间里一直都以米斯特拉斯为中心。

参战双方都准备停火。威廉亲王在为自己家族的未来担忧，因为他膝下无子，仅有两个女儿。令他略感兴趣的是，他收到了来自拜占庭皇帝米哈伊尔的提婚：米哈伊尔的儿子、共治皇帝安德罗尼柯（Andronicus）迎娶威廉的长女伊莎贝拉（Isabella），这对年轻的夫妇共同继承亚该亚公国。这段婚姻本可以为半岛带来和平，但也会产生很多问题，既有宪法上的，也有宗教上的。而且无论亲王的想法如何，最高评议会的男爵们怀疑他们的封建权利可能危在旦夕，故而坚决拒绝这项提议。于是战争又继续下去，双方边境陆陆续续地爆发了小规模的战斗。

1266年2月，西西里国王霍亨施陶芬（Hohenstaufen）的曼弗雷德在贝内文托（Benevento）①战败身亡，击败他的是安茹伯爵查理的军队。教皇为了使他所仇视的霍亨施陶芬家族出局，将西西里王国指派给了查理。查理是法国国王圣路易的幼弟，是一个野心勃勃且毫无节制的人，身上没有一丝哥哥那平易近人的气度。对于西欧人来说，将君士坦丁堡丢给希腊人不啻耻辱性的一击，而查理将自己视为复兴拉丁帝国事业中的主角。拉丁皇帝鲍德温二世在意大利一路颠沛流离、穷困潦倒。曼弗雷德曾对他十分友善，但他现在不得不向曼弗雷德的征服者乞哀告怜。1267年5月，鲍德温于维泰尔博（Viterbo）的教皇宫当着教皇克莱门特四世（Clement Ⅳ）的面签署了一份协

---

① 意大利南部城市。

议，向查理国王割让了他对希腊半岛和伊奥尼亚海及爱琴海诸岛的宗主权，仅保留了他对安纳托利亚海岸沿岸岛屿、莱斯沃斯岛（Lesbos）①、希俄斯岛（Chios）、萨摩斯岛（Samos）和科斯岛（Cos），以及君士坦丁堡本身的权利，这些地方全都在他人手中。鲍德温的独子菲利普（Philip）与查理的女儿比阿特丽斯（Beatrice）的婚姻将进一步巩固这项协议。亚该亚亲王的利益也牵涉其中，他派出自己的大法官，韦罗利的伦纳德（Leonard of Veroli）作为代表出使，后者以亲王的名义承诺支持这一协议。威廉和他的男爵们都乐于接受查理国王取代毫无用处的鲍德温二世作为他们的宗主，尤其是在拜占庭皇帝米哈伊尔刚刚与威尼斯缔结了一项将极大强化皇帝在希腊的影响力的条约后，他们的这种心情更为强烈。当年轻的霍亨施陶芬的康拉丁（Conradin）于次年率领一支军队进入意大利南部想要徒劳地恢复自己的继承权时，亚该亚亲王率领麾下最好的骑士跋山涉水来到意大利帮助查理国王，并且为国王在塔利亚科佐（Tagliacozzo）的胜利做出了贡献。在离开希腊之前，亲王与拜占庭总督签订了为期一年的停火协议，因此他认为可以在查理的宫廷里待上几个月。他在那里与他的宗主一起规划了亚该亚的未来。亲王的长女伊莎贝拉将嫁给查理国王的次子菲利普。婚约的条款明显有利于查理国王。如果年轻的亲王死时仍无子嗣，那么公国将被传给其家族首领②，而不会被传给合法女继承人的第二任丈夫，也不会在女继承人死亡后被传给她妹妹。这种安排有悖于封建习惯法，而亲王也并非心甘情愿。人们认为他在死前立下遗嘱，把次女玛格丽特重新归入继承顺序，但

---

① 即希腊的米蒂利尼岛。
② 菲利普取威廉长女为妻，在威廉死后自然就成了家族首领。

就此时而言，与国王查理的友谊对他来说至关重要。查理赠予他大量礼物并且每当被战争蹂躏的公国处于饥荒的危险时，总是做好准备跨海向公国运送谷物。查理还能提供威廉将希腊人逼入困境所急需的人手。

世人对后续几年的战事知之甚少。1272年，拜占庭皇帝的一个侄子带领一支由希腊人和雇佣兵组成的军队抵达莫奈姆瓦夏，这支军队使他得以在法兰克人的领土上长途奔袭，但他似乎没有夺取任何重要的城堡。两年之后，得到国王查理增援的亲王和男爵们组织反击，沿着该拜占庭行省的东海岸直抵莫奈姆瓦夏的城郊，但他们也没有冒险去穿越森林覆盖的群山进入斯巴达谷地。彼时，整个谷地已落入希腊人手中。法兰克人已全部离开，但他们的血脉在那些效力于帝国总督的加莫莱人身上仍然有迹可循，尽管看起来大多数加莫莱人已定居在莫奈姆瓦夏附近，很多人应募入伍帝国海军。

对于查理国王而言，作为他为西方重新征服君士坦丁堡计划的一部分，控制伯罗奔尼撒自有其重要意义。但只要希腊人被限制在边缘地区，他也无意费神驱逐他们。一朝拥有君士坦丁堡，行省自然就全落入他的手中。首都受到的威胁使得边境上四面楚歌的拜占庭皇帝警觉起来，他已经与教皇谈判了数年，以君士坦丁堡的教会屈从于罗马主教为饵。查理是以教皇指定的名义赢得其王国的，因此也只有教皇能抑制他进一步的野心。谈判毫无结果地进行着，直到1271年格里高利十世（Gregory X）接任教皇。格里高利真心希望将异教徒从圣地赶走，而教会的统一对他的筹谋的实现大有裨益。他渴求查理国王将注意力转向穆斯林，而且，如果教会分裂被终结的话，他必然会禁止查理进攻君士坦丁堡。米哈伊尔并不是一个虔诚的信徒，他深知他即将接受的教会统一会激怒他的大部分神职人员。但不管怎样他都与其中的大多数人势同水火，这些人无法原谅他背弃了篡位时所立下的誓言：不伤害年幼的废帝（他将其刺瞎双眼、囚之牢狱）。不过，他的臣僚之中不乏与众不同的正人君子，他们急于终结教会分裂，还有一些人虽然不甘心屈从于罗马，但是为了国家利益也会接受这一安排。所以，当教皇格里高利于1274年在里昂召开大公会议时，拜占庭皇帝准备派出代表团，以他的名义将君士坦丁堡教会归入罗马的权威之下。

在里昂宣布的教会统一的政令发挥了拜占庭皇帝所渴望的作用。安茹的查理被迫放弃了他准备进攻君士坦丁堡的计划，至少是暂时如此。但是，这种风平浪静并未持续多久。对于皇帝而言，口头上承诺教会统一很容易，说服他的人民遵守这一政令就不那么容易了。这一政令在君士坦丁堡遭到强烈反对，皇帝的妹妹欧洛希娅带头反抗。宗教中心例如阿索斯圣山（Mount Athos）① 的修道团体惊恐万分、群情激奋。伯罗奔尼撒半岛的反应如何尚无证据存世，但很难相信曾经饱受拉丁教会压迫的当地东正教教会人士、神职人员和普通信徒会接受它的回归。拜占庭皇帝尽了最大努力使自己的旨意得到贯彻执行，他对主要的反对者施以惩戒，把他们打入大牢；但是，他的教会统一政令仍然无人理睬。赞成政令的教士被他们的会众抛弃。身处君士坦丁堡的教皇代表向罗马报告说拜占庭皇帝没能领导自己的人民归化。教廷感觉自己受到了欺骗。

---

① 阿索斯圣山位于希腊东北部近海地区，是东正教圣地，据传说，圣母马利亚与使徒约翰曾漂流来此。从公元9世纪起陆续有东正教修士来此并修建了大量修道院。圣山修道院由拜占庭皇帝批准，历来享有自治权利。在一战后正式划归希腊。

在这一平静的时期里，亚该亚亲王维尔阿杜安的威廉在1278年五朔节（May Day）①那天去世。他统治了三十二年，受到臣民的喜爱甚至敌人的敬佩。但他早年的睿智没能一直延续下去。他在有生之年目睹自己的国家被战争摧残得千疮百孔、一贫如洗，且自己最爱的行省和宫殿永远地流落于希腊人之手。他也知道他已签署协议剥夺了自己女儿的继承权。她的丈夫，查理国王的儿子，恰好在威廉去世一年前死去，两人没有留下任何子嗣。于是，根据维尔泰博协议，公国现在被传入查理贪婪的手中。查理立刻从那不勒斯派出一名钦定执政官。伊夫里的加勒朗（Galeran of Ivry）接管了行政管理权，他在这个职位上待了两年，继任者是拉戈内萨的菲利普（Philip of Lagonessa），任期同样是两年。随后是拉特雷穆耶的居伊（Guy of La Trémouille），他在这个行省统治了三年。

与此同时，由于拜占庭皇帝在履行教会统一政令上无能为力，教廷对此越发恼羞成怒。格里高利十世于1276年去世，在他之后的三位教皇都仅统治了几个月。1277年到1280年在位的尼古拉三世（Nicholas Ⅲ）给米哈伊尔写了一封措辞尖锐的信，要求后者取得更多的积极成果。然而，尼古拉是一个圆滑的外交家。更为甚者，他对查理国王嫉恨有加，而且这份仇恨被包括但丁在内的其他人认为是被拜占庭的黄金大礼煽动出来的。然而，尼古拉的继任者是一个法国人。马丁四世（Martin Ⅳ）是查理国王的一个老朋友。1281年11月，他颁布法案，谴责拜占庭皇帝是一个背信弃义的异教徒，并为查理国王计划发动的针对君士坦丁堡的远征送上祝福。远征的目的是将名义

---

① 欧洲传统民间节日，用以祭祀树神、谷物神，庆祝农业收获及春天的来临。

上的拉丁皇帝菲利普，即鲍德温二世的儿子和查理的女婿，送上帝国皇位，然后查理将在幕后进行操控。一支庞大的舰队搭载着大军开始在墨西拿（Messina）集结，准备在冬季风暴结束时扬帆起航，驶向东方。

边境上强敌环伺、臣属中亲友无几的拜占庭皇帝米哈伊尔已近乎绝望。如果这支势不可挡的远征军一路杀向博斯普鲁斯的话，他能守住自己的都城吗？他有一支高效的舰队和一位杰出的海军司令——利卡里奥（Licario），此人来自优卑亚，却有伦巴第血统。但这支舰队的规模太小了，必将被敌人碾压。在米斯特拉斯，当大舰队将于4月第一周从墨西拿起航的消息传来时，想必这里的人也与在君士坦丁堡的人一样焦虑万分。如果君士坦丁堡再次落入法兰克人之手，伯罗奔尼撒的希腊行省就不会有任何生存的机会。

解脱来得恰逢其时。在查理国王的所有领地之中，西西里对他的统治最为痛恨。他的王位头衔得名于此岛，但他远在那不勒斯发号施令，对此岛的福祉漠不关心。他对西西里人既瞧不起也信不过，没有让他们参与家乡事务的管理，反而任由有法国血统的官僚占据高位，并让本土来的意大利人在这些人手下工作；守卫此岛的法国军队对待西西里居民的态度则既趾高气扬又冷酷无情。因此，西西里被选定为一个巨大阴谋的酝酿之地。为首的阴谋策划者是一个来自萨勒诺（Salerno）①的小有名气的医生，普罗奇达的约翰（John of Procida）。他年轻时是神圣罗马帝国皇帝腓特烈二世的私人医生，而且还作为法官为曼弗雷德国王服务过一段时间。现居于阿拉贡宫廷的他将王

---

① 意大利中南部城市。

后也就是曼弗雷德的女儿视作王位女继承人。他决心无论如何也要摧毁他恨之入骨的查理国王。后世传说，他曾乔装易容穿越了大半个欧洲。这不太可能，因为他毕竟年事已高且公事缠身，无法离开阿拉贡。但他的间谍眼线往来于君士坦丁堡与阿拉贡的宫廷之间，出入于北意大利皇帝派（Ghibelline）① 领主们的宫殿楼宇，活跃于西西里的村镇乡间，而这一切运作所需的资金全部来自皇帝米哈伊尔的金库。权谋的草蛇灰线早已显现。1282 年 3 月 30 日，复活节后的星期一，导火线由发生在巴勒莫圣灵大教堂（Church of the Holy Spirit）外的一场叛乱点燃。当时，晚祷的钟声正在隆隆作响，一群醉醺醺的法国士兵闯入等待进入教堂的人群之中。其中一人调戏了一位西西里未婚女子，她的未婚夫从背后将这名法国士兵放倒，很快整个人群就加入了对其他法国士兵的屠杀。叛乱者们随后奔上街头，呼喊自己的同胞出来加入他们，冲进法国人躲藏的房屋和军营，杀掉他们遇见的每一个法国人。这场屠杀迅速从巴勒莫蔓延到全岛。岛上的法国人非死即逃，只有查理国王集结在墨西拿的舰队幸免于难，而这支舰队在几天之内就要出发进攻君士坦丁堡了。

西西里晚祷事件（Sicilian Vespers），这一发生在一座遥远的岛上的大屠杀，为希腊人拯救了米斯特拉斯。假如君士坦丁堡真的沦陷于查理的大舰队，伯罗奔尼撒的希腊行省势难独存。但是，随着西西里岛陷入战火，这支舰队无法启程前往东方。很快，查理就陷入与阿拉贡的苦战之中。他所有的地中海帝国谋划都不得不被永远地放弃了。

---

① 指 12、13 世纪中北部意大利支持神圣罗马帝国皇帝的派系，与之针锋相对的是支持教皇的教皇派（Guelph）。

1259 年，远在马其顿爆发的佩拉戈尼亚战役将米斯特拉斯送给了希腊人。如今，远在巴勒莫爆发的西西里晚祷大屠杀确保了希腊人能在米斯特拉斯长居久安。查理国王仍然控制着维尔阿杜安家族在亚该亚公国剩余的领地，但他再也承受不起派兵去收复公国丢失的土地了。他在 1283 年下达给自己的钦定执政官拉特雷穆耶的居伊的指示，无非是防止居伊的雇佣军叛投到希腊人一边，或是为了组织一次战俘交换以便远近闻名的当地领主能被释放。当查理于 1285 年驾崩时，他的儿子查理二世还是阿拉贡人的阶下囚，那不勒斯的王国政府指派两位邻近的大人物——雅典的拉罗什的居伊和底比斯的圣奥默的尼古拉二世（Nicholas Ⅱ of Saint-Omer）为继任钦定执政官。1289 年，已于 1285 年恢复自由的查理二世推翻了父亲的政策，允许威廉的女儿——维尔阿杜安的伊莎贝拉享有她的合法继承权。她刚刚与一位比利时亲王再婚，她的夫君，埃诺的弗洛朗（Florent of Hainault）接管了公国的行政权。弗洛朗是一位高效的统治者，他很快就与米斯特拉斯的希腊人讲和。尽管他的一些希腊臣民以及塔吉图斯山的斯拉夫人的袭扰给他带来了麻烦，和平还是一直维持到他 1297 年去世。然后伊莎贝拉自己接管了政府，直到她于 1301 年再一次嫁人。她的新丈夫，萨伏依的菲利普只有她一半岁数，是一个贪婪而无能的好战分子。在度过了灾难性的三年时光后，他返回自己的意大利领地，而伊莎贝拉回到了埃诺的亡夫遗产地。1307 年，那不勒斯的查理二世将他们免职，把公国委任给自己最心爱的儿子——塔兰托的菲利普。菲利普决心恢复公国以往的荣耀，并于 1309 年在战斗中击败了米斯特拉斯的希腊人，夺取了两三个前线城堡。不过这也是他成功的极限了。他慢慢厌倦了公国的生活，随后就返回了意大利。在他的钦定执政官执政期间，希腊人不费吹灰之力便夺回了丢失的堡垒。

伊莎贝拉和埃诺的弗洛朗有一个女儿，名叫玛蒂尔达（Matilda），她此时是雅典公爵遗孀。1313年，塔兰托的菲利普决定娶名义上的君士坦丁堡拉丁帝国女皇瓦卢瓦的凯瑟琳（Catherine of Valois）为妻，但她早先已与勃艮第公爵（Duke of Burgundy）订婚。于是，为了安抚被解除婚约的勃艮第家族，菲利普安排埃诺的玛蒂尔达嫁给勃艮第公爵的弟弟路易，并将亚该亚公国赐给这对夫妇。他们的统治短暂且麻烦不断。玛蒂尔达的姨妈维尔阿杜安的玛格丽特和她的鳏夫女婿马略卡的费迪南（Ferdinand of Majorca）先后宣称自己是合法的亲王，后者还是以他尚在襁褓中的儿子詹姆斯的名义发声的。玛格丽特后来因为将女儿嫁给一位加泰罗尼亚（Catalan）亲王而被她手下不满的男爵们囚禁。然而，在克莱蒙斯自立为王的费迪南更为危险。他最终于1316年在厄利斯的马诺拉达（Manolada）附近发生的一场战斗中被击败并战死。勃艮第的路易明智地与米斯特拉斯的希腊人为友，故而希腊士兵在马诺拉达的战斗中为他奋战。如果他能活下去，想必会给伯罗奔尼撒带来和平与繁荣。然而，这场胜利后不到一个月他就被毒杀，背后元凶据说是凯法洛尼亚伯爵。

勃艮第的路易是亚该亚最后一位具有政治才能的法兰克亲王。他的遗孀玛蒂尔达因为拒绝那不勒斯国王的命令，不愿嫁给国王的弟弟格拉维纳伯爵（Count of Gravina）约翰而被免职——事实上她已经秘密嫁给了一位勃艮第骑士。约翰担任亲王的时候，在1325年组织了一次针对米斯特拉斯的大规模远征，但无果而终。他于1333年回到了意大利，将王位传给了他的侄子——塔兰托的罗伯特,其母亲就是拉丁帝国女皇瓦卢瓦的凯瑟琳。她亲自来到半岛并且从1338年到1341年为公国带来了相当有效的管理,这主要归功于她的情人——佛罗伦萨银行家尼科洛·阿恰约利(Niccolo Acciajuoli)。但是,在他们双双返回意大利之后,公国就陷入了一片混乱。安茹家族的继承人们争吵不休。马略卡国王,也就是当年费迪南那还在襁褓中的儿子,宣称自己才是合法亲王,这就给了驻扎在雅典的加泰罗尼亚佣兵团(Catalan Company)① 干涉内政的可乘之机。一些大封建领主,比如接管尼科洛积累的地产的内里奥·阿恰约利(Nerio Acciajuoli,尼科洛是他的堂兄和养父),或是帕特雷主教,无视任何亲王的权威。那不勒斯女王乔安娜一世(Joanna Ⅰ)于1376年将公国租借给医院骑士团,但他们从来未能取得公国的控制权。当安茹家族的最后一位代表,雷堡的詹姆斯(James of Les Baux)于1283年②死去时,还有五位贵族自称有成为亲王的资格;但是实际权力掌握在纳瓦拉③佣兵团(Navarrese Company)手中,他们于数年之前来到希腊,希冀能够复制加泰罗尼亚佣兵团的成功。④ 1396年,纳瓦拉佣兵团团长圣苏潘的彼得(Peter of San Superan)宣称自己为亲王。当他于1402年死去时,他的遗孀,出身于统治希俄斯岛的热那亚家族的玛丽亚·扎卡里奥妮(Maria Zaccarione)被她的侄子琴图廖内·扎卡里亚(Centurione Zaccaria)赶下台。他是最后一个

---

① 加泰罗尼亚佣兵团最初创建于1281年,被认为是西欧中世纪最早出现的正规雇佣兵组织。它在1311年的哈米洛斯之战中击败并杀死了雅典公爵沃尔特五世,实际上控制了雅典公国并使之名存实亡。
② 原文似有误,应为1383年。
③ 欧洲中世纪时,位于西班牙东北部和法国西南部的王国。
④ 纳瓦拉佣兵团于1388年击败加泰罗尼亚佣兵团,攻占雅典。

以亚该亚亲王名义统治的拉丁人。同一时期，威尼斯加强了在迈索尼和科罗尼的据点，并于1388年从纳夫普利翁和阿尔戈斯的女继承人手中买下这两座城市的控制权。

　　在这种情形下，米斯特拉斯的希腊人再也不用惧怕法兰克人了，他们着手重新征服整个伯罗奔尼撒半岛。这是一项缓慢的工程，乡间成为一片法外之地，地方领主在那里无法无天，而希腊当局只有小股部队。但是，现在有些拉丁领主更愿意接受希腊人而非虚弱的拉丁亲王的管治，他们渐渐地被吸收进希腊人的贵族阶层中。米斯特拉斯正在崛起为一片繁荣发展之地的都城。

第五章　专制君主曼努埃尔

莫奈姆瓦夏成为首席官员，也就是拜占庭伯罗奔尼撒行省总督的总部已有大约六十年之久。这是一个显而易见的选择。总督在那里可以与君士坦丁堡通过海路保持定期联系，而米斯特拉斯仍然是一个深入法兰克人控制领土的前哨站，马伊那则是坐落于一座蛮荒半岛上的孤立城堡。但随着行省面积的扩大，莫奈姆瓦夏由于远在东南角落，已不适合继续扮演行省中心的角色。米斯特拉斯现在更为适合。塔吉图斯山保护着它的后方，富饶的斯巴达谷地就在它脚下，米斯特拉斯开始发展为一个安全、繁荣的市镇，吸引着伯罗奔尼撒各地的希腊人来此定居。首席官员直到1270年还在莫奈姆瓦夏居住，但是到1289年他就已经搬到了米斯特拉斯。这次搬迁很可能是在1278年维尔阿杜安的威廉去世之后完成的，因为彼时法兰克人再无重返斯巴达谷地的可能性。

最开始首席官员的任期只有一年。第一任首席官员是坎塔库泽努斯家族的成员，他在法兰克人征服希腊之前就在伯罗奔尼撒拥有土地。他在任期结束后留在了这个行省，直到1264年在法兰克人的突袭中被杀。[1] 他作为战士的军事技能让法兰克人钦佩不已。在随后几年的历史中被提及的发起专门军事行动的将军的名单里有无当地总督尚无法确定。1285年前后，政府

---

[1] 参见本书第四章。

体系有所变动，君士坦丁堡当局赋予了总督更长的任期，以及更高的头衔——首长（Epitropos）。这看起来较为明智，将有助于增强施政管理的持续性。另外，爱琴海的海盗越发猖獗，所以每年都向伯罗奔尼撒派遣新任总督及其随员可能也并不容易。在这一新安排之下的第一任总督是坎塔库泽努斯家族的另一个成员，很可能是那位于1264年英勇牺牲的总督的侄子，或者也可能是他的儿子。这位新总督非常年轻，只有21岁。他的名字已不为人所知，但如果这个家族遵循惯例，为最年长的孙子取其父系祖父的名字（除非母系祖父更为出名），那么我们就可以假定他的名字是马修。获得这一任命的他肯定展现出了巨大的潜力，而且他的管理业绩似乎也没有辜负拜占庭皇帝安德罗尼柯二世对他的信任。然而，他在这个行省待了八年之后突然死去，死时仍然不到30岁。

我们所知的下一任总督可谓卓尔不凡，他名叫安德罗尼柯·帕列奥列格·阿森，父亲是保加利亚（Bulgaria）[①] 的前国王，母亲是皇帝安德罗尼柯二世的妹妹。他在1315年就开始执政并且在米斯特拉斯待到了1321年。他的政府以多次成功对抗法兰克人著名，他从法兰克人手里夺取了阿科瓦（Akova）和卡瑞泰纳这样的大城堡，因而在中部省区阿卡迪亚建立了拜占庭的统治。这一成果因安德罗尼柯在阿卡迪亚城堡圣乔治堡前击败一支法兰克援军而得到巩固。在这场战斗中，条顿骑士团的指挥官被杀，统帅官（Chief Constable）[②] 巴托罗米奥·吉西（Bartolomeo Ghisi）沦为战俘。地位较低的法兰克领主接受了希腊人的统治，他们的领土也得以被当局确认。在一代人的

[①] 此处指1185年建立的保加利亚第二帝国。
[②] 中世纪高级军职，理论上，当国王不在时可代替君主行使最高军事指挥权。

时间里，他们开始皈依东正教并且与他们的东正教同胞通婚。在他待在希腊的最后几年里，安德罗尼柯似乎把时间主要用在了抵挡来自雅典的加泰罗尼亚佣兵团的进攻上。他的离去使人们大为痛惜；但他希望在政治舞台上扮演好自己的角色，尤其是当自己的叔叔，皇帝安德罗尼柯二世的统治每况愈下的时候。

安德罗尼柯二世于是打算将总督的职位授予宫廷中最有才智的年轻人——约翰·坎塔库泽努斯。这是一个水到渠成的选择，因为约翰就是在皇帝统治早期管理行省的那位年轻将军的儿子（他可能是在父亲死前或死后不久出生的），而且他还新近娶了安德罗尼柯·阿森的女儿为妻。但约翰谢绝了这一任命，推托说伯罗奔尼撒留给他家族的尽是悲伤往事，而且他的母亲告诉他，如果他前去这个导致他父亲死亡之地任职，她的悲伤就会变得更加哀切。这个借口必定是虚伪的。被他用作借口的母亲，实则是一位精力充沛且野心勃勃的夫人，并不会允许自己的儿子在君士坦丁堡正值多事之秋之际被发配到一个边远行省。但她后来又确实允许儿子接受色萨利总督的职位，因为在那里有一支规模很大的军队和足够的资源任其使用。结果是，约翰由于君士坦丁堡急剧恶化的危机而未接受这一任命。

代替约翰成为伯罗奔尼撒总督的似乎是一位叫作安德鲁的贵族。关于他我们所知的有两点，一是他由"虔诚皇帝安德罗尼柯"任命（安德罗尼柯二世比安德罗尼柯三世[①]更适合这个尊号，因为后者不是一个很虔诚的人，但尊号经常是形式上的，

[①] 安德罗尼柯三世作为皇太孙继承了安德罗尼柯二世的皇位。

无关皇帝的人品）；二是他的儿子是一位圣人——亚该亚的莱昂提乌斯（Leontius）。莱昂提乌斯因在14世纪后期的善行而声名远扬。安德鲁的执政时间很短暂。1325年希腊人的军事指挥官拥有首席狩猎官（Protokyncgus）① 的头衔，但他是否成为总督就不得而知了。

随后就是伯罗奔尼撒的希腊行省历史上一个凄惨悲凉的时期。加泰罗尼亚佣兵团从13世纪末期起就不断袭扰这个半岛。更为甚者，加泰罗尼亚海军司令罗杰·德·鲁里亚（Roger de Lluria）在1292年攻占并洗劫了莫奈姆瓦夏和马伊那的下城区，满载赃物和俘虏而归，且最终把这些俘虏卖到了西西里的奴隶市场。安德罗尼柯·阿森在其总督任期内遏制了加泰罗尼亚人，但在他离开后，他们又开始袭击希腊人，通常是从陆地上发起攻击，但还从未抵达如此深入斯巴达谷地的地方。更为可怕的是从安纳托利亚的爱琴海沿岸土耳其港口出发的海盗所发动的袭击。这些海上袭击活动在14世纪20年代变得尤为严重。1332年，艾登（Aydin）② 的埃米尔（Emir）③ 乌穆尔（Umur）洗劫了莫奈姆瓦夏的下城区，活捉了当地总督及其女儿，所幸他们在被卖作奴隶之前被威尼斯海军司令芝诺（Zeno）救出。两年后乌穆尔率军在拉科尼亚海湾登陆，顺着欧罗塔斯河谷直抵米斯特拉斯。但是坚固的城墙吓住了他，于是他在从总督那里收到一笔不菲的礼金后就撤退了。

安德罗尼柯三世于1341年去世，此后拜占庭爆发了内战，

---

① 与该词的词形相近且词义类似的为proto-kynigous（希腊语），直译为首席狩猎官。
② 位于现今土耳其安纳托利亚地区西南部、爱琴海沿岸。
③ 伊斯兰国家的贵族头衔，用于对王公贵族、酋长或地方长官的称谓。

加剧了这个行省的动荡不安。在他死前不久，由数位法兰克贵族派出的一个代表团来到君士坦丁堡，向当时的首席大臣约翰·坎塔库泽努斯表达了他们的归顺之意，表示愿意接受米斯特拉斯总督的统治。但是，他还没来得及对他们的要求有所回应就陷入了与敌对政客的战争。对手赢得了萨伏依的安娜的支持，她作为皇太后，以她的儿子小皇帝约翰五世的名义统治着帝国。约翰·坎塔库泽努斯直到攻入君士坦丁堡并以皇帝约翰六世的名义接管政府后才有暇将注意力转向伯罗奔尼撒。其间，米斯特拉斯的几位总督（他们的名字已不可考）看起来失去了对乡间各个希腊和拉丁领主的控制。

作为皇帝，约翰·坎塔库泽努斯十分关心伯罗奔尼撒秩序的恢复，因为他将其视为一种家族责任。早在 1349 年，他就任命他的次子，最近刚刚被授予专制君主头衔的曼努埃尔为这个行省的总督。曼努埃尔年方二十，正值年富力强之时。他似乎不太可能被授予任何特殊的总督权力，但与君士坦丁堡的联络时有中断，而曼努埃尔也在没有请示帝国政府的情况下奉行自己的政策。这一点，再加上他作为帝王之子的高贵身份，为这个行省增添了独有的威望。另外，曼努埃尔明白他的任期就是他的一生。这个行省因此成了自治封地。从此往后，我们可以将其称为伯罗奔尼撒专制君主国或是摩里亚专制君主国，尽管事实上，无论曼努埃尔还是他之后的任意一位专制君主在他们的官方文件和铭文中都没有在头衔中加入领土名称。

曼努埃尔很快就展现出他的才干。在离开君士坦丁堡前不久，他娶了一位拉丁血统的女士为妻。她是塞浦路斯（Cypriot）国王吕西尼昂的居伊（Guy of Lusignan）的女儿。居伊在君士坦丁堡度过了自己的大部分青年时光并且曾两度娶拜占庭女子为妻。这位拉丁女士的母亲似乎是居伊的第二任妻子，她与帕列奥列格王朝有着千丝万缕的联系。居伊最终继承了奇里乞亚亚美尼亚王国（Cilician Armenia）的王位，因为他的母亲是亚美尼亚赫托米斯（Hethoumian）王朝的公主。他在继位两年后于1344年遇刺身亡。曼努埃尔的妻子有好几个名字。米斯特拉斯的一段铭文将她称作"扎皮娅·娜特·丽兹娜"（Zampea nte Lezinao）；但是在拉科尼亚的隆加尼科斯（Longanikos）的一段更晚期的铭文中，她又被称作玛丽亚；当她在塞浦路斯的铭文中出现时，则被称作玛格丽特。可能是她在晚年被东正教会接受，重新受洗为玛丽亚。但她看起来始终心向拉丁，一直与她在东方天主教国家的拉丁亲戚保持联系。

可能是受她的影响，曼努埃尔作为伯罗奔尼撒这个希腊行省的统治者，制定了与半岛上的拉丁人保持良好关系的政策。在拉丁领主的帮助下，他驯服了行省里目无王法的希腊领主，使他们俯首听命。1358年前后，他与亚该亚的拉丁统治者以及威尼斯人结盟共同对抗土耳其人。盟军在墨伽拉沿海取得了一次胜利，摧毁了35艘土耳其舰船。然而，土耳其人得到了以小罗杰·德·鲁里亚为团长的加泰罗尼亚佣兵团的帮助。为了制服他们，第二次远征势在必行。在接下来的几年里，土耳其人的骚扰少了许多。曼努埃尔还干涉了法兰克人的内部事务。当亚该亚亲王塔兰托的罗伯特于1364年在没有子嗣的情况下去世时，他的寡妻波旁（Bourbon）的玛丽寻求将公国传给她在第一段姻缘中生下的儿子，加利利（Galilee）亲王吕西尼昂的于格，此人刚刚错失塞浦路斯的王位，正在寻找一个替代领国。曼努埃尔由于自己妻子与于格是堂亲关系，支持于格与更有合法资格的候选人塔兰托的罗伯特①分庭抗礼，且从中大获成功。于格宣布放弃王位，得到一大笔钱，并将其中的很大一部分赠予了曼努埃尔，后者还在王位继承战期间占领了一些村庄和城堡。然而，数年之后，当那不勒斯的乔安娜女王于 1375 年接管公国时，她的钦定执政官圣塞韦里诺的弗朗西斯（Francis of Sanseverino）攻占了加尔季基城并围困了其卫城城堡。曼努埃尔率军驰援，却以惨败告终。但是圣塞韦里诺在发现这座城堡坚不可摧后，很快就放弃了围城。

曼努埃尔在奉行自己的总体政策时小心翼翼地同拉丁教会保持良好关系。我们在故纸堆中发现他与教皇格里高利十一世友好地通信，后者似乎对他改变信仰抱有希望，而且他还消除了东正教君主与拉丁君主之间发生地方摩擦的所有迹象。这样就更容易使拉丁领主接受希腊人的统治。加尔季基的总督，西里昂内斯·吉尔奥珀罗斯（Syryannis Gilopoulos），或称吉尔斯（Giles）之子②约翰爵士就是这些拉丁领主的一员。到 14 世纪末，伯罗奔尼撒很多高贵的希腊家族里都有来源于西方的名字：法兰克波洛斯（Phrangopoulos）或法兰克人之子、拉乌尔（Raoul）、衍生自弗朗西斯的弗兰策（Phrantzes）或斯弗兰泽斯（Sphrantzes），以及佩德罗布（Petrobua）。

曼努埃尔在内部事务上自有难处。他在到达伯罗奔尼撒不久就决定一支小型舰队不可或缺而地方领主应承担其打造成本。一个名叫兰珀迪阿斯（Lampoudius）的人承担了向领主们募捐的任务，可他在乡间游荡时非但没有执行自己的任务，反而煽动领主们背叛专制君主。一群反叛者准备向米斯特拉斯进军，

---

① 原文如此，有可能是与刚去世的亲王重名。
② Gilopoules 意为 Giles 之子。

但他们毫无纪律可言且相互嫉恨。他们与曼努埃尔派来的大约只有三百人的军队甫一相遇，就作鸟兽散。

更令人尴尬的是，曼努埃尔面对自己家族成员时左右为难。1354年12月，约翰六世坎塔库泽努斯宣布退位，将皇位让给自己的女婿、合法的皇帝约翰五世帕列奥列格，并且遁世成为一名修士。但是约翰六世的长子马修曾经加冕为共治皇帝，拒绝听命于约翰五世。他在阿德里安堡（Adrianople）割据自立了好几个月。1355年夏，约翰六世在他的儿子和女婿之间安排好和平条款，根据条款马修将接管伯罗奔尼撒的政府，而曼努埃尔将会得到小岛利姆诺斯（Lemnos）作为补偿。这一安排事先并未咨询曼努埃尔，他也必定不会情愿同意这些条款。但是，还没等这些条款得到落实，约翰五世与马修之间便再度爆发战争，导致马修被俘入狱。当双方最终于1357年12月握手言和时，马修放弃帝国头衔，但是拥有仅次于皇帝约翰五世及其继承人的优先权，伯罗奔尼撒并没有被提及。与此同时，约翰五世已经决定用自己的两个堂弟——米哈伊尔·阿森和安德鲁·阿森兄弟取代曼努埃尔。他们于1355年下半年抵达伯罗奔尼撒半岛。当地的希腊领主正因他们被兰珀迪阿斯唆使的反叛遭遇惨败而寝食难安，他们迫不及待地赶去迎接新总督。在一段时间内，曼努埃尔的政令甚至难出米斯特拉斯的城墙，但当地的人民总体上还是支持曼努埃尔的。威尼斯人也在施加影响助他一臂之力，他们因为共和国在伯罗奔尼撒的领地被阿森兄弟劫掠而感到颜面大失，向君士坦丁堡言明他们反对这个新政权。几个月之后阿森兄弟发现他们在这里寸步难行，便返回了君士坦丁堡。皇帝约翰五世很可能如释重负，他批准曼努埃尔官复原职。

1361年，约翰六世和马修·坎塔库泽努斯这两位前皇帝前来拜访曼努埃尔,而且马修还决定居住在米斯特拉斯。作为长子和前皇帝,他希望曼努埃尔能将总督权力转交给他。曼努埃尔则看不出任何理由要这么做。双方达成了妥协。马修将与曼努埃尔联名执政,但实际上曼努埃尔依然大权在握。马修尽管定居在米斯特拉斯,但似乎有时还回到君士坦丁堡,他的妻子和儿女,除了在君士坦丁堡当修女的长女之外,也过来与他一起住。马修的二女儿海伦娜在1366年嫁给了希腊北部的萨罗纳(Salona)的阿拉贡伯爵。小女儿嫁给了与塞浦路斯有联系且在宗教事务上支持罗马教廷的一位拜占庭贵族。至于马修的儿子所扮演的角色则存在一些不确定性。拥有专制君主头衔的长子约翰,在公共生活中不怎么抛头露面,只是专注于积德行善,而作为首席副皇的小儿子德米特里(Demetrius)则更有野心。

曼努埃尔与其兄长之间的妥协机制平稳地运行了下去。马修一旦得到可维护他声誉的头衔,便不再干涉政府事务,而是潜心于学术研究,专注于哲学和宗教上的写作。他们的父亲,前皇帝约翰六世,偶尔也会来到米斯特拉斯,确保一切顺利。看起来兄弟俩的妻子能平等友好地对待彼此。马修的妻子伊琳娜·帕列奥列格娜温和而又谦逊。吕西尼昂的伊莎贝拉-玛丽亚则扮演着行省第一夫人的角色。她在她的堂兄——塞浦路斯国王彼得一世于1371年访问米斯特拉斯的时候作为女主人接待了他。她与曼努埃尔并没有诞下任何子嗣,因而在他们的下一代人里也就没有了堂兄弟之间的竞争。马修和曼努埃尔对学问和艺术都有着共同的爱好,杰出的哲学家和历史学家尼基弗鲁斯·格雷戈拉斯(Nicephorus Gregoras)① 尽管对他们父亲的神

---

① 生活在14世纪的拜占庭历史学家(1292~1360),著有37卷本《历史》,记载了拜占庭最后两个世纪的历史。

学素养嗤之以鼻,却对此二人青睐有加。

曼努埃尔于1380年去世。他是一个坚定而又仁慈的统治者,因此死后备受哀悼。他是伯罗奔尼撒的专制君主中最有能力且最引人注目的一个。他的离世使得政府权力被交到他的兄长马修手中。但是马修对于权力的野心早已随着岁月的流逝被消磨殆尽。他随时准备接受皇帝约翰五世可能做出的任何任命。然而,约翰五世此时正分心于其他事务。在过去的四年里,他一直在与他的长子安德罗尼柯四世作战,后者一度篡夺皇位并将父亲及两个弟弟——曼努埃尔和狄奥多西投入大牢。约翰五世逃出牢狱后又重新夺回君士坦丁堡。但安德罗尼柯仍将自己的母亲(即约翰五世的妻子、马修的姐姐)——皇太后海伦娜,以及前皇帝约翰六世·坎塔库泽努斯、他的夫人和其他女儿们[①]持为人质。直到1381年皇室内部的纷争才得以平息,这在很大程度上要归功于约翰六世的影响力。约翰五世仍作为最高皇帝执政,安德罗尼柯以皇帝的称号分得了色雷斯的一块封地,而曼努埃尔二世也以皇帝的称号统治塞萨洛尼卡和拜占庭在马其顿的残余领土。狄奥多西则将以专制君主的头衔统治伯罗奔尼撒。

约翰·坎塔库泽努斯在协议达成后立即启程前往米斯特拉斯通知马修这一安排。在狄奥多西到达之前马修继续管理行省,并由他年迈的父亲作为主要顾问。在这一时期的一封注有日期的信里,大学者德米特里·西多内斯(Demetrius Cydones)[②] 称马修为现代的吕库古,认为他公正而又睿智地统治着拉栖代梦

[①] 约翰五世的皇后也是约翰六世·坎塔库泽努斯的女儿。
[②] 1324~1398,拜占庭人文主义学者,将其对希腊语言和文化的研究成果引入了意大利的文艺复兴运动。

尼亚，且受益于他可敬父亲的贤明建言。不幸的是，马修的儿子德米特里妄想自己统治行省，举起了反叛大旗。他不仅得到了对米斯特拉斯政府一直怀恨在心的当地希腊领主的支持，还召集了一大批土耳其海盗和土匪。在狄奥多西于1382年12月到达伯罗奔尼撒之后，拜占庭行省的大部分地区已落入德米特里手中。狄奥多西对他无计可施。但是，德米特里在1383年末或1384年初暴毙，反叛也就不战而溃了。

当狄奥多西出现在米斯特拉斯的时候，马修和他年迈的父亲都随即从宫廷引退。几个月之后，约翰六世在当地的一座修道院离开人世，他的人生定格在1383年6月15日。九天之后，马修也魂归黄土。

第六章 专制君主狄奥多西一世

很少有王朝能像帕列奥列格家族这般天才辈出,他们在拜占庭帝国寿命的最后两百年里君临天下。这个家族的王子和公主以英俊貌美闻名于世。他们无一例外都有很高的文化造诣,对学问和艺术兴趣盎然,与当世的鸿儒硕学有书信往来。他们的个人魅力吸引了忠贞之士追随左右。但是,除了王朝的创建者米哈伊尔八世和皇帝曼努埃尔二世(在形势允许其尽显身手之际)之外,无人善于政治判断抑或富有远见卓识,他们只是互相之间争吵不休。父子之间尔虞我诈甚至兵戎相见,兄弟之间互相残害进而祸起萧墙,他们全然不顾同室操戈的后果,不仅让王朝统治深受其害,而且让他们艰难维系的帝国在领土面积锐减之余还饱受苦难。家族内部的明争暗斗因为14世纪不断推广的分封诸侯制度而愈演愈烈。在过去,较高一级的皇帝就是至尊无上的帝国皇帝(Autocrator),他的兄弟子女都要服从于他的至高权威。而现在,君士坦丁堡再也无法对其四分五裂的行省进行有效的管理,于是家族中级别较低的成员就被分派到各行省进行完全自主的统治。结果,这些家族成员不是为了夺取皇位而处心积虑,就是为了最富有的封地而斗得你死我活。与此同时,来自土耳其人的危险与日俱增。土耳其人是在14世纪中叶进入欧洲定居的,而且在14世纪结束之前就占据了巴尔干半岛,使得拜占庭的行省成了彼此孤立的飞地。商业贸易则掌控于威尼斯人以及他们那意气风发的竞争对手热那亚人的手里，这种商业垄断虽然有时可能在政治上对他们的邻里有利，却损害了整个黎凡特地区的繁荣。

狄奥多西一世·帕列奥列格在抵达米斯特拉斯时大约 30 岁。他是约翰五世与海伦娜·坎塔库泽努斯（约翰六世的女儿）的第三个儿子。在长兄安德罗尼柯与约翰五世的战争中他支持自己的父亲，这可能更多的是出自对他二哥曼努埃尔的手足之情（这在他的家族极为罕见），而非对父亲的孝顺之心。在安德罗尼柯占据上风的时候，他与父亲和曼努埃尔一同被关在君士坦丁堡的阿尼马斯塔（Tower of Anemas）①，度过了一段不愉快的时光。他在离开动荡不安的首都前往米斯特拉斯的时候一定大大地松了口气。一旦到了那里，他就完全无视帝国政府的号令行事，而他的父亲、他的长兄安德罗尼柯和安德罗尼柯的儿子约翰七世继续为了权力而斗得不可开交。只有当他的二哥曼努埃尔于 1391 年接管帝国的时候，君士坦丁堡与米斯特拉斯之间的关系才又变得亲密起来。

狄奥多西在到达伯罗奔尼撒之后的第一个任务就是粉碎由他的堂兄德米特里·坎塔库泽努斯所领导的希腊领主的反叛。在这些叛军之中最难对付的就是马莫纳斯（Mamonas）家族的成员，他们拥有莫奈姆瓦夏的大部分城区及其周围的大片田地。1384 年，部分出于对镇压叛军业已绝望，部分出于在政治上以及很可能在经济上受惠于威尼斯共和国，他给君士坦丁堡的威尼斯执政官写信，提议将莫奈姆瓦夏割让给威尼斯。这一提议震惊了狄奥多西的大部分臣民，而马莫纳斯和他的莫奈姆瓦夏同胞则拒绝承认威尼斯人的权力。这一提议不得不被撤回。对

---

① 建于 7 世纪的监狱，因阿历克塞一世麾下的将军米哈伊尔·阿尼马斯（Michael Anemas）密谋反抗皇帝失败被囚禁于此而得名。

于狄奥多西来说幸运的是，不久便传来了德米特里·坎塔库泽努斯的死讯，使马莫纳斯家族极不情愿地暂时屈从于米斯特拉斯的政府。

虽然前专制君主曼努埃尔的政策是尽可能与邻国保持和平并为自己的臣民带来繁荣，但狄奥多西是一个焦躁不安的战士和外交家，决意扩大自己的领土。他本来很难有所作为，因为法兰克人的亚该亚公国的剩余领土自 1380 年以来已经落入了纳瓦拉佣兵团的掌控之中，他们先是名义上的君主雷堡的詹姆斯的代理人，但随后又推举自己的领导人为亲王。狄奥多西一直在与他们作战。他正式支持王位的竞争对手萨伏依伯爵，无意亲自出现在希腊的后者也乐于顺水推舟。这样一来专制君主就可以将他从纳瓦拉人那里夺得的任何领土都保留在自己的名下。至于曾在 1377 年与那不勒斯的乔安娜女王约定了五年租期的医院骑士团，也无意续租并且早已撤离公国，但狄奥多西仍把他们当作潜在的盟友。

他的主要盟友是佛罗伦萨银行家族的内里奥·阿恰约利。他从他的堂弟尼科洛那里接管了大片伯罗奔尼撒的地产，其中就包括科林斯的市区和卫城要塞。他于 1374 年占领了墨伽拉，1383 年前后占领了雅典的下城区，尽管雅典卫城直到 1388 年才被他占领。狄奥多西于 1385 年娶内里奥的长女巴托罗米娅（Bartolomea）为妻。她不仅被认为是当时最美的女人，而且，鉴于内里奥还没有合法的儿子，她很有可能成为一位伟大的女继承人。内里奥也确实承诺过他去世后她将继承科林斯。除了美貌之外，君后（Despoena）巴托罗米娅的其他方面鲜为人知。她的婚姻虽无子嗣却美满幸福，尽管狄奥多西至少有一个私生子，但她还是给予她丈夫忠诚的支持。

与内里奥的联盟对于狄奥多西来说大有用处，尤其是在他与纳瓦拉人的战争中。他们二人都与威尼斯人势同水火，于是策划了一场野心勃勃的政变。1388年，昂吉安的玛丽亚（Maria of Enghien，即阿尔戈斯和纳夫普利翁的女继承人）的威尼斯丈夫突然死去。这位孤独无助的寡妇决定将财产卖给威尼斯政府以换取一笔巨额资金和养老年金。狄奥多西和内里奥在威尼斯总督到来之前火速侵入她的领土。狄奥多西占领了阿尔戈斯以及高耸其上的卫城城堡"拉里萨"，而内里奥占领了纳夫普利翁以及它的双子卫城城堡"希腊人"和"法兰克人"。当威尼斯人到达之后，他们仅能重新夺回纳夫普利翁，却无法将专制君主的部队从阿尔戈斯驱逐出去。对于威尼斯人来说幸运的是，纳瓦拉佣兵团在此时还是他们的盟友。当内里奥于1389年9月前来与佣兵团团长谈判的时候，佣兵团无视之前给予他的安全通行许诺，将他囚禁起来且拒绝释放他，除非阿尔戈斯被交还给威尼斯人。狄奥多西可看不出有任何理由因为自己岳父愚蠢地相信纳瓦拉佣兵团的荣誉感而让自己受到惩罚，他继续将阿尔戈斯控制在自己手中。内里奥在1391年被释放，他承诺让威尼斯人拥有他的城市墨伽拉直到他们得到阿尔戈斯。但狄奥多西仍然顽固不化。他与内里奥之间的关系开始降温，尽管内里奥仍想借助他的力量对抗纳瓦拉人——内里奥不会原谅佣兵团的背信弃义。最后，狄奥多西和威尼斯人于1394年5月签订了一份协议，他在协议中放弃阿尔戈斯及其周边的领土，只是要求任何想要搬迁到他的领土上的希腊人都可以得到威尼斯人的允许带着所有能带走的财产离开，而且他已经分封给希腊人的采邑不得被没收。另外一个不吉利的要求则是如果他被迫离开自己的土地，威尼斯人应为他和他的家人提供一个安全的避难所。

狄奥多西之所以放弃阿尔戈斯，是因为比威尼斯人更加危险的敌人迫近了。1389年于科索沃（Kossovo）大胜塞尔维亚人之后，土耳其人将他们的目光转向希腊半岛。在接下来的两年里，苏丹巴耶济德（Bayazet）麾下的头号悍将埃维里诺斯（Evrenos）贝伊①占领了色萨利并受封此地。他此时准备进一步深入希腊。纳瓦拉佣兵团认定土耳其人将是有用的伙伴。早在1394年，佣兵团团长圣苏潘的彼得就设法前往苏丹的宫廷寻求帮助。他在那里遇见了莫奈姆瓦夏的领主马莫纳斯，马莫纳斯曾再一次反抗专制君主，并且在用献出城市的提议玩弄了威尼斯人之后，将他的城市献给了土耳其人。4月，苏丹巴耶济德驻军马其顿，他在占领塞萨洛尼卡之后传召皇帝曼努埃尔和专制君主狄奥多西到塞雷（Serres）②等他。兄弟二人受到了刁难。狄奥多西被告知要恢复马莫纳斯的官职，并且听从纳瓦拉人的要求放弃阿尔戈斯。苏丹的威胁很明确，他打算不久就除掉这俩兄弟。

　　在这种情形之下，狄奥多西无法承受疏远威尼斯人的代价。除了割让阿尔戈斯之外，威尼斯人还获取了各方面的经济让步，其中最为古怪的是禁止专制君主继续铸造仿制的威尼斯杜卡特。这种货币看起来已经是他领土内的主流货币，比货真价实的拜占庭货币得到了更广泛的认可。这些让步没有给他带来任何政治上的好处。威尼斯人可不想与土耳其人公然敌对，他们挖空心思地避免激怒土耳其人。

　　不久，内里奥在9月于雅典去世。在遗嘱里他将雅典送给

---

① 贝伊是奥斯曼帝国对长官的称谓，意为"首领""头目"，次于"汗"或"帕夏"。
② 横亘于塞萨洛尼卡和君士坦丁堡之间的东马其顿地区的要地。

了那里的圣母教堂（Church of the Holy Virgin），也就是被我们称为帕特农神庙（Parthenon）的地方。他将底比斯城遗赠给了他的私生子安东尼奥，但是他对那里的控制很脆弱。剩下的所有遗产，包括科林斯和他的伯罗奔尼撒地产在内，都被传给了二女儿弗朗西丝卡（Francesca），也就是凯法洛尼亚岛和莱夫卡斯岛的公爵卡洛·托科（Carlo Tocco，希腊最有权势的拉丁国王）的夫人。至于他的长女巴托罗米娅，专制君主的夫人，他仅留下了一笔9700杜卡特的资金，这恰好是她丈夫之前为偿还威尼斯人债务从他那里借的金额。狄奥多西和巴托罗米娅在结婚时曾得到承诺将继承科林斯，现在他们满腔怒火，决心用武力夺取他们所期待的遗产。

但战争不得不拖延了好几个月。狄奥多西似乎未经苏丹允许就离开了奥斯曼在塞雷的大营，因此必须受到惩罚。1395年春，一支土耳其军队穿过了科林斯地峡并洗劫了阿卡迪亚，满载战利品而归。米斯特拉斯和斯巴达谷地暂时幸免于难。现在土耳其人分心于匈牙利国王西吉斯蒙德正在筹划的十字军东征，狄奥多西就可以着手征服科林斯了，于是他为军队补充了滞留在希腊南部的没有被纳瓦拉人雇用的土耳其士兵。他的军队在科林斯城外被卡洛·托科的盟军击败。但在更南方，他的将军德米特里·拉乌尔（Demetrius Raoul）在莱昂塔里翁（Leontarion）附近击败了纳瓦拉人并俘获了他们的团长圣苏潘的彼得。没有纳瓦拉人的帮助是不可能将狄奥多西的部队从地峡附近逐走的。一个不幸的意大利公证人描述了他1395年秋在从雅典回家的路上所见到的乡间的可怕情形。他发现墨伽拉城门紧闭，禁止所有旅行者进入，唯恐他们是专制君主派去的间谍。大批土耳其士兵出没于通向科林斯的道路，落草为寇。在地峡附近他设法躲开了君后巴托罗米娅设下的埋伏。巴托罗米娅对妹妹恨之入骨,一心想伏击从科林斯乘船前往凯法洛尼亚时会途经墨伽拉的后者。

到1395年末,卡洛·托科认为不值得为科林斯惹上一身麻烦,决定把它及卫城城堡阿克罗科林斯割让给专制君主。大约在同一时间,1395年12月,狄奥多西释放了圣苏潘,为了得到威尼斯人提议支付的五万枚金币。共和国急切地想要保住纳瓦拉人的力量以平衡希腊人的势力,而且他们知道财库渐空的狄奥多西不会拒绝这一主张。

1396年9月,苏丹巴耶济德在尼科波利斯(Nicopolis)战役中大败西吉斯蒙德和他的十字军,因此可以毫无顾忌地将注意力再次转向希腊。狄奥多西恳求威尼斯人与他一起防卫伯罗奔尼撒。他的大使,德米特里·索菲雅努斯(Demetrius Sophianus)被授权将科林斯城割让给共和国以换取军事上和海上的援助,但徒劳无功。威尼斯元老院决定不去冒风险与苏丹撕破脸皮。在大使仍在威尼斯的时候,两支土耳其大军就已向科林斯地峡进军。最后总算将科林斯据为己有的狄奥多西把自己的第一个任务定为修复六英里长城(Hexamilion)①。这是一道横跨地峡的伟大城墙,但它无法抵挡一支拥有五万名士兵的军队的攻击。

威尼斯人为自己的胆小怯懦付出了代价。一支由雅库布(Yakub)帕夏率领的土耳其军队迅速进入了共和国的城市阿尔戈斯。当威尼斯总督龟缩在卫城要塞"拉里萨"的时候,阿尔戈斯市民勇敢地守卫着城墙,但几天之后土耳其人就攻破城墙,

---

① 源自古希腊罗马时代的地峡防御工事。

洗劫了全城。成千上万的人被屠杀，而且据说有3万名悲惨的俘虏被雅库布帕夏的军队带走，在安纳托利亚被卖为奴隶。

埃维里诺斯贝伊率领的第二支军队则转向阿卡迪亚。狄奥多西试图在莱昂塔里翁拦截这支军队，但以惨败收场；埃维里诺斯贝伊率军横扫，远至威尼斯人在科罗尼和迈索尼的要塞城墙之下，所到之处烧杀掳掠，并摧毁了属于威尼斯殖民者所有的农场和果园。然而，土耳其人并没有留下守军，而是带着战利品回到了色萨利。

斯巴达谷地再一次免于劫难，但是狄奥多西对于未来已不抱任何希望。他现在病魔缠身，他的妻子似乎也在这期间去世。他除了一个私生女之外再无子女，而这个私生女似乎从小就被送去了君士坦丁堡。在绝望之中，狄奥多西再一次派他的大使前往威尼斯。但此时在苏丹的宫廷里，一个威尼斯使团正在协商一份互不侵犯条约，该条约最终于1399年签订。即使狄奥多西再一次献上科林斯，共和国元老院也不为所动。在这个节骨眼上，医院骑士团的大团长从罗德岛的总部向米斯特拉斯派来一位使节，向专制君主建议将科林斯卖给他们，狄奥多西犹豫未决。恰好不久前拜占庭皇帝曼努埃尔在前去西方的宫廷请求援助的路上途经伯罗奔尼撒。他将君士坦丁堡交付给了他的侄子约翰七世，但是由于对侄子极不信任，他将自己的妻子皇后海伦娜和两个儿子带到了米斯特拉斯交由他的弟弟照料。狄奥多西似乎是征求了皇嫂的意见，后者建议他接受这一提议，而曼努埃尔在听闻此事后也予以同意。于是在1400年春，科林斯被交到了骑士团的手中。

一俟在科林斯安定之后，骑士团便希望扩大其在伯罗奔尼撒的领土。当年春天晚些时候，骑士团向米斯特拉斯派去使节，建议专制君主将半岛北部的卡拉夫里塔和米斯特拉斯卖给他们，构想可以由此控制整个阿卡迪亚和斯巴达谷地。专制君主本人即将退往莫奈姆瓦夏。狄奥多西此时无法咨询远在西方的皇帝，而皇后似乎也已返回君士坦丁堡。在忧郁绝望之中他同意了这项交易。5月末骑士团进入卡拉夫里塔，迎接他们的是当地居民阴郁愤恨的目光。在米斯特拉斯，民众揭竿而起。若不是都主教的庇护和对叛乱群众的安抚，先前派去安排接管事宜的骑士团代表们本可能就被私刑处死了。正在前往莫奈姆瓦夏的狄奥多西收到通知，在他取消这一交易之前他被拒绝重新进入米斯特拉斯。苏丹巴耶济德也火速派人通知狄奥多西：如果他还想拥有苏丹的友谊，就必须将骑士团从半岛上赶走。

1401年，骑士团与狄奥多西之间爆发了激烈争论，骑士团认为狄奥多西辜负了他们。然后风云突变，苏丹受到了来自东方的威胁，伟大的鞑靼（Tartar）征服者帖木儿（Timur），或称跛子帖木儿（Tamurlane）于1402年夏在安卡拉（Ankara）战役中击溃了巴耶济德的军队。苏丹本人沦为帖木儿的阶下囚。随着苏丹身陷囹圄，他的儿子们围绕继承权争吵不休，以及帝国的主力军队被歼灭，奥斯曼帝国看起来行将就木了。

从长远看，奥斯曼帝国在安卡拉的灾难对希腊人毫无帮助。帖木儿无意入侵土耳其人在欧洲的行省，而且当他于1405年死去时，他的整个帝国分崩离析。与此同时，越来越多寻求摆脱鞑靼人控制的土耳其人越过海峡来到欧洲定居。那里势必难以阻止他们的进一步扩张。但是其短期效应振奋人心。希腊人得以收复塞萨洛尼卡和色雷斯的一些沿海城镇，而且希腊半岛承受的压力也减轻了。狄奥多西开始后悔他与医院骑士团的交易。他向他的哥哥，听闻苏丹战败的消息后马上从西方返回的拜占庭皇帝，寻求外交援助。1404 年，在曼努埃尔的倡议下，双方签署了一份新的协定。土耳其人自 1393 年起占据着离科林斯湾北海岸不远的萨罗纳的巨大要塞，这一要塞最后的基督徒所有者是狄奥多西的堂妹、公爵遗孀海伦娜·坎塔库泽娜和她年轻的女儿。两位女士都在被土耳其人俘虏后死去，狄奥多西于是作为顺位继承人对这座城市宣称所有权。当他在骑士团的一支分队陪同下逼近萨罗纳的时候，土耳其人不战而退。狄奥多西于是将萨罗纳交给骑士团用来交换科林斯。当狄奥多西提出偿还他们之前购买卡拉夫里塔和米斯特拉斯的资金，以及支付额外的一笔钱用于补偿他们的支出时，他们也将卡拉夫里塔还给了他并且放弃了对米斯特拉斯的所有权。在一些财务细节上双方发生了争吵，并且招致了彼此之间的恶意。但没有宗教宽容习惯的骑士团在发现他们的希腊臣民对他们如此敌视后，反而为选择放弃这些希腊人而感到些许宽慰。他们在希腊人的城市萨罗纳也没得到哪去，那里的人民拒绝与他们合作对抗土耳其人。大约十二年之后萨罗纳又一次落入土耳其人之手。

这次外交上的胜利必须要归功于曼努埃尔。狄奥多西现在已经病入膏肓。1407 年他大限将至时，他遁入修道院并于几天后死去。他在米斯特拉斯的布洛托西翁（Brontochion）教堂的墓碑碑文将其称作"我们神圣皇帝的兄弟，修道士狄奥多西尔（Theodoret）"。

不久以后，皇帝曼努埃尔亲自为他的弟弟写了一篇葬礼祭文。优雅而又不失细心的文字和诸多典故背后散发出的是一种真挚的情感。他赞扬了狄奥多西年轻时的活力；他语带同情地谈及狄奥多西晚年的体弱多病，也解释了狄奥多西与威尼斯人和医院骑士团那绝望里充满失败主义者气息的交易是为了基督教整体做出的最优选择。尽管兄长的悼文充满兄弟情谊，但狄奥多西仍然是一个阴暗的角色。作为统治者他曾意气风发、英勇无畏，直到病魔将他击垮且逼至绝望。他从不是一个深得民心的君主。但在他统治期间兵连祸结乃至山河破碎也不是他的错，因为以当时情形根本无法维持和平政策。如同他的所有家族成员一样，他赞助艺术并在美化米斯特拉斯上发挥了他的作用。他没有像曼努埃尔那样成为一个伟大学者，但他喜欢与学者为伴。他似乎是一个尽职的丈夫，而且很可能是君后的逝去导致他晚年的抑郁。无论他犯下了什么样的错误，他对皇帝忠贞不贰、至死不渝，他们二人之间的手足之情在拜占庭的整个历史中都是凤毛麟角。

第七章　专制君主狄奥多西二世

拜占庭皇帝曼努埃尔对于伯罗奔尼撒专制君主国的继承者早有安排。当他得知自己的弟弟大限将至的时候他派自己的次子，另一个狄奥多西，前往米斯特拉斯做好继承准备。1408 年早些时候，一俟他可以方便地离开君士坦丁堡一段时日，曼努埃尔便亲自来到了伯罗奔尼撒半岛。

这次到访恰逢其时。奥斯曼苏丹国（Sultanate）仍然处于混乱无序的状态。它的欧洲行省处于巴耶济德的长子埃米尔苏莱曼（Suleiman）的掌控之中，他对希腊人素有好感。为了感谢曼努埃尔给予他的帮助，他心甘情愿地将塞萨洛尼卡和其他沿海城镇交还给拜占庭皇帝，还在 1404 年接受专制君主狄奥多西的私生女为他的夫人。只要他还在位，基督教帝国就没有直接危险。

小狄奥多西当时大约 12 岁，他与他的长兄以及三皇子安德罗尼柯生于曼努埃尔 1399 年启程前往西方之前。他们的弟弟，君士坦丁、德米特里和托马斯则都生于皇帝 1402 年返回君士坦丁堡之后。他们的母亲海伦娜是塞尔维亚亲王的女儿。她的父亲德拉伽斯（Dragas）曾是塞雷和马其顿部分地区的统治者，直到他被土耳其人击败并杀死；她的母亲也是希腊人。皇帝抵达米斯特拉斯的时候，当地政府由军区副司令（Protostrator，前身为马厩总管）曼努埃尔·法兰克波洛斯（Manuel Phrangopoulos）以狄奥多西二世的名义管理，他是当地一个大家族的首领，曾作为狄奥多西一世的大使出访威尼斯。曼努埃尔在确保年幼的专制君主的大臣们都有能力各司其职、焦躁不安的当地贵族都遵守政府法令后才放心离开。

在接下来的几年里伯罗奔尼撒人享受了一段难得的平静时光。只要埃米尔苏莱曼统治着欧洲的土耳其人，他们就能与希腊人和平相处。在半岛上，新的亚该亚亲王琴图廖内·扎卡里亚由于担心地位不稳而不敢冒险与邻国轻启战端，而威尼斯人也不愿意采取任何有可能干扰他们的商业贸易的行动。1410年苏莱曼被他的兄弟布鲁萨（Brusa）① 埃米尔穆萨（Musa）击败并杀死。穆萨侵略成性，他立刻要求索回苏莱曼割让给希腊人的所有土地。在这一要求被拒之后，他派出一支军队进攻塞萨洛尼卡，而他本人向君士坦丁堡进军。尽管他在乡间大肆破坏，但两座城市的坚墙都挡住了他，而且他的舰队也被希腊人摧毁。曼努埃尔在这时发挥了拜占庭人长久以来的外交传统，拉拢接纳巴耶济德最小的儿子穆罕默德（Mehmet）——阿马西亚（Amasea）② 和安纳托利亚中部的埃米尔。穆罕默德来到君士坦丁堡，将皇帝尊称为自己的父亲。他第一次驱逐穆萨的尝试失败了，但是1413年穆萨的军队被击溃，穆萨本人也被生擒并绞死。穆罕默德成为重新一统之后的奥斯曼帝国苏丹。他永远没有忘记他欠曼努埃尔的人情，在有生之年保证了和平的延续。

伯罗奔尼撒在穆萨入侵时一直平安无事。年轻的专制君主狄奥多西二世现在已到接管政府的年龄，曼努埃尔决定亲自来到米斯特拉斯给这个男孩提供父亲的帮助。他在1414年7月底

---

① 位于土耳其西北部，乌卢山北麓，是拜占庭统治时期的军事要地。
② 位于土耳其北部邻近黑海的地区，曾是本都王国的首都。

离开了君士坦丁堡,将那里的政府交由最近刚刚加冕为共治皇帝的儿子约翰管理。他在塞萨洛尼卡度过了秋冬两季,将自己的第三子安德罗尼柯安置在那里作为总督,然后于1415年3月到达科林斯。他对横贯地峡的防御工事的状况大为震惊,立刻下令在六英里长城沿线每隔一段距离建造起塔楼并且在长城两端兴建城堡。这项任务在他看来是如此紧急以至于所有工作在他的监督下二十五天之内就完成了。但是这项工程耗资巨大。他希望威尼斯人能够帮他承担一部分支出,因为城墙也有助于保护共和国在伯罗奔尼撒的领土。但是,共和国并没有准备好在一项被其认为有可能冒犯土耳其人的工程上耗费金钱。而且他们刚刚与土耳其人签订了一项协定。除此之外,就在几年之前的1407年,他们允许曼努埃尔接管了他的弟媳君后巴托罗米娅存在威尼斯银行的巨额存款。他们已经足够慷慨了。因此,曼努埃尔甫一抵达米斯特拉斯,就下令向伯罗奔尼撒的富人们征收一项特别税赋。当地鼠目寸光的贵族一如既往地愤恨不平,继而揭竿而起。曼努埃尔迅速在卡拉马塔附近的一场战斗中击败叛军。社会秩序为之一定而税赋被顺利地收取。皇帝的声威大振。1415年秋,亚该亚亲王琴图廖内·扎卡里亚来到米斯特拉斯并将他奉为宗主。

苏丹穆罕默德一世的在位可以长久保障拜占庭帝国与土耳其人之间的和平,但是曼努埃尔对将来仍是忧心忡忡。他希望能够组建一条牢固的基督徒阵线以对抗异教徒。然而,横亘于东正教会与罗马教廷之间的鸿沟持久地阻挠着他实现这一理想。曼努埃尔本人全身心地忠于自己的教会,而且他也知道自己的臣民不会甘心屈从于罗马教廷。两大教会之间关于组织架构的观念大相径庭,而且第四次十字军东征之后产生的那些拉丁国家几乎都对希腊人采取了压迫政策——他们的礼拜仪式被厉行严禁，他们的传统被嘲弄蔑视，那时的情景对于他的臣民来说还历历在目。而西方人站在自身视角也看不出有任何理由去帮助他们眼中任意妄为的分裂教派者（schismatics）。罗马教廷的内部分歧以及随后发生的质疑教皇至尊权威的教会公会议（Conciliar）运动，似乎为达成某种妥协提供了机遇。当为了解决罗马教廷问题的康斯坦茨大公会议（Council of Constance）于1414年年底召开时，曼努埃尔派出一位学者到场观察，他的名字叫作曼努埃尔·赫里索洛拉斯（Manuel Chrysoloras）①，曾于意大利传授希腊语，对于拉丁教会心有戚戚。他给西方人留下了深刻印象并被认为是教皇人选之一，可惜在大会进行的过程中撒手人寰。最终于1418年选出的教皇是马丁五世，他在统治伊始就向希腊人表达了善意。他向曾参与建设和正在维护六英里长城的拉丁人发放了专门的赎罪券，还同意了曼努埃尔的一项请求，即允许曼努埃尔的所有六个儿子娶信仰天主教的女性为妻，只是规定永远不能要求这些女性改变自身信仰。

在伯罗奔尼撒，宗教形势有所缓和。在领土面积缩减的亚该亚公国里拉丁主教所剩无几。几乎所有居民，甚至那些具有拉丁血统的人，都已融入当地的东正教会。威尼斯人在他们控制的城市科罗尼、迈索尼、纳夫普利翁和阿尔戈斯都保留了拉丁主教，但他们很少干涉东正教会的事务。只有除了教皇之外六亲不认的帕特雷大主教仍然具有狂热的天主教传教情结。但在近邻中不乏天主教王朝，且帝国与天主教意大利也关系密切。与天主教家族联姻可能有助于帝国皇室抵抗土耳其人。执行这

---

① 约1350~1415，拜占庭人文主义学者，研究和传播希腊古典文学的先驱。

一政策的曼努埃尔请求教皇帮忙为他年龄最大的两个儿子寻找新娘。年长的约翰八世于1416年被派往米斯特拉斯并且在那里待了将近两年，协助身为专制君主的弟弟并且积累政府管理的经验。当他返回君士坦丁堡之后发现父亲之前为他选定的妻子，罗斯（Russian）①公主安娜尚未完婚便于15岁早夭。于是曼努埃尔便计划安排约翰与来自西方的女性订立婚约，而且同时也为狄奥多西做出类似安排。他为约翰选择了蒙费拉的索菲亚，她原是帕维亚（Pavia）的一位斯福尔扎（Sforza）伯爵的婚配，但身为孩童时便已守寡，而且她本身属于曾继承蒙费拉的帕列奥列格一脉②。她的家族背景显赫，外祖母曾是法国国王之女。至于狄奥多西，他的父亲似乎是让教皇作为媒妁。被选中的女性叫作克丽奥佩·马拉泰斯塔（Cleope Malatesta），她的父亲是佩扎罗（Pesaro）③和法诺（Fano）④的领主马拉泰斯塔·代·马拉泰斯蒂（Malatesta dei Malatesti），也就是统治里米尼（Rimini）⑤的伟大家族的一个分支的首领。她的出身虽不显赫，但是身具两大优势：她的父亲与威尼斯政府关系良好并在威尼斯置办了一处房产；她很可能因她的母亲而与罗马大族科

---

① 指现代俄罗斯、乌克兰、白俄罗斯主体民族的前身，罗斯人。公元988年，当时的基辅大公弗拉基米尔接受传自拜占庭帝国（东罗马帝国）的基督教作为国教，这一年就是罗斯受洗元年。
② 虔诚皇帝安德罗尼柯二世曾娶蒙费拉的伊琳娜（与塞萨洛尼亚国王蒙费拉的博尼法斯同一家族）为皇后。伊琳娜在兄长死后成为蒙费拉侯爵领地的女继承人；但作为拜占庭皇后不能继承领地，她于是把一个儿子送到那里建立了帕列奥列格王朝的统治。
③ 意大利东部城市。
④ 意大利中部港口城市。
⑤ 意大利北部城市，是一座历经古罗马、中世纪和文艺复兴时期，历史超过二十二个世纪的艺术之城。

隆纳（Colonna）① 出身的教皇马丁颇有渊源。

两位女士于1420年8月末从邻近威尼斯的基奥贾（Chioggia）乘坐一艘威尼斯船出发。索菲亚于1421年1月19日在君士坦丁堡嫁给约翰。根据我们对历史学家杜卡斯（Ducas）② 的记述的理解，克丽奥佩的婚礼也在那里同时举行，尽管她很有可能是在米斯特拉斯成婚的。索菲亚的婚姻由于女方异常丑陋而从一开始就是一场灾难。约翰无法忍受她出现在自己的视线范围内，于是将她藏于深宫。在度过苦不堪言的四年之后，她得以重返意大利，他们之间的婚姻被宣布无效。不久之后，约翰就娶了特拉比松的一位公主，这位公主的家族以美女辈出闻名于世。

克丽奥佩起初也不怎么幸运。专制君主狄奥多西成长为一个行为怪异、神经过敏的年轻人，但同时也是一位性子急躁的杰出学者，被公认为他所处时代中最好的数学家之一。在他生命的这一阶段，他对权力意兴阑珊，潜心于修道。他对这桩婚姻厌憎不已，不愿理睬妻子长达两三年之久。但随后夫妻关系有所调和，因为克丽奥佩具有了与她的丈夫一样的学识、品位，云集宫廷的学者对她青睐有加，她的丈夫随后亦是如此。她完全认同了这个她所移居的国度。在他们婚前，狄奥多西发布了一道法令，保证克丽奥佩和她的牧师及侍从享有完全的信仰自由。但是在1425年前后，教皇马丁收到一封令人不安的信件，

---

① 意大利非常古老及显赫的贵族家庭，可追溯到12世纪，其原籍在罗马附近的科隆纳，家族姓氏由此而来，出过一个教皇和许多枢机主教以及其他政治领导人。

② 拜占庭历史学家米哈伊尔·杜卡斯，生活在热那亚人统治的莱斯沃斯岛上，其作品记载了1341～1462年的历史事件（从约翰五世继位至土耳其人征服莱斯沃斯岛）。

米斯特拉斯曾被认为坐落于古城斯巴达的原址之上。选自 V. 科罗内利（V. Coronelli）的画作《摩里亚的记忆》，1686。

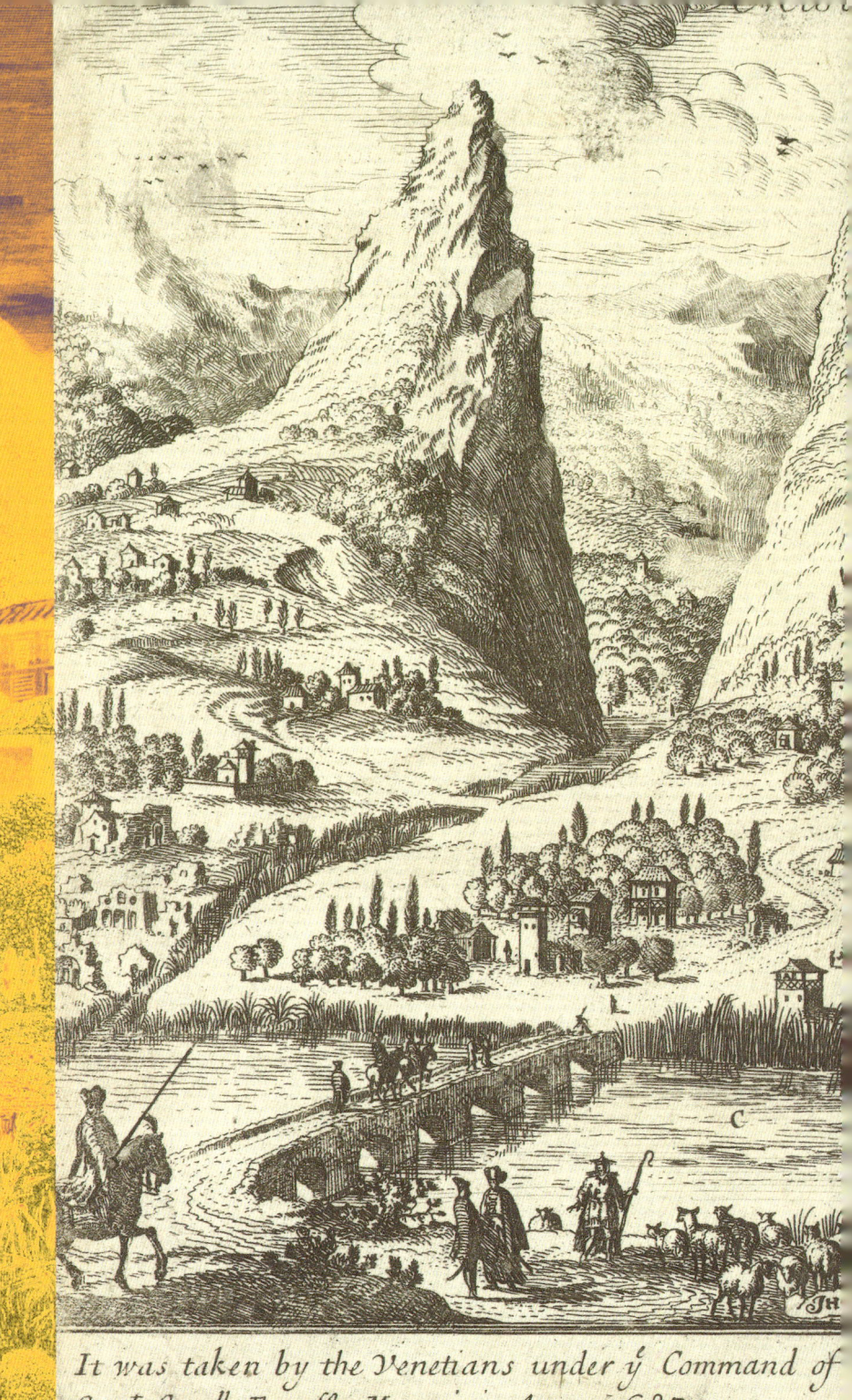

It was taken by the Venetians under y̰ Command of Capt. Genll. Franco. Morosini Anno 1687.

米斯特拉斯，1689 年出版的版画，由伯纳德·伦道夫（Bernard Randolph）制作。

Fu presa dalli Venetiani di Turchi sotto il Comando del Ecc.mo Cap.no Generale Fran.co Morosini Anno 1687.

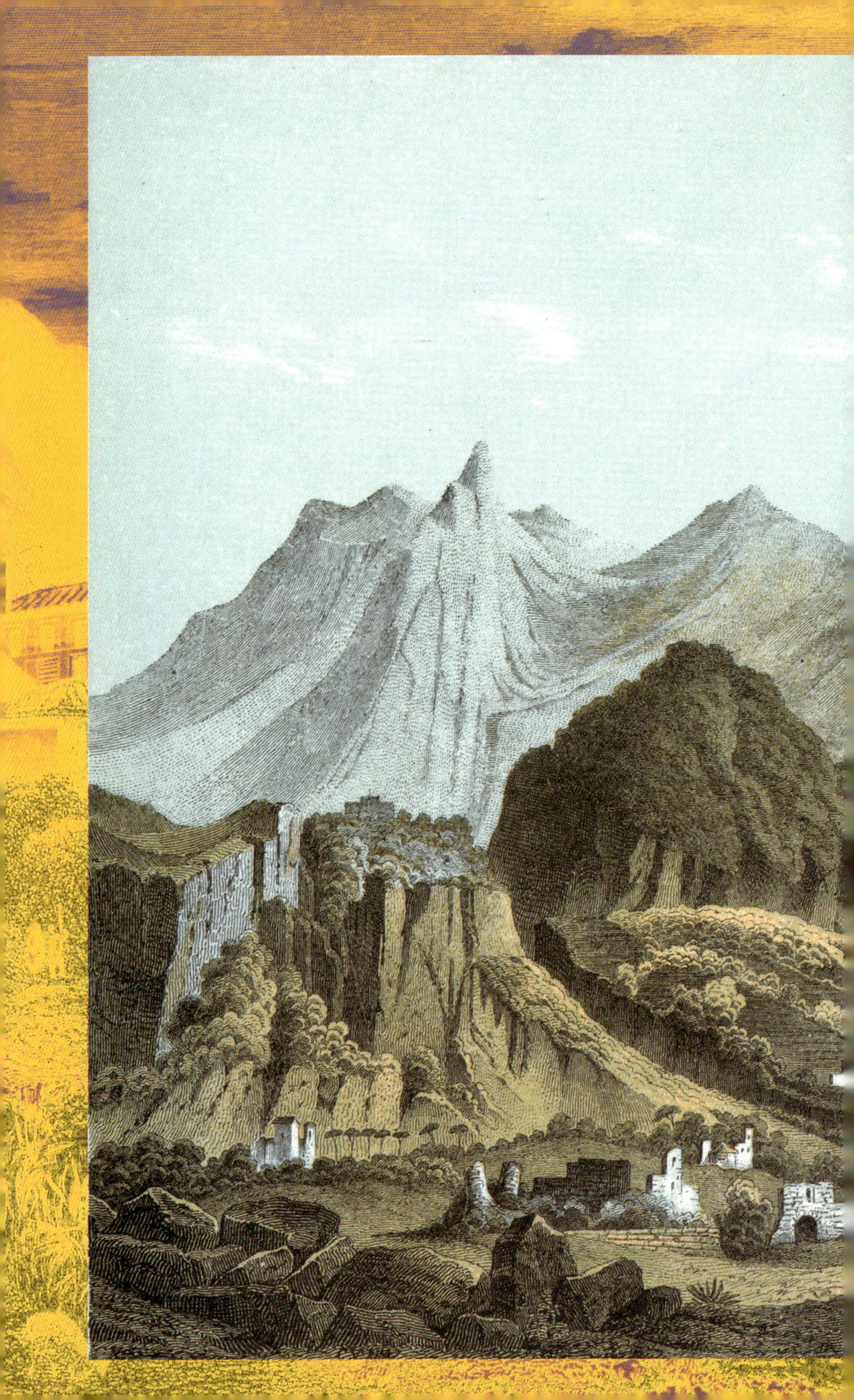

米斯特拉斯和塔吉图斯山远景,圆锥形山丘与塔吉图斯主山脉被悬崖绝壁分隔开来,卡尔·弗特勒(Carl Votteler)创作。(©TPG)

Drawn by H.W. Williams from a sketch by C.R. Cockerell Esq.

Engraved by W. Miller.

PART OF MISITRA.
THE ANCIENT SPARTA.

从这幅版画中可见仍有人认为米斯特拉斯就是古城斯巴达。此画标题为"米斯特拉斯的一部,古典斯巴达",由 H. W. 威廉斯(H. W. Williams)制作,选自 C.R. 科克雷尔(C. R. Cockerell)在《希腊速写》中的一幅画,1829。

维尔阿杜安的城堡耸立于米斯特拉斯的山头。图中居中偏左位置是潘塔纳萨修道院，右下角是土耳其人统治时期的一座喷泉的遗迹。（©Guillén Pérez）

米斯特拉斯所在的山丘。(©Guillen Pérez)

从维尔阿杜安城堡看到的专制君主宫殿遗址。

佩里布列普托斯教堂壁画,主题为耶稣诞生。

布洛托西翁修道院壁画。

潘塔纳萨修道院壁画

都主教座堂(圣德米特里)壁画,主题为预备王冠。(©TPG)

福音传道者教堂。

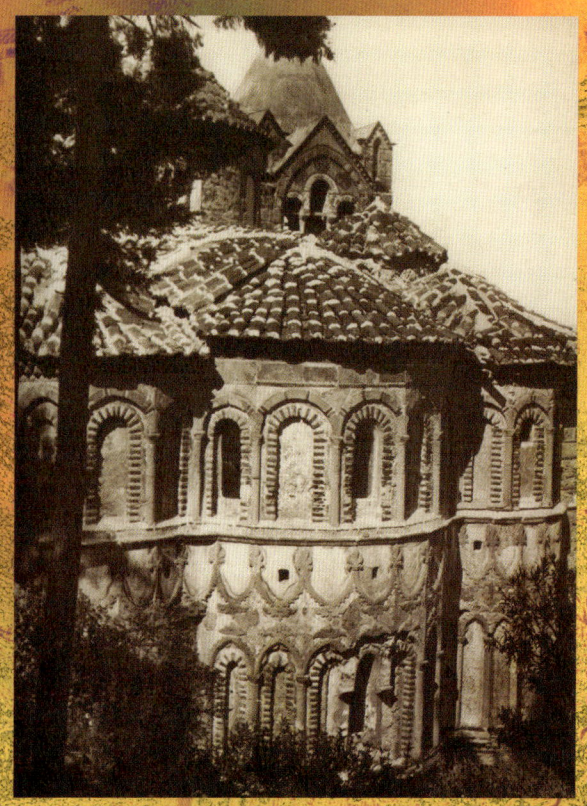

潘塔纳萨修道院近景。

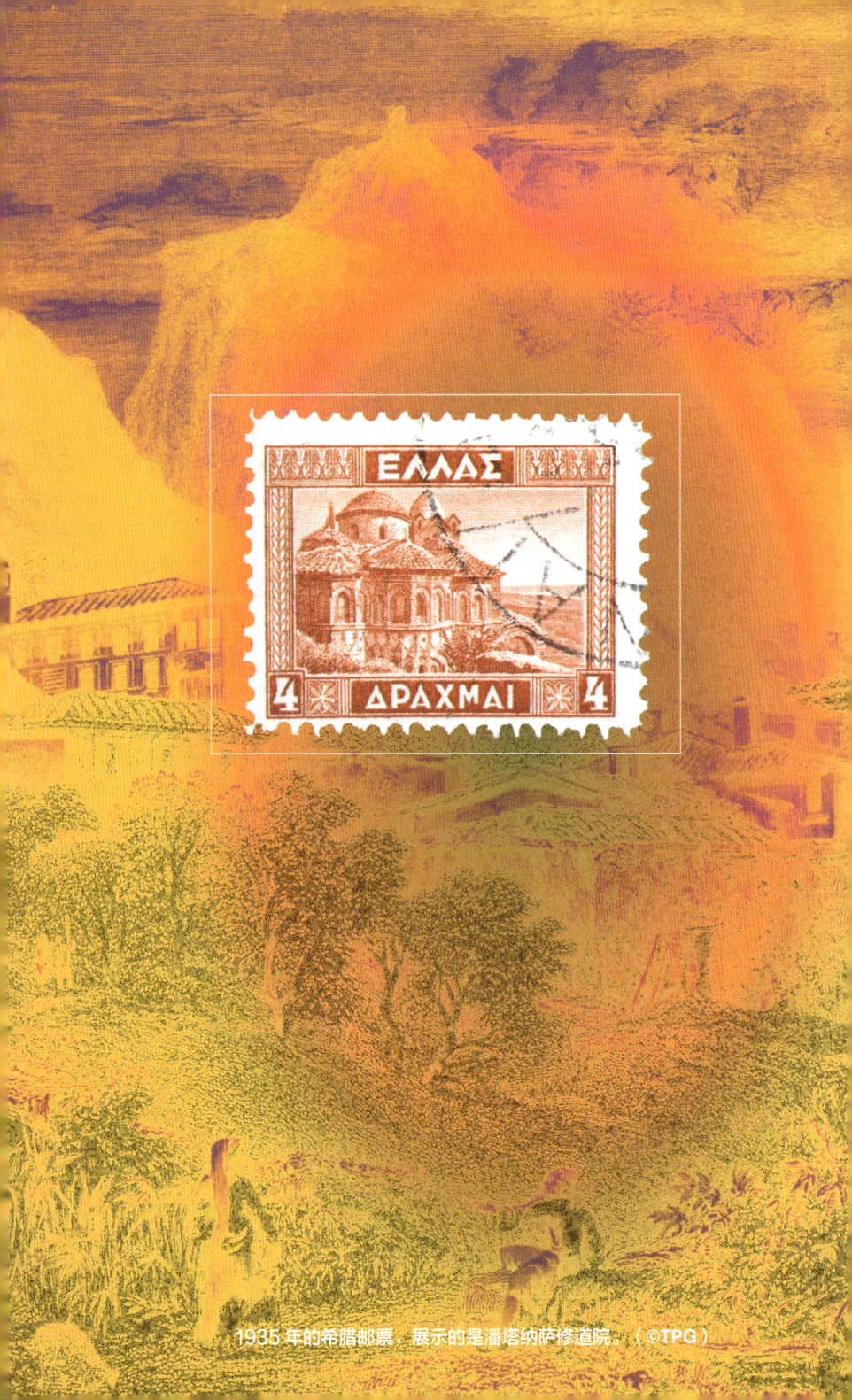

1935年的希腊邮票，展示的是潘塔纳萨修道院。（©TPG）

如今的潘塔纳萨修道院。

圣狄奥多西教堂,修复前。

圣狄奥多西教堂，修复于 1932 年。

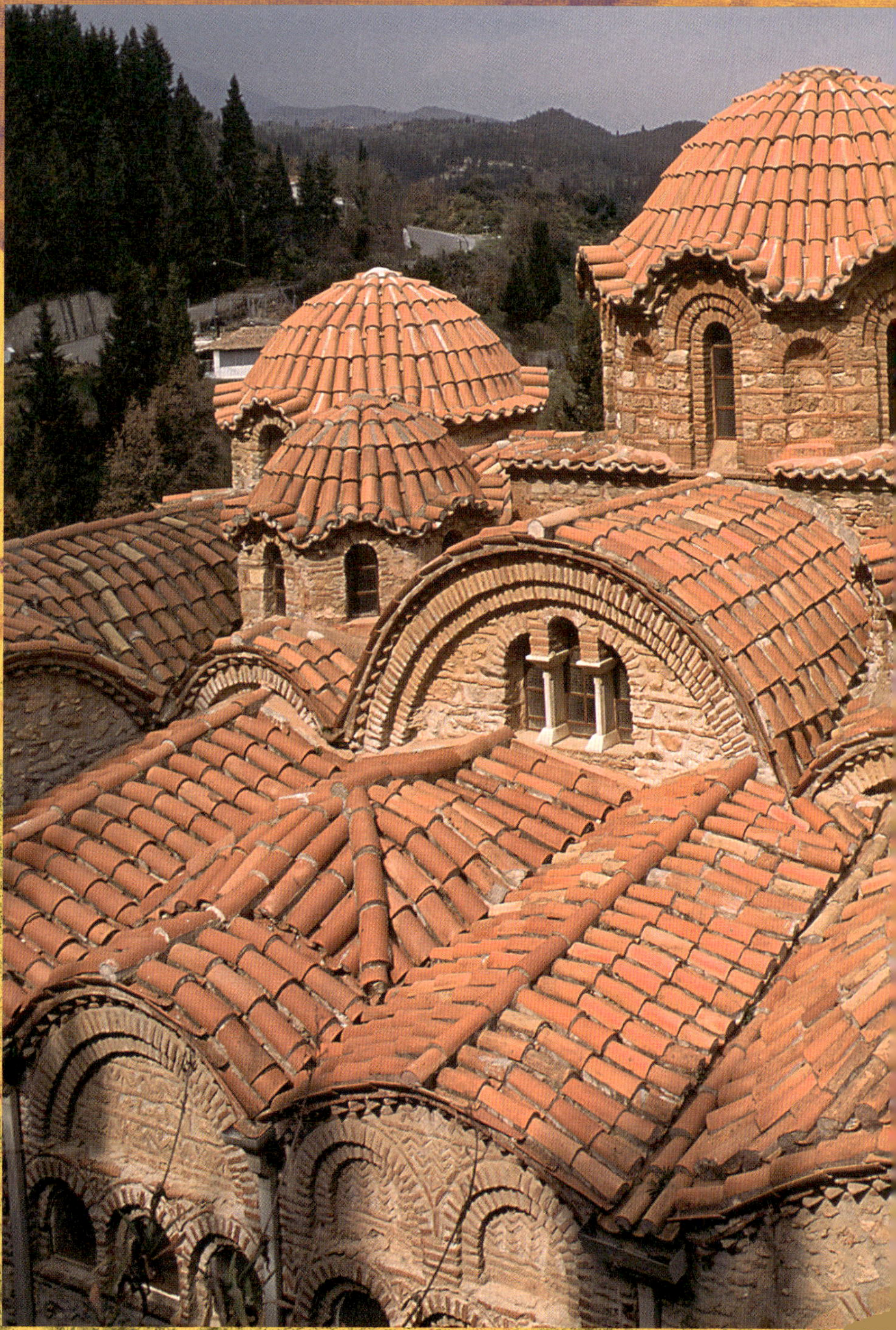

赫得戈利亚（指路圣母）教堂，由修道院院长帕科缪于14世纪初建造。（©TPG）

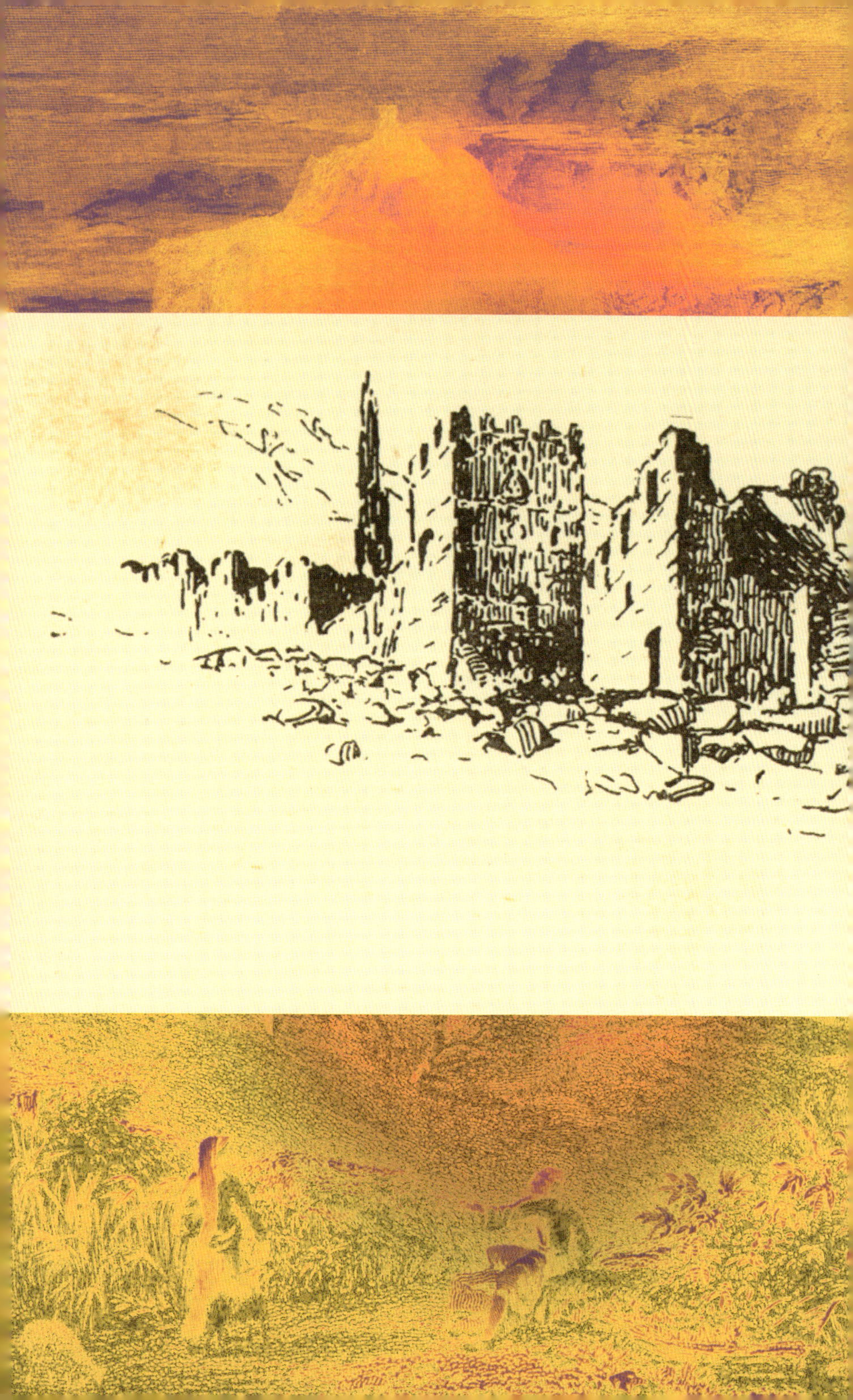

佩里布列普托斯教堂。

PERIBLEPTOS

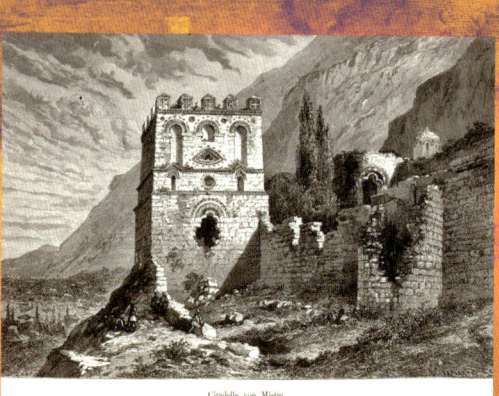

19世纪的印象画：佩里布列普托斯教堂的食堂。

19世纪的印象画：潘塔纳萨修道院。

19世纪的印象画：米斯特拉斯周边环境。

君士坦丁十一世。

易卜拉欣帕夏，他在伯罗奔尼撒半岛展现出的惨无人道震惊了欧洲并引发大国势力干涉希腊独立战争。

寄信人是克丽奥佩的堂妹及侍从女官，蒙泰费尔特罗的巴蒂斯塔·马拉泰斯塔（Battista Malatesta of Montefeltro），她向教皇抱怨说她的女主人正在承受巨大的压力，被迫加入希腊人的教会，并且补充说女主人在试图保持自己的天主教信仰时遭遇了很多伤心之事，还受到国内战争和冲突的折磨。此举招来教皇的两封言辞苛刻的信函，一封写给狄奥多西，另一封写给克丽奥佩。教皇力促狄奥多西支持他的妻子——"我们所有堂姐妹之中最为亲爱的一位"——对于自身教会的忠诚，并建议他效仿其父对于联合教会的热心，虽然这份热心实际上并不如教皇所建议的那般全心全意。写给克丽奥佩的信同样语气严厉，教皇威胁她若敢背弃信仰就要对她施以绝罚和诅咒。这封信读起来让人怀疑教皇并不是很相信巴蒂斯塔关于克丽奥佩信仰忠诚的断言，反而认为她已经投到希腊人一边。在这两封信中，教皇宣布奥古斯丁修会（Augustinian）① 会士卢卡·德·奥菲达（Luca de Offida）将会前去传达教皇的旨意，并给予君后精神上的指导。教皇的努力徒劳无功。当克丽奥佩离世时，她的老朋友和仰慕者乔治·杰米斯图斯·普勒桑写下了一曲感人至深的挽歌。他在其中写道，"她遵循我们的仪式"，并补充说"她摈弃颓靡的意大利习俗，学习我们的质朴谦逊，吾人之女无人能望其项背"。

　　这场姻缘在政治上也同样无果。在帕特雷的拉丁主教于1424年逝世之后，教皇任命了自己的堂弟、克丽奥佩的哥哥潘多尔福·马拉泰斯塔（Pandolfo Malatesta）。与前任主教关系良好的狄奥多西对于自己的妻兄却十分冷漠，甚至伙同自己的兄

---

① 天主教四大托钵修会之一，创立于公元388年。

弟于1428年进攻帕特雷。威尼斯人同样感到失望。1429年，迈索尼和科罗尼的威尼斯人围绕自己在周边乡村的权利问题起了争端，此时威尼斯向米斯特拉斯派出的大使正是克丽奥佩的父亲马泰拉斯塔，随行的还有他的堂兄曼图亚（Mantua）① 领主（其母亲来自马拉泰斯塔家族）。这个使团似乎一无所获。即使是这场婚姻的最终成果也没能帮到罗马教廷。克丽奥佩唯一的孩子是个女儿——生于1428年前后的海伦娜，她在1442年被父亲许配给塞浦路斯国王约翰二世。她是一个暴躁且神经质的女人，体弱多病，直到1458年去世前她的主要精力都被放在了将塞浦路斯的东正教会发扬光大的事业上，而且这一事业是以牺牲罗马教会的利益为代价的。

在狄奥多西二世和克丽奥佩治下，米斯特拉斯逐渐成为希腊世界的学术中心。但政治局势再度恶化。1421年，拜占庭皇帝曼努埃尔年已七十，身体状况大不如昔，遂将帝国政府交接给儿子约翰八世。他的朋友苏丹穆罕默德一世于同年死去，继位的是其子穆拉德一世（Murad I）②。约翰八世忤逆父意，选择支持苏丹的竞争对手，结果徒劳无益，引得穆拉德于1422年围困君士坦丁堡并且封锁塞萨洛尼卡。君士坦丁堡最终得以解脱，据说要归功于主保圣人圣母马利亚的干预以及年轻皇帝领导下的英勇守军，然而，实际上是曼努埃尔在安纳托利亚的外交手腕迫使苏丹解除围城。但塞萨洛尼卡仍然危在旦夕，拜占庭人现在只能通过海路进入该地。该城的总督是曼努埃尔的三子安德罗尼柯，一个仅二十几岁却已被象皮病（elephantiasis）折磨

---

① 意大利北部小城。
② 此处疑为原作者的误写，根据奥斯曼帝国苏丹谱系及在位年代，此时继位的应该是穆拉德二世（1421~1451年在位）。

到癫狂的年轻人。在家族和城市当局的同意下，他将塞萨洛尼卡送给威尼斯人，只是要求共和国尊重公民的市政和宗教权利。共和国接受了他的提议并于1423年接管城市，但很快就反悔了，他们忽视了公民的权利和城市的防御。七年之后，苏丹穆拉德于1430年3月以风卷残云之势攻占了塞萨洛尼卡。

将塞萨洛尼卡割让给威尼斯人之后不久，约翰八世便踏上了拜访威尼斯和匈牙利的旅程，徒劳地尝试请求援助。他将年迈的父亲留在君士坦丁堡管理朝政。曼努埃尔刚刚经历过一次中风，但仍然有足够的精力与苏丹达成一项停战协议，该协议承认了土耳其人已经征服的土地但是保障了首都在今后几年内的安全。在约翰八世于1424年年底从毫无成果的旅行中返回后，曼努埃尔便退入了一座修道院，他于1425年7月在那里逝世，享年75岁。在长长的拜占庭皇帝谱系里他是最为人敬重也最受哀悼的一位。

与此同时，伯罗奔尼撒也在劫难逃。1423年，一支土耳其大军在穆拉德最宠爱的将军图拉汗（Turakhan）贝伊的率领下向科林斯地峡进军。专制君主试图在六英里长城维持足够的守军，但白费力气，士兵们不愿待在那里。土耳其人轻而易举地突破防守并向南推进，所到之处烧杀抢掠，这一回斯巴达谷地也未能逃脱厄运。土耳其人还深入米斯特拉斯的城墙之内。但这只是一次突袭，并非试图征服。几天之后图拉汗就退兵了，身后一片疮痍。1431年，另一支土耳其军队攻入半岛，锋头直指阿卡迪亚和西南方的威尼斯人的领土。

即便没有土耳其人，伯罗奔尼撒在这些年里也再无宁日。专制君主发现自己必须对抗亚该亚的琴图廖内·扎卡里亚和纳瓦拉佣兵团，尽管在这期间偶有停战。在这些小规模战斗中希腊人占据了上风。1423年和1424年，雅典的安东尼奥·阿恰约利（Antonio Acciajuoli）①在试图占领科林斯的时候制造了一些麻烦。更大的麻烦来自狄奥多西一世的连襟和竞争对手，凯法洛尼亚岛和莱夫卡斯岛的领主卡洛·托科，他在占领伊奥尼亚群岛中的其他岛和伊庇鲁斯的大部分地方之后，图谋夺取他妻子对伯罗奔尼撒声称所有权的土地，并且从一个意大利冒险家手里买下了其先前夺取的港口克拉伦扎（Clarenza）。1423年，约翰八世在去往威尼斯的路上，停留在伯罗奔尼撒并领导了一次成功的远征，迫使托科退到克拉伦扎的城墙内。不久后，一支希腊舰队在海军司令莱昂塔瑞斯（Leontarios）的领导下，于帕特雷海湾入口处的埃奇那戴斯群岛（Echinades Islands）附近的一场海战中击败了托科的舰队。

因此，帝国的王子们前去伯罗奔尼撒寻求机遇再为自然不过了。曼努埃尔最年轻的儿子托马斯于1418年被父亲派往米斯特拉斯，去到狄奥多西身边，当时他年仅10岁。他在那里长大，从一开始就与狄奥多西交情匪浅。曼努埃尔的第三个儿子安德罗尼柯在放弃塞萨洛尼卡之后也来到了米斯特拉斯。但他当时已是一个疾病缠身的人，几乎立刻就退入了修道院并且于四年之后在那里死去。当约翰八世于1423年前往威尼斯途中在伯罗奔尼撒驻留时，仍然对自己的婚姻厌憎不已且依旧想遁入修道的狄奥多西将自己的愿望告诉了哥哥。所以，约翰在返回君士坦丁堡后着手安排第四个兄弟君士坦丁放弃手上费力不讨好的任务，接管米斯特拉斯的政府。君士坦丁此时正统治着黑海沿岸的墨森布里亚（Mesemvria）②和安希亚洛斯（Anchialos），而

---

① 内里奥·阿恰约利的私生子，详见第六章。
② 现称内塞伯尔（Nesebar），位于保加利亚布尔加斯州。

这两座城市正处于苏丹严格的宗主权之下。但君士坦丁直到1427年才抵达伯罗奔尼撒，在那时狄奥多西与克丽奥佩的关系已转暖，他也乐于行使自己的世俗权力。然而，狄奥多西同意将行省进行进一步划分。与卡洛·托科的战事进展顺利，迫使凯法洛尼亚的统治者前来求和。托科提议将自己的侄女玛格达莱纳（Magdalena，再度受洗后更名为狄奥多拉）嫁给君士坦丁，以他的属城克拉伦扎和他对伯罗奔尼撒所有权的主张作为她的嫁妆。为了扩大君士坦丁的封地，狄奥多西将美塞尼亚和马尼半岛上的希腊领土，以及伯罗奔尼撒半岛北部海滨的沃斯提萨（Vostitsa，即阿吉翁）一并交给了他。行省领土的划分在约翰八世的监督下进行，他从君士坦丁堡专程前来以确保他最宠爱的皇弟君士坦丁能得到丰厚的领地。与此同时，最年轻的弟弟托马斯也得到了位于卡拉夫里塔的一小块封地。

君士坦丁刚与狄奥多拉·托科完婚，就伙同兄弟们一起进攻帕特雷，其领主正是狄奥多西的妻兄——大主教潘多尔福·马拉泰斯塔，彼时正在意大利为自己危若累卵的教区求援。王子们并未逼得太紧，在向市民收取进贡后就鸣金收兵了。不久以后，约翰八世返回君士坦丁堡，而君士坦丁决心为自己拿下帕特雷。

到目前为止，在曼努埃尔的六个儿子中，君士坦丁最为积极活跃。他自有一番个人魅力让他的朋友，历史学家乔治·斯弗兰泽斯（George Sphrantzes）[①]甘为驱使，而他也将通过君士坦丁堡城墙前的壮烈阵亡证明自己的高尚品格和过人胆气。但

[①] 1401~1477，拜占庭历史学家和外交家，作为国务官员为君士坦丁四处奔走，经历了君士坦丁堡围攻战，在之后的退隐生活里凭借自己的回忆撰写了1413~1477年拜占庭的编年史。

是，他的政治意识并不总是明智的。当他于次年建议再次进攻帕特雷时，他所要冒的风险不仅仅是来自威尼斯人的怨恨——他们对希腊复兴大为警觉，不希望看到专制君主控制伯罗奔尼撒半岛的任何主要海港——更有来自苏丹的敌意，苏丹已将自己视作帕特雷甚至整个希腊的宗主。狄奥多西不同意这次冒险，不是像斯弗兰泽斯认为的那样出于对自己兄弟的嫉妒，尽管可能有那么一丝动机源于此，当然也不是出于对自己的妻兄——帕特雷大主教的热爱，而是他的政策就是在尽可能行得通的情况下与威尼斯人和苏丹保持良好关系。他的担忧就当下而言是杞人忧天。当君士坦丁于1429年6月进入帕特雷时，威尼斯人毫无反应，而由斯弗兰泽斯率领的使团快马加鞭赶往苏丹的宫廷以取得他对此次征服的同意。虽然苏丹同意了，但土耳其人将君士坦丁评价为一个潜在的危险源。大主教的队伍在卫城城堡里又坚持了几个月；他本人也雇用了一队加泰罗尼亚冒险者来支援他。这帮加泰罗尼亚雇佣兵奇袭并夺取了君士坦丁的都城克拉伦扎，直至收到六千杜卡特才离开，这笔钱被他们独吞，一分都没有留给他们的雇主。

当君士坦丁向帕特雷进军的时候，他的弟弟托马斯也攻击了处境艰难的亚该亚亲王琴图廖内·扎卡里亚及其手下人数大减的纳瓦拉佣兵团。在威尼斯人拒绝他的求援后，琴图廖内放弃了抗争。他只有一个婚生孩子，即女儿凯瑟琳。他提议将她嫁给托马斯，以他的所有领土为嫁妆，除了阿卡迪阿，即城市基帕里夏及其所在地区的领主权——它被保留给他自己和妻子。双方于1429年签订了协议。托马斯和凯瑟琳在来年春天于米斯特拉斯完婚。琴图廖内死于1432年。托马斯随后立刻向基帕里夏进军并将他的岳母投入大牢，让她在那里度过了余生。

除了四个威尼斯城市之外——科罗尼、迈索尼、纳夫普利翁和阿尔戈斯，几乎整个伯罗奔尼撒半岛现在终于回归希腊人之手。半岛被三兄弟分割，而三人的领土在1432年又被重新调整以适应形势需要。托马斯在1430年被授予了专制君主的头衔，他用都城卡拉夫里塔换得了君士坦丁的都城克拉伦扎，并且接管了君士坦丁在西南地区的土地，这些土地正好与他从琴图廖内那里继承来的土地交界。君士坦丁在从狄奥多西那里接管科林斯不久之后，就得到了半岛的整个北部地区，这一安排正中他下怀，因为他的野心就是向科林斯地峡的另一边扩张地盘。狄奥多西保留了东南地区、斯巴达谷地和大部分中部地区。他对自己的兄弟毫无权威，仅有更高的名誉。但米斯特拉斯仍然保留了至高无上的首都地位，是王朝之家。正是米斯特拉斯成为君士坦丁年轻的妻子狄奥多拉·托科在1429年11月逝去之后的遗体归宿之地。也正是米斯特拉斯成为托马斯和凯瑟琳·扎卡里亚欢庆婚礼之地。正是在米斯特拉斯，希腊世界的学者们云集一堂，受惠于狄奥多西和克丽奥佩的资助。

除了土耳其人在1431年的入侵之外，伯罗奔尼撒半岛进入了一段和平时期。三位专制君主可能政见不一，彼此之间鲜有合作，但也相安无事。克丽奥佩似乎从中施加了和谐的影响力。她死于1433年，死时很可能仅20多岁，当时所有的希腊学者都为之哀悼，她的丈夫也悲恸不已，他已渐渐珍视并深爱着她。他的神经官能症日益严重，与兄弟们的关系也恶化了。从某种程度上说这种趋势不可避免。到了1435年帝国的继承权问题凸显。约翰八世已经与特拉比松的公主成婚六年，尽管婚姻幸福，但没有子嗣。狄奥多西作为年龄上仅次于约翰的弟弟，认为自己才是最合适的人选，而约翰则希望君士坦丁成为他的继承者，君士坦丁也急于戴上皇冠。1435年秋,君士坦丁前往君士坦丁堡以确保自己得到成为皇帝继承人的官方承认。在那里逗留期间,他将自己忠诚的秘书斯弗兰泽斯派往土耳其宫廷,徒劳地想获取苏丹的支持。第二年春天狄奥多西也来到君士坦丁堡,发现了这里正在发生的事情。兄弟二人怒火冲天、瞋目相对。狄奥多西已经准备好要为自己的权利而战,两人都返回伯罗奔尼撒备战。当一支来自君士坦丁堡的和平使团抵达时两人的军队之间已经爆发了小规模冲突,使团提出了一个暂时性的妥协方案。约翰八世即将启程前往意大利去参加一个要将君士坦丁堡与罗马教会联合起来的大公会议。他决定由君士坦丁作为他不在君士坦丁堡时的摄政王,同时狄奥多西将管理君士坦丁在伯罗奔尼撒的领地。

教会联合会议〔先是在费拉拉(Ferrara),然后又转移到佛罗伦萨〕的召开,加剧了皇室兄弟间的不合。约翰心意已决,西方不会向拜占庭人提供任何实质性帮助,除非拜占庭人接受罗马教会的权威。他对神学兴趣斐然,但此时神学不得不服务于政治目的。他下定决心要去意大利实现这一目的。君士坦丁在兄弟之中学术修为最浅,在教会联合的必要性上与皇帝意见一致。托马斯似乎很早就与罗马心意相通,可能是受他深爱的妻子影响。狄奥多西则效仿他的父亲曼努埃尔,对罗马教会以礼相待、以友处之,但对任何联合的建议都避而不谈。他的个人生活显示了他同情(拉丁教会)的底线。不仅他的妻子加入了他的教会,而且他的女儿,塞浦路斯未来的王后,也在他的抚养之下成长为坚定的东正教信徒。第五个弟弟德米特里一直居住在君士坦丁堡,是教会联合的狂热反对者。约翰很可能是为了留意他的举动才坚持与他一同前往意大利参加会议。

君士坦丁于1437年9月前往君士坦丁堡履行摄政义务，约翰和德米特里在两个月之后启程前往意大利。约翰早在1440年便返回了君士坦丁堡，但君士坦丁直到1441年夏才离开君士坦丁堡前往伯罗奔尼撒，半路上娶了凯瑟琳·加提鲁西（Catherine Gattilusi）为妻。她是统治莱斯沃斯岛将近一个世纪的希腊化热那亚王朝的公主。在此期间，伯罗奔尼撒半岛享受了另一段难得的和平时光。没有出现任何外国的侵略或袭扰；而且，君士坦丁不在的时候，狄奥多西与托马斯也乐于和平相处。君士坦丁的回归使形势变得紧张，但并没有打破和平。君士坦丁在1442年夏又被召回君士坦丁堡，此时拜占庭皇帝确信他们那反对教会联合的弟弟德米特里［他之前受封马尔马拉海上的塞林布里亚（Selymbria）的一片小领地，皇帝此举正是为了让他远离首都］正密谋在苏丹的帮助下进攻首都——苏丹出于纯粹的政治原因也同样不赞成教会联合。在途中，君士坦丁访问了莱斯沃斯岛，帮助驱逐土耳其海军的攻击。在那里，与他同行去看望家人的妻子突然死去，使他再次成为身后无子的鳏夫。

约翰八世刚刚年过五十，便已百病缠身。他从意大利归来之后发现自己亲爱的皇后已经死于瘟疫，而他自己和他的人民致力于实现的教会联合也四处碰壁。他需要活力四射的弟弟的帮助。在君士坦丁的请求之下，皇帝将德米特里的塞林布里亚封地赐给了他。在那里君士坦丁可以借近水楼台之便在兄长在世的时候提供帮助，并在兄长离世的时候继承大统。但君士坦丁似乎因为君士坦丁堡的生活而逐渐感到压抑乃至对此地幻灭，渴望希腊大陆所提供的更广阔视野。于是当1443年夏狄奥多西的特使来到宫廷建议君士坦丁用塞林布里亚跟他换米斯特拉斯时，君士坦丁和拜占庭皇帝都爽快地答应了。这项安排似乎是寡居的皇太后海伦娜的建议，这位女士深受他的儿子们的景仰，她可能是在深思熟虑之后认为狄奥多西在解决宗教问题上比君士坦丁更为老练。在这年年底之前，君士坦丁就已在米斯特拉斯安顿好，而狄奥多西也已离开伯罗奔尼撒前往自己在塞林布里亚的小封地。

狄奥多西二世已经在米斯特拉斯统治了三十六年。这些年的日子并不好过。在早年他穷于应付不服管束的当地贵族和无休无止的边境战事，而且土耳其人总是在幕后蠢蠢欲动。但多亏了他的兄弟们而非他自己，贵族们还是被驯服了，半岛上的拉丁人也被一扫而空。不过，他自己的外交政策有助于与威尼斯人和土耳其人打交道。当他离开自己的领地时，此地农业和商业欣欣向荣。他曾被历史不公正地对待，主要是因为他被记述自己家族兴亡的伟大历史学家乔治·斯弗兰泽斯贬低。斯弗兰泽斯对于狄奥多西的弟弟君士坦丁的一片赤诚之心因君士坦丁的活力和勇气而显得合乎情理，但也导致他嫌恶和低估与君士坦丁意见相左的人。正是由于斯弗兰泽斯的佳作传世，他对狄奥多西的判决也为世人所接受。狄奥多西并不是一个易于相处的人，他情绪多变、信仰狂热，这让他的妻子一开始度日维艰，但这段婚姻最后还是幸福圆满的。狄奥多西深受他那个时代的主流希腊学者的赞赏和喜爱。正是在他的资助之下，拜占庭的哲学和文学在米斯特拉斯迎来了最后的辉煌。

狄奥多西永远未能得到命运的允许站在最高舞台上证明自身的能力。为了有朝一日继承皇位，他在塞林布里亚苦等了将近五年之久。但是在1448年他的健康开始恶化，并在当年6月撒手人寰，早于他曾朝思暮想继承其身后的兄长四个月。皇位继承权终究还是归于君士坦丁。

第八章　最后的专制君主

在专制君主君士坦丁治下,伯罗奔尼撒半岛的希腊人见证了他们的最后一抹荣光。君士坦丁于1443年年底到达米斯特拉斯后,立即着手对他的领地进行重组。他似乎与他的弟弟托马斯(这对兄弟之间关系和睦)调整了彼此领地间的边界,得到了半岛上更多的中部地区。托马斯因而将自己的宫廷迁往阿卡迪亚地区南部的莱昂塔里翁,他在那里可以与米斯特拉斯保持密切联系。君士坦丁从他忠诚能干的朋友里挑选出重要城市的总督,同时,也为当地贵族恢复了不少被之前的君主们夺走的权力和特权,这是一项危险的政策,但就当下而言,他能通过这项政策诱使贵族们为修复土耳其人于1423年摧毁的六英里长城出钱出力,这是头等大事。

君士坦丁崇尚戎马生涯甚于太平治世,半岛的防御工事刚刚修复完成,他就计划进军希腊本土。他选择的时机恰到好处。他一直与罗马保持联系并且知道教皇尤金四世(Eugenius Ⅳ)为了回报拜占庭人对佛罗伦萨教会联合会议的支持正在计划发动十字军东征。他也知道苏丹穆拉德正在计划退位并遁入一种终日冥想的生活。1444年春,一支十字军大军整装待发,由匈牙利国王瓦迪斯瓦夫(Vladislav)和他的总司令约翰·匈雅提(John Hunyadi)[①] 率领,

---

[①] 又译匈雅提·亚诺什,东欧历史上著名的英雄人物,他顽强奋战,面对强大的土耳其人,以弱小兵力与之对抗,屡败屡战,最终多次以弱胜强,长时间阻挡了奥斯曼帝国对欧洲腹地的入侵。

苏丹的封臣之一塞尔维亚国王乔治·布兰科维奇（George Brankovic），以及阿尔巴尼亚领袖乔治·卡斯特里奥蒂（George Castriota），即大名鼎鼎的斯坎德培（Scanderbeg）[1] 也带兵加入。在他们深入巴尔干吸引土耳其人注意力的时候，君士坦丁也挥军穿过科林斯地峡进入安提卡地区，攻占雅典和底比斯，迫使雅典公爵内里奥二世·阿恰约利（Nerio Ⅱ Acciajuoli）俯首称臣。内里奥向其宗主苏丹发出的求援无人理会。但是匈牙利国王的十字军中途而止，因为教皇使者——枢机主教切萨里尼（Cesarini）带来与他会合的军队人数大大少于他的预期，而苏丹正在集结一支大军严阵以待。无论苏丹或是国王都不想打一场针尖对麦芒的激战，1444 年 6 月，他们签订了一份为期十年的停战协议，彼此都庄重宣誓要维护好这项协议，绝不渡过多瑙河。于是苏丹收兵回家去准备自己的退休生活。主教面对这份停战协议大发雷霆，说服国王向异教徒发出的誓言是无效的。当穆拉德已经跨海回到亚洲的消息传来的时候，十字军再度前进，但规模已大为缩减，因为乔治·布兰科维奇和斯坎德培都拒绝违背自己的誓言，而在君士坦丁堡拜占庭皇帝约翰也表达了对违约一事的恐惧。震怒的穆拉德名正言顺地率领一支兵力远超基督徒的大军杀回欧洲。十字军于当年 11 月抵达了黑海岸边的瓦尔纳（Varna）。土耳其人在那里从天而降，把他们一举击溃。国王和主教都死于乱军之中。只有匈雅提和一小部分匈牙利人得以逃脱。土耳其人

---

[1] 阿尔巴尼亚民族领袖，绰号"阿尔巴尼亚之龙"，年幼时作为人质在苏丹宫廷生活多年并成为奥斯曼帝国军事统帅，此后寻机率领阿尔巴尼亚人独立，在二十多年的时间里成功地阻挡了奥斯曼帝国对阿尔巴尼亚的进攻。他使用黑色的双头鹰作为自己的标志，这个标志后来演变为当代阿尔巴尼亚国旗上的图案。

很快就重返了多瑙河。

夏季发生的一系列事件使君士坦丁大受鼓舞，而土耳其人在瓦尔纳的胜利又来得太迟，使他们无法于春季之前在希腊采取行动。当春季来临之时，苏丹穆拉德已经遁入一位神秘主义者的小屋，而他12岁的继承人，一个少年老成又刚愎自用的男孩，与父亲的大臣们争吵不休，且受到手下军队的厌憎。在巴尔干，斯坎德培正在匈雅提的帮助下驱除土耳其人的势力。君士坦丁感到继续进行他的征讨行动足够安全。1445年春，在教皇的建议下，勃艮第公爵派出一小队装备精良的士兵去援助君士坦丁。在这些部队的帮助下，君士坦丁再次穿过科林斯地峡，并在巩固了他对雅典和底比斯的控制之后，继续穿过福基斯（Phocis）地区进入品都斯山脉，他经过之处的小股土耳其守军都被赶走，乡间也遭到劫掠，当地的希腊居民深受其害。品都斯南部的瓦拉几部落前来向他效忠并接受了他任命的一位瓦拉几总督。然后他南下科林斯湾，沿着北部海岸行军，将威尼斯总督驱逐出繁荣的港口城市维特利内萨（Vitrinitsa）。在他从地峡大胜归来后，他的将军约翰·坎塔库泽努斯继续在福基斯地区作战。

这次大捷十分短命。1446年夏，穆拉德被他以前的大臣说服，从退隐中复出，对付那些苏丹国的敌人。他将自己的第一个任务定为惩罚君士坦丁。11月，尽管从气候上来看此时对于行军打仗有些过晚，他还是一马当先地率领一支大军出现在希腊。君士坦丁新近征服的土地全部落入他的掌中，雅典公爵把他当作拯救者来接待。君士坦丁被孤立了，在他攻击威尼斯领土之后他已不可能指望从威尼斯人那里得到任何帮助，而且也没有其他人能向他伸出援手。当土耳其大军接近六英里长城时，他派年轻的历史学家劳尼科斯·卡尔孔狄利斯（Laonicus Chalcocondyles）[①] 出使，向穆拉德求和。穆拉德要求摧毁六英里长城，并在这一要求被拒绝之后将大使投入了牢狱之中。君士坦丁在弟弟托马斯的支持下决心死守长城。城墙固若金汤，守军兵力充沛。君士坦丁已经集聚起手头所有可用的部队，可能约有两万人，但其中有很多是以不可靠而臭名昭著的阿尔巴尼亚人。土耳其人携带了火炮。尽管城墙在狂轰滥炸之下屹立不倒，守卫者们却不得不四处躲避。对长城的围攻持续了两周左右。最后，在12月10日，土耳其人终于拥上城头，拜占庭人的防御土崩瓦解，专制君主的军队顿作鸟兽散，兄弟二人仅以身免。

在摧毁六英里长城后，穆拉德率领土耳其军队的主力穿过科林斯，途经西锡安（Sikyon）和沃斯提萨（阿吉翁）来到帕特雷，他所经过的城镇和村庄都被付之一炬。他发现帕特雷已被遗弃，这里的人越过海湾逃到了纳夫帕克托斯（Naupaktos），但他不愿费神去攻击它，而是向克拉伦扎进军。同时，第二支军队在图拉汗贝伊的率领下开往米斯特拉斯。但是，毫无疑问是由于冬季翻山越岭过于艰辛，他似乎没能到达斯巴达谷地。他最后转而向西与苏丹在克拉伦扎会师。在1446年的最后几天里，土耳其大军缓缓北上，身后留下一片废墟，并且拖着一大群俘虏——根据希腊人和意大利人的估计有六万人，所有人的命运都定格在了东方的奴隶市场。

自己政策的灾难性后果冷却了专制君主君士坦丁的热情。

[①] 1423~1490，被誉为"拜占庭最后一位伟大的历史学家"，撰有记述拜占庭帝国最后一百五十年历史（1298~1463）的《史证》（*Proofs of Histories*）一书，对奥斯曼土耳其及其统治者们的历史进行了客观公允的描述。另有说法称此处被派出使的是其父亲乔治·卡尔孔狄利斯。

整个 1447 年他都在静悄悄地寻找办法修复这场灾难造成的损失。从某种程度上来说，土耳其人的入侵发生在冬季对拜占庭人而言也有幸运之处。建筑物被焚为白地，百姓无家可归，但庄稼的收成丝毫无损。当旅行者安科纳的西里亚库斯（Cyriacus of Ancona）① 在 1447 年夏经过伯罗奔尼撒半岛时，当地丰收的景象使他印象深刻。同时，君士坦丁和托马斯向苏丹表达了恭顺之意。苏丹命令他们上缴巨额岁贡，而且不得修复六英里长城。

1448 年春，专制君主狄奥多西的死讯传到了米斯特拉斯。君士坦丁现在把握十足，继承皇位指日可待了，而且随着他征服希腊的雄心化为乌有，他已经准备好承担起管理帝国的重负。皇帝约翰八世于 1448 年 10 月 31 日驾崩，他在病榻上下令由君士坦丁继承他的皇位，但君士坦丁尚在千里之外。彼时近在咫尺的是专制君主德米特里，他在狄奥多西死后继承了塞林布里亚的封地，并因为他坚定的反对教会联合的立场而深受君士坦丁堡民众的欢迎。他来到君士坦丁堡宣称他的继承权。这一危局被他们年迈的母后化解，她利用了皇位空缺时由加冕过的皇太后代行职权的合法权威。君士坦丁是她在世的儿子中年龄最大的，也比他的兄弟们能干。尽管她不太喜欢他的宗教政策，但他可能是最受母后宠爱的，因为他的中间名采用了她的家族姓氏德拉伽塞斯（Dragases）。他的秘书斯弗兰泽斯此时也恰在君士坦丁堡探望卧病在床的儿子。皇太后立刻将斯弗兰泽斯派往苏丹的宫廷以取得穆拉德对君士坦丁继承皇位的同意。专制君主托马斯在约翰驾崩时已经在前往君士坦丁堡的路上。当他于 11 月 13

---

① 1391～1452，著名旅行家、考古学家和商人，他的碑文拓写为后世留下了珍贵史料。

日抵达都城并站在皇太后一边时，德米特里发现自己败局已定，于是两兄弟都随他们的母亲一起宣布君士坦丁成为皇帝。

尽快为他加冕势在必行，皇太后打破所有先例，下令高级官员阿历克塞·拉斯卡里斯·菲拉索伦佩努斯（Alexius Lascaris Philanthropenus）和曼努埃尔·帕列奥列格·艾尔古斯（Manuel Palaeologus Iagrus）携带帝国皇冠前往米斯特拉斯。在那里，1449月6日，拉栖代梦尼亚都主教将皇冠戴在了君士坦丁的头上。这一定是一场奇怪的仪式，它是否在圣德米特里都主教座堂（Metropolitan Church of St Demetrius）举办我们还不得而知——对于必定出席的圣会会众而言那是一栋小建筑，或者也有可能是在更小的圣索菲亚宫殿教堂。毫无疑问，伯罗奔尼撒的达官贵人、专制君主的卫队和这座小城的市民扮演了在仪式中欢呼喝彩的元老院、军队和君士坦丁堡的人民的角色。这是米斯特拉斯城历史上最为伟大的一刻，但也是悲哀的一刻：因为新皇帝马上就要离开他在伯罗奔尼撒的子民，前去掌管大厦将倾的拜占庭帝国。

尽管所有人都接受君士坦丁成为皇帝，仍有一些正统论者质疑这场加冕是否真正有效。但是君士坦丁堡的牧首属于教会联合派，受到大多数神职人员的冷遇，且民众会因仪式由他主持而拒绝进入圣索菲亚大教堂。如果加冕发生在那里，那么结果将是灾难性的。而拉栖代梦尼亚都主教就没有这样的污点。

在加冕仪式结束几周后，君士坦丁永远地离开了米斯特拉斯。他乘坐一艘加泰罗尼亚船前往君士坦丁堡并于3月12日抵达那里。他的首要任务之一就是要对伯罗奔尼撒的未来做出规划。经过大量的家族内部讨论和争执后，他决定由德米特里和托马斯二人平分这个行省，一条笔直的分界线从半岛的东北画到西南。托马斯得到了西北的那一半，其中包括西锡安、帕特雷、卡拉夫里塔和克拉伦扎，以及亚该亚平原、美塞尼亚和卡拉马塔。德米特里得到了米斯特拉斯，他的领地还将包括北面的科林斯、中部的卡瑞泰纳和南部的马尼半岛。两兄弟还出席了皇帝和皇太后在场的一场仪式，向皇帝宣誓效忠，也发誓彼此之间和平相处。仪式结束后，托马斯于8月返回了自己的领地，德米特里在大约三周之后也跟随托马斯前往伯罗奔尼撒。这一安排得到了苏丹的认可，他向三兄弟都做出了善意的保证。

但是，要让德米特里和托马斯长久地善待彼此那就对他们期望太高了。他们几乎素不相识，因为托马斯从童年起就差不多一直居住在伯罗奔尼撒，而且他们在重大宗教问题上的意见都是对立的。从一开始他们就拒绝合作。当威尼斯遣使向两位专制君主抱怨他们的阿尔巴尼亚士兵持续不断地袭扰威尼斯城市周围的领地时，两位专制君主都派出自己的使团前往共和国。德米特里的使者们在威尼斯受到了比托马斯的人更好的待遇，但威尼斯人拒绝在德米特里与他兄弟的争吵中给他任何支持。

德米特里急需援手，因为托马斯很快就撕毁了家族协议并且占领了阿卡迪亚中部的斯科尔塔（Scorta）平原。为了获取补偿德米特里不得不向苏丹申诉，后者派图拉汗贝伊去调查这件事。由于托马斯拒绝放弃斯科尔塔，图拉汗命令他交出卡拉马塔和美塞尼亚作为对他哥哥的补偿。两位专制君主之间的战争得以避免，但是他们之间冷淡的关系并没有缓和。

苏丹穆拉德死于1451年2月。他的儿子穆罕默德二世在即位之初就遣使向拜占庭皇帝和专制君主致以好意。不幸的是，君士坦丁认为新的苏丹还是六年前暂居苏丹之位的那个傲慢自大、愚蠢轻率的小儿。穆罕默德已经成长起来。他现在是一个

79　雄心万丈、才能卓绝的年轻人，目标明确但手段阴险狡诈。只有那些对他知之甚深的人才知道他决心首先征服君士坦丁堡。认为穆罕默德在安纳托利亚困难重重的君士坦丁，颇为傲慢地向其抱怨土耳其士兵侵扰拜占庭的领土。穆罕默德还之以颜色，断绝了与皇帝的外交关系，公开着手准备围攻这座伟大的城市。

　　君士坦丁堡无法得到来自伯罗奔尼撒的援助。1452 年 10 月，苏丹命令垂垂老矣的图拉汗贝伊及其两个儿子奥马尔（Omar）和艾哈迈德（Ahmet）入侵伯罗奔尼撒半岛。土耳其人轻松地突破了六英里长城。整个冬季他们都在蹂躏乡间的村落，但并没有试图攻占较大的市镇，除了落入其掌中的尼尔卡斯特罗顿（Neocastron）和成功抵抗未让其得逞的锡季罗卡斯特罗（Siderokastro）。希腊人仍然拥有一位好将军——马修·阿森（Matthew Asen），他的妹妹狄奥多拉是专制君主德米特里的妻子。马修诱使艾哈迈德贝伊率领的部分土耳其军队进入一个峡谷，他在那里居高临下，一举击溃土耳其军队，并俘虏了艾哈迈德。土耳其人在遭受此次挫败后撤军。但是此刻即便能派兵援助君士坦丁堡，也为时已晚。

　　君士坦丁堡在 1453 年 5 月陷落，让整个希腊世界痛不欲生。米斯特拉斯的市民怀着悲痛但又骄傲的心情，将曾在他们中间生活了如此之久而现在战死于帝国都城门前的皇帝铭记在心。这一事件使得伯罗奔尼撒半岛波澜再起。在过去的一个多世纪里，大量阿尔巴尼亚人进入半岛。专制君主曼努埃尔·坎塔库泽努斯和狄奥多西一世都很欢迎他们，不光是因为他们作为农夫可以开垦荒地辛勤劳作，更为有用的是，他们作为优秀的战士很快就在专制君主的军队中占据了较大比例。但他们坚持与他们瞧不起的当地人口分开居住。现在，希腊人的国运陷入低潮，无论德米特里抑或托马斯都无法博得阿尔巴尼亚人对早先的专制君主的忠诚，他们起而造反。这些叛军没有能得到所有人信任的本族领导人，在托马斯领土上的叛军将约翰·阿桑·琴图廖内（John Asan Centurione）——最后一位亚该亚亲王的私生子选为头领。此人几年之前就图谋不轨并被托马斯逮捕下狱，但刚刚在聪明的希腊人尼基弗鲁斯·卢卡尼斯（Nicephorus Loukanis）的帮助下逃脱出来，卢卡尼斯遂成为他的首席军师。在德米特里的领土上的叛军将专制君主马修的孙子曼努埃尔·坎塔库泽努斯选为他们的领导人，他的家族对于帕列奥列格的压制早已心生不满。曼努埃尔曾担任马伊那的总督并且在当地的希腊贵族圈里颇有人缘，现在他的这些朋友也加入了叛军阵营。很快，一支叛军便将托马斯围困在帕特雷，另一支叛军则在米斯特拉斯的城墙前安营扎寨。绝望之中，两位专制君主向他们的宗主——土耳其苏丹寻求援助。苏丹穆罕默德不愿意看到一个好勇斗狠的阿尔巴尼亚国家在伯罗奔尼撒半岛崛起并且为西方干预提供机会。他再一次命令图拉汗贝伊率军进入半岛。图拉汗的儿子奥马尔贝伊领受父命，于 1453 年 12 月带领一支军队成功地遏制住叛军，但没能将他们镇压下去。直到图拉汗于次年夏天亲自到达后，这场叛乱才被最终粉碎。私生子扎卡里亚亲王逃到威尼斯领土并在意大利了却残生。被阿尔巴尼亚人称为辛（Ghin）的曼努埃尔·坎塔库泽努斯夺路逃往拉古萨（Ragusa）①并死于匈牙利。卢卡尼斯通过为德米特里的妻兄马修·阿森服务逃过一劫。

两位专制君主得以复国，而且被命令每人向苏丹缴纳一份

---

① 克罗地亚东南部港口城市杜布罗夫尼克（Dubrovnik）的古名，中世纪为拉古萨共和国中心。

一万或一万两千杜卡特的岁贡以表恭顺和感激之意。但与此同时，半岛上的希腊大族纷纷派使者觐见穆罕默德请求苏丹的直接管理。苏丹仁慈地同意了他们的请求，结果就是两位专制君主无法从他们最富有的臣民中征收到任何税赋。尽管战事连绵、劫掠滋生，但专制君主国的部分地区仍然繁荣兴旺。丝绸业在亚该亚的发展势头不减，近年来还成功地在斯巴达谷地生根发芽。但这一产业所带来的收入对于维持专制君主的家庭支出和政府运行来说仍是不够的。至于缴纳岁贡则再无其他财源可言，而两位专制君主之间的争吵更无助于改善事态。托马斯仍旧一厢情愿地认为可以说服西方力量介入以拯救伯罗奔尼撒半岛。对于更为现实的德米特里来说，保留任何自治权的唯一机会就是臣服于无所不能的土耳其人。

时间来到了 1458 年，理应进献给苏丹的岁贡仍被拖欠，这让苏丹大感不悦。他还被托马斯与西方国家的暗通款曲激怒。得知阿尔巴尼亚人叛乱时威尼斯考虑过援助叛军后，他心生警惕。对他而言，任何西方势力介入伯罗奔尼撒半岛都会忤逆他的意愿，尤其是如果要实现他入侵意大利的抱负，他就需要这个半岛作为基地。这两个专制君主，尤其是托马斯，必须好好教训一番。1458 年 5 月，穆罕默德亲自率领一支大军穿过已被摧毁的六英里长城向科林斯行进。科林斯是德米特里封国的一部分，他最近刚任命自己的妻兄马修·阿森为这里的总督。当土耳其人的入侵开始时，马修因为去觐见专制君主而不在这座城里。尽管如此，在阿克罗科林斯这座市民云集的巨大岩石要塞（下城区因为连年战乱而无法居住），守军决心抵抗并且打退了敌人的第一轮进攻。几天之后，马修·阿森带着七十名护卫，趁着夜色成功地穿越土耳其人的阵营并爬上了要塞的城崖，随他而来的还有派得上用场的武器和补给。阿克罗科林斯的抵抗可能使德米特里的其他领地免于攻击。穆罕默德不得不将军队的一大部分留下来封锁要塞，自己率领其余的力量破坏托马斯的领地，南下进入阿卡迪亚地区并直趋美塞尼亚。托马斯带着自己的家人逃到了卡拉马塔南面的小港曼丁尼亚（Mantinea），随时准备乘船遁往意大利。德米特里也退入了莫奈姆瓦夏。穆罕默德对莫奈姆瓦夏的坚不可摧有所耳闻，很想带兵前去考验一下这座要塞的实力，但还是更为慎重地决定不进入拉科尼亚地区。他向北进攻泰耶阿附近的要塞化城镇墨杰利（Mouchli），专制君主德米特里的另一个妻兄在这座要塞担任总督。守军顽强抵抗但是在苏丹切断水源后不得不献城投降。穆罕默德在那里留下一支小规模守军后快速向北海岸进军，攻下了卡拉夫里塔，沃斯提萨和帕特雷也相继陷落，他在这三座城市都留下了守军，然后回师科林斯。马修·阿森仍然死守着阿克罗科林斯，但此时补给已十分短缺。到了8月底，当地的都主教不忍心看到自己的教众活活饿死，说服马修必须屈服。苏丹允许守军以完整的军事荣誉离开要塞。马修自己则被苏丹派去向两位专制君主宣读他的和平条款。德米特里将要割让科林斯，而托马斯则要放弃自己领土的三分之一，包括帕特雷、沃斯提萨和卡拉夫里塔。他们还将进献三千枚金币的岁贡。两人毫无选择，只能屈从于这些条款。苏丹和他的军队于10月撤离，随行的还有数以千计的俘虏，包括男人、女人和儿童。他们中的大多数人被安置在君士坦丁堡，苏丹急于使这个城市的人口重新繁密起来。图拉汗的儿子奥马尔贝伊留下来担任伯罗奔尼撒半岛的土耳其总督，驻节科林斯。

德米特里庆幸至少米斯特拉斯逃过一劫，准备遵守和平条约。而托马斯仍冀望西方的援手。1459年6月1日，教皇庇护二世（Pius Ⅱ）在曼图亚召开大公会议，希腊出生的枢机主教贝萨里翁（Bessarion）① 在会上慷慨陈词，请求各方帮助伯罗奔尼撒人民对抗异教徒。他的请求得到了热情回应却鲜有实效。他随后与其他教皇使者前往德意志宣扬组织十字军东征，也同样毫无成效。然而，教皇在6月自己掏钱雇用并装备了两百名士兵，米兰女公爵比安卡·玛丽亚·斯福尔扎（Bianca Maria Sforza）又为这支队伍增添了一百人。在他们到达之后，托马斯立刻带领他们和自己的部队出发前去进攻帕特雷。这次进攻并不成功，尽管他重新夺回了卡拉夫里塔。但随后意大利人开始漫步在回家的路上，而托马斯觉得还是入侵自己兄弟的领土更划算。德米特里被打了个措手不及，他自己的臣民对于保家卫国无动于衷。苏丹此时正忙于北部边界的事务，下令一小支分遣队前去加入奥马尔的守军。但这支军队的实力被疾病严重削弱，而且在其到达之前奥马尔就已恢复秩序，马修·阿森也逐退了托马斯。在土耳其人的严令以及拉栖代梦尼亚都主教的调停之下，两位专制君主于当年秋天在卡斯提萨（Kastritsa）会面并宣誓将与对方和平相处。但和平很短暂，托马斯似乎拒绝将德米特里的一些市镇归还给他，故而引发了德米特里的攻击。双方就这样打打停停地度过了冬季。

到1460年春，苏丹已经受够了。他集结起一支军队，在5月中旬领兵来到科林斯。专制君主德米特里收到传召去那里觐见苏丹。德米特里对此行害怕不已因而不敢上路。大约十八个

---

① 约翰·贝萨里翁（John Bessarion，1403~1472），拜占庭人文主义学者和神学家，后成为罗马教会的枢机主教，在文艺复兴时期对希腊文学的传播起到了重要作用。

月前他被告知要将自己的女儿海伦娜送往苏丹的后宫。她是他唯一的孩子，而且他不希望她遭受如此命运。他一直希望把她嫁给一位阿拉贡王子，卡拉布里亚（Calabria）①公爵的继承人，但是相关谈判在1458年因为王子的叔父那不勒斯国王阿方索（Alfonso）的死去而搁浅。德米特里无法违抗苏丹的命令，于是一边敷衍搪塞，一边将女儿和她的母亲送往莫奈姆瓦夏的安全之处。代替他前往觐见苏丹的是带着奢华礼物的马修·阿森，因为他知道苏丹敬重这位将军。穆罕默德一点也不高兴，将马修关押起来，并派出一支土耳其军队直逼米斯特拉斯。

1460年5月29日，君士坦丁堡陷落已过去七年，米斯特拉斯的市民向谷地眺望便可看到土耳其大军在帕农群山间行军。第二天早上这支军队就在该城的城墙之外安营扎寨了。这支军队没有受到任何抵抗。随军而来的有苏丹的希腊人秘书托马斯·卡塔沃勒诺斯（Thomas Katavolenos）。他说服专制君主不经反抗就献城投降，并且放弃逃往莫奈姆瓦夏的计划。苏丹本人于5月31日来到米斯特拉斯城前，专制君主受邀前往苏丹的大帐。他受到了体面的接待，当他进入帐篷时苏丹从自己的座位起身并将他引领到身侧的一把椅子上。德米特里非常害怕，但苏丹和颜悦色地跟他说话，承诺赐予他一块色雷斯的封地以补偿他失去的封地。但是，他被告知要将自己的妻子和女儿从莫奈姆瓦夏叫来。这两位女士在抵达米斯特拉斯之后，被交由苏丹随从之中的太监照顾。穆罕默德在米斯特拉斯逗留四天之后出发去征服半岛的剩余部分，而专制君主则不得不伴随苏丹左右。

征服行动得以速战速决。当苏丹对威尼斯城市迈索尼和

---

① 意大利南部的大区，包含了那不勒斯以南的意大利半岛足尖部分。

科罗尼进行礼节性访问的时候，他的主力军队在扎甘诺斯（Zaganos）① 帕夏（希腊变节者）的率领下横扫拉科尼亚地区和阿卡迪亚地区。在德米特里的领土上，两座要塞化城市卡尔季察（Karditsa）和加尔季基试图抵抗，结果在陷落后城中男人被屠杀，女人和儿童沦为俘虏。苏丹并非仁厚之主，可论起残忍扎甘诺斯过犹不及，伊斯兰教的教规禁止屠杀或囚禁那些自愿投降的人，而他却常常反其道而行之。在很多城市，市民宁愿战死也不愿面对他的惨无人道。苏丹马上用穆罕默德帕夏替换了他，穆罕默德在变节前是一个伯罗奔尼撒杂货商，对于被征服的人民还保有一些同情。一座城市，位于沃斯提萨和帕特雷之间的萨尔门尼康（Salmenikon），依靠自身力量成功抵挡住了土耳其人。它的总督君士坦丁·帕列奥列格·格瑞泽斯（Constantine Palaeologus Graitzas）一直坚守到了1461年6月，那之后他才投降并且保有了完整的军事荣誉。穆罕默德帕夏后来宣称格瑞泽斯是他在伯罗奔尼撒遇到的唯一一个"男子汉"。

　　专制君主托马斯和他的西方朋友们没有做出任何举动去帮助萨尔门尼康，当德米特里可怜兮兮地随着苏丹的队列行进时，托马斯和他的家人畏缩在迈索尼附近的美塞尼亚小镇波尔托隆戈（Porto Longo），他之前小心谨慎地将圣安德鲁（St Andrew）② 的遗骸从帕特雷随身带了出来。1460年7月，他们乘船前往科孚岛。托马斯的妻子和孩子们留在了那里，而托马斯则带着珍贵的遗骸前往意大利，将其献给教皇，以求教皇资

---

① 穆罕默德的重臣，君士坦丁堡之战中，正是他指挥的近卫军最先攻入城中。
② 耶稣十二门徒之一，地位仅次于圣彼得，是希腊、苏格兰、俄罗斯（圣安德烈）、乌克兰、罗马尼亚、保加利亚等诸多国家和地区的主保圣人，相传古时在希腊传道并被绑在X形十字架上受刑。

养他的晚年。他死于 1465 年。他的次子曼努埃尔在教皇降低了其待遇标准后迅速逃离罗马，前往君士坦丁堡，那里的苏丹更为慷慨。在曼努埃尔的两个儿子中，一个早夭，一个改宗穆斯林，以穆罕默德帕夏之名终此一生，他们都没有留下子孙。托马斯的长子得到了更好的待遇，留在了罗马并自称"皇帝君士坦丁波利塔努斯"（Imperator Constantinopolitanus）。但是，他因为娶了一个妓女而冒犯了自己的庇护人。他死于 1502 年，死前先是将自己的皇帝称号卖给了法国国王查理八世（Charles Ⅷ），随后又卖给了西班牙的天主教双王费迪南（Ferdinand）和伊莎贝拉（Isabella）。据传他留有一子，名为君士坦丁，一度执掌教皇卫队却于默默无闻中死去。在托马斯的女儿之中，长女海伦娜已经是塞尔维亚亲王拉扎尔三世·布兰科维奇（Lazar Ⅲ Brankovic）的寡妻，她育有三女，一个作为童妻嫁给了波斯尼亚（Bosnia）国王，此女在自己移居的国家被苏丹征服后便消失在了土耳其的后宫之中；一个在嫁给凯法洛尼亚领主数月后便死去；第三个嫁给了阿尔巴尼亚领袖斯坎德培的儿子。托马斯的次女佐伊（Zoe）于托马斯死后在教廷被抚养成人，10 岁的时候嫁给了亲王卡拉乔洛（Caracciolo），可这位亲王在不久之后死去。1472 年，当她 16 岁时，教皇安排她嫁给莫斯科公国（Muscovy）的沙皇伊凡三世（Ivan Ⅲ），希望借此将俄罗斯的宗教信仰转化为天主教。但佐伊在重新受洗为索菲亚之后，变成了热切的东正教拥护者。她在俄罗斯大地度过了完整而又风云激荡的一生，死于 1503 年。她有六个儿子和一个后来成为波兰王后的女儿。沙皇恐怖的伊凡（Ivan the Terrible）① 是她的孙子。

---

① 伊凡四世，也就是俄罗斯历史上著名的伊凡雷帝。

专制君主德米特里被苏丹赐予了一块封地，包括伊姆罗兹岛（Imbros）和利姆诺斯岛，萨索斯岛（Thasos）和萨莫色雷斯岛（Samothrace）的一部分，以及色雷斯城市伊诺斯（Enos）。他与他的妻子、妻兄马修·阿森一起在伊诺斯居住了七年，收入不菲，其中的大多数被他捐赠给教会。然后，他们突然遭到贬谪。斯弗兰泽斯一直记恨着马修而且在自己的回忆录里从来没有公平对待过马修，他宣称掌管着当地盐业垄断的马修曾允许手下的党羽在收入上欺瞒苏丹政府。穆罕默德在东窗事发后大发雷霆，当即下令剥夺德米特里的封地和收入。这一家人被迫迁往狄迪莫提肯（Didymoticon）①，马修似乎是在那里去世的。随后苏丹又对德米特里的境遇动了恻隐之心，将他和他的妻子安置到阿德里安堡（Adrianople）②一处房产里，地方虽小，但收入充足。他的女儿海伦娜也在那里居住，苏丹从未将她纳入后宫。据传，苏丹担心这个心高气傲的女孩会试图毒害他。她被赐予了自己的房产并得到一大笔补贴，但被禁止婚嫁。她很可能死于1469年，死时仅20多岁，她将她的所有财产都转赠给了君士坦丁堡的牧首。她的死让她父母悲痛欲绝，他们双双退隐到修道院。两人都于1470年去世，德米特里先于自己的妻子几个月离开人世。

唯一出生在米斯特拉斯的公主，狄奥多西二世的女儿海伦娜，塞浦路斯国王的妻子，在她的故乡落入异教徒的控制之前，已经于1458年去世。

到1461年晚夏，整个伯罗奔尼撒半岛都落入了土耳其人之

---

① 色雷斯行省西部的一个城市，今为希腊城市季季莫蒂霍，位于阿德里安堡以南。
② 土耳其城市埃迪尔内的旧称，曾为奥斯曼旧都。

手,除了威尼斯人的殖民地(迈索尼、科罗尼、阿尔戈斯和纳夫普利翁),马尼半岛上征服者不敢深入的蛮荒之地,以及莫奈姆瓦夏。在德米特里臣服于苏丹之后,莫奈姆瓦夏的市民在他们的总督曼努埃尔·帕列奥列格带领下奉托马斯为主。但是总督很快就逃离了自己的祖国,甚至幻想将要塞交给苏丹以换取希腊西海岸的某座城市。市民们于是接受路过的加泰罗尼亚海盗洛佩·德·巴尔达加(Lope de Baldaja)为城主,但随后发生的事证明他既残暴专横又昏聩无能,不久之后他就被逐走。接下来,很明显是在托马斯的建议下,市民们将自己置于他的庇护人教皇庇护二世的保护之下,只是约定他们的东正教信仰要得到尊重。但是教皇在设置了一个天主教大主教之后,对这座城市就再无任何兴趣。于是,在1464年,市民们承认了威尼斯共和国的统治权。

然而,威尼斯也未能长久地保护其伯罗奔尼撒领土。阿尔戈斯已经于1462年落入土耳其人之手,而迈索尼和科罗尼则是于1500年陷落的。1540年,在一场灾难性的战争之后,威尼斯将未被攻占的纳夫普利翁和莫奈姆瓦夏这两座要塞割让给了苏丹。

伯罗奔尼撒半岛上的希腊人仍然此起彼伏地反抗他们的土耳其主人,徒劳地希望能从威尼斯或是其他西方势力那里获得援助。每场起义都以灾难告终。大部分地区的伯罗奔尼撒人不情愿地接受了异教徒的支配。而在米斯特拉斯一切都平稳有序,一名土耳其总督在专制君主的宫殿里居住、办公。

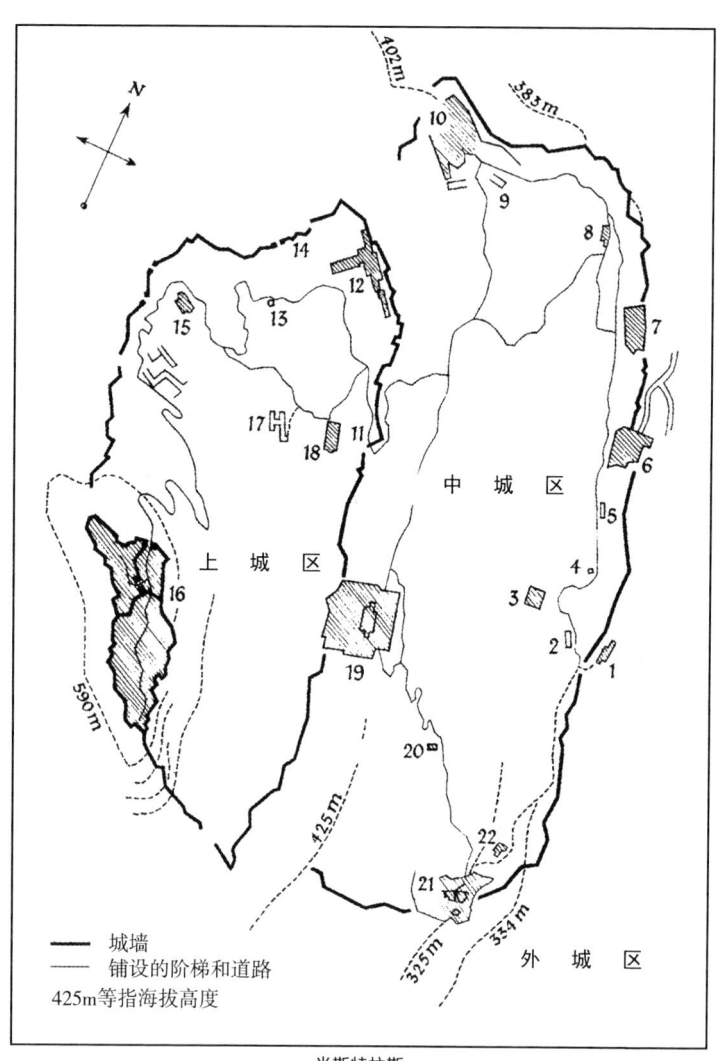

米斯特拉斯

1马尔马拉（门），2圣克里斯托弗教堂，3拉斯卡里斯大宅，4水井，5通道，6堡垒，7都主教座堂，8福音传道者教堂，9圣狄奥多西教堂，10赫得戈利亚（指路圣母）教堂，11莫奈姆瓦夏门，12专制君主宫殿，13小礼拜堂，14纳夫普利翁门，15圣索菲亚教堂，16城堡，17小宫殿，18圣尼古拉斯教堂，19潘塔纳萨（修道院），20法兰克波洛斯（法兰克人之子）大宅，21佩里布列普托斯（圣贤）教堂，22圣乔治教堂

第九章　米斯特拉斯之城

如今我们很难在头脑中还原出米斯特拉斯在专制君主治下应有的恢宏气派。它对于今天的游客的魅力在于它的幽雅静谧、风光秀丽。若是想寻觅怡人小镇，将现代生活的喧嚣抛之身后，那么出城往南一公里便是。被城墙围着的古城沿着陡峭山坡攀缘而上，只有少数几座教堂完好无损地矗立其中，专制君主宫殿的巨大外壳仍旧盘踞于中央。除了白天在小博物馆和都主教座堂旁边的办公室里工作的官员外，这里唯一的居民是住在潘塔纳萨修道院里的修女们。人们很难记起，这曾经是一座生机勃勃的城市，大约两万居民曾生活在这里，山下还有人口稠密的郊区。但在破败的街道和小巷漫步时，就能看到过去一定是属于贵族的深宅大院、穷人的房屋、商家店铺或部队营房的建筑，尽管还有很多建筑物的用途已无法被辨识出来。

这座老城被分为三个区域。从山顶的城堡开始，城墙自两边顺着山坡向下一直延伸到专制君主宫殿的正下方，在那里这两道城墙与第三道城墙会合，因而形成一个很粗略的三角形。三角形之下有一个略大一些的区域，延伸到山丘底部，形状好似围裙，也被一道城墙包围起来。"围裙"区域再往下，向南延伸的更为平坦的土地属于没有防御工事的第三个区域。当希腊人在1262年接管这座小山的时候，除了山顶的巨大城堡及其下方的一两栋守军家属居住的房屋之外，它一定是建筑稀少、光秃一片。尤为特别的是，半山腰处有一块相当平整的草坪，法兰克人在此建起一栋有些优雅的住宅，从这里向东望去整个平原一览无遗。可能就是在这里，在无须镇守城堡的时候，城主与妻子和家人居住在一起。

1262年以后，为了安定的生活而从拉栖代梦尼亚迁往米斯特拉斯的希腊人起初似乎定居在了下城区的东北角。正是在这里人们兴建了城市的最早一批教堂。由于拜占庭的行省总督们仍愿意居住在莫奈姆瓦夏，米斯特拉斯的教堂的建造工作就留给了当地官员或神职人员。在这些人中最引人注目的是13世纪末的司铎帕科缪（Pachomius），他一度担任行省的副主教（Protosyncellus）①，因其卓有成效的工作和博大精深的学问而广受敬重。1295年前后在他的监督下一座献给圣狄奥多西的教堂完工，这是在这座城市里建造的第一座重要教堂，其大小适度的地基由一位名为丹尼尔的修道院院长（Higoumenos Daniel）奠定。数年后帕科缪退出了公共生活，创立了一座名为布洛托西翁的修道院，自己担任院长。这座修道院将圣狄奥多西教堂纳入其中。然后他在1310年前后又建起另一座教堂，献给圣母赫得戈利亚（Hodeghetria，意为"指路圣母"），但它通常被叫作阿芙芬迪科（Afthendiko，真正）教堂，又名大师教堂（Master Church）。这座教堂成了修道院的主教堂。这座建筑的高贵典雅和精妙绝伦，尤其是在对比了圣狄奥多西教堂之后，表明米斯特拉斯在那时的地位已经足够重要，而且帕科缪也有足够的影响力以得到最新潮的建筑师和最时尚的装饰师的服务，他们很可能来自君士坦丁堡。当然帕科缪与君士坦丁堡的关系也足够密切，能让他通过皇帝安德罗尼柯二世于1312年和1322年之间颁布的

---

① 指在东正教或东仪天主教会行使行政权力的主教的主要助理。

四道帝国法令，为自己的修道院获得广泛分布于这个拜占庭行省内的房产，以及凌驾于大量小修道院之上的权威。总督安德罗尼柯·阿森又为修道院增添了更多的土地。1375年，很多当地贵族又合力为这座修道院购置了另外一块大地产。帕科缪还说服皇帝将他的修道院从当地教会权力机构的管辖下移出，直接置于君士坦丁堡牧首的管理之下，从而赋予其事实上的独立地位。

更值得称道的是，帕科缪似乎在为他的修道院取得地位上的提升的同时并没有冒犯到当地的都主教。拉栖代梦尼亚都主教的人选自从13世纪早期法兰克人完成对伯罗奔尼撒的征服以来一直悬而未决，而且直到米斯特拉斯被割让给希腊人并且在法兰克人随后放弃平原上的城市数年之后，这一教职才被恢复，其所在地被迁往米斯特拉斯。恢复后的第一任都主教据我们所知是一个名叫特奥多修斯（Theodosius）的人，他在1272年就任。他的主要问题看起来是为了维护他的权利而与身在莫奈姆瓦夏的哥哥相抗争。莫奈姆瓦夏的都主教一职于1262年恢复，当时这座城市被希腊人接管并成为行省总督的驻地。这一教职人选被提拔到教会体系中较高的等级并在13世纪晚期成为督主教（Exarch）① 或牧首在整个伯罗奔尼撒半岛的代表。这就赋予了莫奈姆瓦夏都主教以权威，按照他的理解，可以对传统上归属拉栖代梦尼亚的主教辖区行使权利。双方的争端围绕阿米克莱（Amyclae）的主教辖区展开。当米斯特拉斯明确成为行省首府之后，其都主教顺理成章地希望成为这个行省的主要神职领袖。牧首的解决办法是前后向米斯特拉斯或拉栖代梦尼亚任命

---

① 在东正教的教会体系中，督主教的地位高于大主教，位列牧首或宗主教之下。

了一连串高阶神职人员，这些高级教士所要管辖的教区已经落入异端分子或异教徒之手，因此他们得以在拉栖代梦尼亚的教区里作为统领或行政官自由行事。尼基弗鲁斯·莫斯霍布鲁斯（Nicephorus Moschopoulos）于1304年前后被派往拉栖代梦尼亚，官方职位是克里特都主教，故而等级要高于莫奈姆瓦夏都主教。他的继任者米哈伊尔则是帕特雷都主教，那里的情况与克里特岛类似，都属于被拉丁人控制的教区。后来我们发现统领卢克（Luke）是克里米亚（Crimea）的索格底亚那（Sougdaia）① 都主教，但他似乎最终还是得以访问自己的名义教区。他于1339年在克里米亚逝世。他的继任者尼鲁斯（Nilus）的头衔我们还不清楚，随后于1365年接替尼鲁斯的是一位特拉诺波利斯（Traianoupolis）的都主教。在最后这位都主教任期结束之后的1387年前后，拉栖代梦尼亚都主教一职似乎恢复了。

除了尼基弗鲁斯·莫斯霍布鲁斯之外，这些高级教士的生平鲜为人知。他不仅在挫败莫奈姆瓦夏都主教扩大势力范围的野心一事上表现活跃，而且对文化艺术也兴致勃勃。他上任后首先做的一件事就是为米斯特拉斯兴建了一座献给圣德米特里的都主教座堂。一段铭文告诉我们，他在兄弟亚伦（Aaron）的帮助下监造了这座教堂，亚伦毫无疑问是一位富有的平信徒。教堂的完工时间是1309年或1310年，正值皇帝安德罗尼柯二世及其儿子米哈伊尔的统治时期。② 尼基弗鲁斯与君士坦丁堡

---

① 原为古波斯帝国在中亚的古地名，现为克里米亚半岛上的苏达克（Sudak）。
② 铭文上的日期有些模糊不清。它通常被读为创世纪元（Anno Mundi）6800年（公元1291/2年），但是那时安德罗尼柯的儿子米哈伊尔还没有成为共治皇帝。另外一种读法创世纪元6818似乎更能为人们所接受，尤其是有证据指出尼基弗鲁斯直到1304年才来到米斯特拉斯。——作者注

的学术圈交往甚密,并且与马克西姆斯·普拉努底斯(Maximus Planudes)①和曼努埃尔·菲尔斯(Manuel Philes)②这样的学者保持通信联系。历史学家帕希梅尔(Pachymer)③将他描述成一个德高望重之人。他似乎鼓励修道院院长帕科缪将布洛托西翁修道院打造成一个学术中心。1311年,他向修道院赠送了一份精美华丽的福音书抄本,很可能是君士坦丁堡抄写员们的杰作。这本书最终在莫斯科的教会图书馆(Synodal Library)找到了自己的归宿。帕科缪也像尼基弗鲁斯那样受到了君士坦丁堡学者们的赞赏,他很早就在米斯特拉斯组织一些抄本的抄写工作。他和尼基弗鲁斯是将米斯特拉斯转变为文化中心的先驱。

毫无疑问,这两位神职人员都得到了总督安德罗尼柯·阿森的支持,他本人也是学者们的朋友。但现在还没有证据表明他是否为这座城市增添了任何重要建筑,尽管建筑物的数量本来就应该一直在增长。下一位生活在米斯特拉斯的重要的艺术赞助人是专制君主曼努埃尔·坎塔库泽努斯。他发觉总督居所过于狭小,不能满足他的需求。于是他扩建了法兰克人的房屋④,在北面建了一个宽敞的侧殿,这一工程很可能是分阶段进行的,它的底层有很多大厅,而他自己和侍臣的房间在顶层。扩建的建筑中有两座塔楼,其中一座是礼拜堂。最北部区域朝东的一面是覆有屋顶的柱廊,开口处通往一个视野开阔的露台,在此处可以将欧罗塔斯河谷的风景尽收眼底。专制君主曼努埃

---

① 1260~1310,人文主义学者,文选编辑者,神学辩论家,以希腊语翻译古典拉丁哲学和文学作品以及阿拉伯数学著作。
② 1275~1345,拜占庭宫廷诗人,作品涵盖了历史和社会利益等方面。
③ 1242~1310,也被称为Pachymeris(帕希梅利斯),拜占庭历史学家,其著作记载了从1261年至14世纪初的历史。
④ 此处应是指本章第二段中提及的法兰克城主居所。

尔还在山丘更高一点的地方建起一座优美雅致的教堂，以献给圣索菲亚——上帝之圣智。教堂旁边建有一座小修道院。圣德米特里教堂继续维持其作为都主教座堂，也就是这座城市的大教堂的地位，而圣索菲亚教堂似乎成了宫廷教堂，用于专制君主的各项典礼仪式。从宫殿出发走过一段非常平缓的山坡即可到达圣索菲亚教堂，而要去往圣德米特里教堂的话，专制君主和他的侍臣们就不得不排成队列穿过下城区拥挤不堪的狭窄街道。

在帕列奥列格系专制君主的统治下宫殿又再度扩建。曼努埃尔·坎塔库泽努斯建造的侧殿继续成为王室的居住之地。但现在，在宫殿北端的西侧又新增了一个四四方方的建筑，与宫殿垂直相交，大约110英尺长、35英尺宽，底层是地窖和储藏室，往上一层是八间互不连通的大房间，很可能是用作专制君主的大臣和侍臣的办公场所。再往上是一个占了一整层的大礼堂，南面墙壁上的八扇大窗被哥特式假拱装饰着，北面墙壁上有六扇，墙壁高处则是圆窗，南面六扇，北面八扇。南面墙壁中间的两扇窗户之间有一个半圆形壁龛，用于放置专制君主的王冠。大堂四周沿着四面墙壁是一圈连起来的石凳，它们是为侍臣和访客准备的。而现在这座建筑的遗址一片荒凉简陋，与南墙等长的两层拱廊已经不翼而飞，下方两层因此暴露在外，而内部装饰也无迹可寻。建筑的年代已不可考。我们很容易将它与皇帝曼努埃尔于1408年短暂的平静期对米斯特拉斯的访问联系起来，或者他于1415年进行的那次较长时间的访问，尽管那时所有可用的资金都被用在了修复六英里长城上。如果一位皇帝要驻跸米斯特拉斯，他的住所应该会包括一个合适的皇座室。

王室宫廷在米斯特拉斯的建造吸引了当地的大家世族在这个城市里建起自己的宅院。与君士坦丁堡相似,米斯特拉斯没有专门的贵族居住区。富人的宅第可能被很多穷人的房屋包围着。然而,君士坦丁堡不乏广场和开阔的空间,富人居住区外花园环绕,街道也有法定的最小宽度,但在米斯特拉斯,由于山势陡峭的地形特点,城区空间受限,因此出现了寸土必争的情况,有时房屋之间互相接近到在街道上相遇的地步,或屋宅之下也可能开辟了过道。平地如此之少,以至于不可能有开阔的广场甚至宽阔的大道。唯一略具规模的广场就在建了专制君主宫殿的那片天然平地上。宫殿前方的空间一直保持着空旷的状态以作为仪式性游行用地,比今天的面积还要宽广,因为如今其西边和南边的建筑遗址是后来由土耳其人建造的。在拜占庭专制君主统治期间,广场上就只有曼努埃尔·坎塔库泽努斯建起的一座喷泉,广场在空余时就是米斯特拉斯社会各阶层的日常会面场所。

上城区的人口不是很密集,部分是因为在山上除了宫殿周围都很险峻,部分是因为水源要从山丘远侧的泉里通过管道输送进城市,无法到达高于宫殿的地方。山上地势较高的房屋和修道院与山顶的城堡一样,都依赖于收集雨水的蓄水池。在米斯特拉斯,冬季雨量充沛,所以那里似乎从来不存在水源短缺的问题。但显而易见,拥有定期的管道式水源供应更为方便。上城区的建筑都簇拥在专制君主宫殿周围,可能要么属于达官显贵,要么就是迎合宫殿需求的作坊店铺。宫殿西面略高处有一座宏伟的私人居所,气派非凡,人称小宫殿。它可能建于14世纪早期,最初由一座塔楼和一个侧殿组成,在该世纪末又多了一个类似的两侧都有厢房的侧殿,由此形成了一个闭合的庭院。除了塔楼被装饰得富丽堂皇之外，这座建筑的外表朴实无华，但里面厅室、房间和储藏室的数量表明它原先一定属于某个名门望族。然而，关于其确切身份尚无任何线索存世。

要到达上城区最简便的路线就是从城墙外出发。从北方走主路上山来到北段城墙外，通过铜墙铁壁的纳夫普利翁门，这里的地势要比专制君主宫殿稍微高一些，与其同侧较高处有一道小的暗门。在南面，这座城市被悬崖绝壁保护着，所以再建起一道与其他城墙相连的城墙是没有必要的。上城区与下城区之间只有一道城门，得名莫奈姆瓦夏门，因为从莫奈姆瓦夏延伸过来的道路止于下城区。通往莫奈姆瓦夏门的街道狭窄而又易于封锁。上城区因此可以轻而易举地将下城区的叛乱分子或意图渗透的敌军阻挡于门外。城门上方不远处就是一座气势雄伟的建筑，原先一定归某个贵族世家所有，或者是管理城市的长官的官邸——当地长官在职能上等同于君士坦丁堡的市政官，在那里办公正好便于监督管理市民。

下城区的北部一定密布着小屋和商店，它们沿着弯弯的小巷鳞次栉比地排列着，这些小巷起伏升降，有些地方还建有台阶。南部区域似乎显得不那么拥挤。这里的权贵们的宅院为花园留出了空间。山坡底部附近，离东段城墙不远的地方有一座精美的宅第从山体凸出，传统上被认为归属于拉斯卡里斯家族。在其东端，在作为储藏室和可能是马厩的巨型圆拱厅室之上有两层楼，一层是仆人房间和办公室，而再往上一层的开口处通向一个美观大方的露台，供人凭栏眺望下方的谷地。在这座建筑的西端，顶层就在地平面上。圣克里斯托弗小教堂在这座宅第的下方约一百码处，很可能就是家族的礼拜堂，而花园向下一路延伸到教堂矗立的小路前。沿着山坡继续往高处走一段就是伟大的法兰克波洛斯家族曾经居住的宅第。它没有拉斯卡里斯大宅那么大，但同样从山体凸出，也有居高临下的露台。其余次要的建筑现在已严重损毁，以至于无法辨认出哪些是住房，哪些是商铺。各处分布有贫穷市民赖以取水的泉眼，较大的房屋有私人的蓄水池，水源来自管道。

外国商人似乎居住在城墙外的东部区域，那里还有犹太人移民区。这里很可能就是举办市集的地方，因为要是驱赶牛羊穿过城墙内的狭窄街道会很困难。

实际上，在围墙之内的城区，货物只能通过骡子或驴子运送。轮式运输工具寸步难行。在上城区专制君主和他的家人可以骑马穿过纳夫普利翁门驰往乡间，女士可以乘坐轿子从宫殿前往圣索菲亚教堂。但是在下城区崎岖不平、弯弯曲曲的小巷里，无论是马还是轿子都不太实用。所以市民们外出办事一定是步行的。

这座城市的最高荣耀就是它的教堂建筑群了。在米斯特拉斯的世俗建筑中，西方的成分还是要比拜占庭的成分多一些。在建筑理念上，较大的房屋和专制君主宫殿本身与意大利那些较小的老宫殿的关系，要比它们与君士坦丁堡大皇宫（Great Palace）① 的更接近。但宗教建筑仍然恪守拜占庭传统。西方理念对宗教建筑的影响的唯一迹象在于钟楼的添加，例如那些使圣索菲亚或潘塔纳萨熠熠生辉的钟楼。米斯特拉斯的教堂很少能保存到今天，但是那些消失了的教堂大多是类似圣克里斯托弗教堂这样为一些大家族服务的小礼拜堂。位于下城区东南角

---

① 又称神圣宫殿，是位于现今土耳其伊斯坦布尔法蒂赫区的拜占庭皇宫建筑群。它是公元 330~1081 年拜占庭皇帝的主要居所，位于君士坦丁堡竞技场及圣索菲亚大教堂之间，作为帝国的行政中心超过八百年。

的被巧妙修复的圣乔治教堂可能就是一个典型的例子。这是一个矩形建筑，有一个筒形拱顶，且在东端附有一个量身定制的半圆形殿室。随着山势急剧向西抬升，教堂前厅被附着于山体南侧。建在专制君主宫殿到圣索菲亚教堂的道路旁的小礼拜堂几乎有着如出一辙的设计，尽管其精美的壁画（现在难以看清）表明它是由一位专制君主的画家完成装饰的。较大的教堂是建在专门清理出来的平台之上的，但即便如此也空间受限。

从建筑学意义上来说，米斯特拉斯的教堂没有规范的样式，而是采用了以往各种各样的拜占庭风格。圣狄奥多西的小教堂采用了希腊十字（Greek cross）式①，是阿提卡地区的达夫尼（Daphni）修道院里的教堂的缩小版。修道院院长帕科缪的赫得戈利亚教堂和尼基弗鲁斯都主教的都主教座堂采用了带有穹顶的巴西利卡（basilica）式②，是君士坦丁堡圣伊琳娜教堂的缩小版。专制君主曼努埃尔的圣索菲亚教堂和位于下城区的历史已不可考的福音布道者教堂，采用的样式通常被称为十字双柱式（cruciform distyle），它介乎希腊十字式和带穹顶的巴西利卡式之间，是帕列奥列格时代很多拜占庭教堂采用的风格。在后期两座重要的教堂之中，位于下城区东南的佩里布列普托斯教堂，由一个名字不得而知的贵族世家兴建，采用的是类似的设计，但是根据选址处的多岩石地形结构做了调整；而潘塔纳萨的教堂采用的是巴西利卡式，它由法兰克波洛斯家族于1426年兴建，其家族领袖曼努埃尔在当时是年轻的专制君主狄奥多西

---

① 中央的大穹顶与四面的筒形拱或小穹顶组成等臂十字的建筑样式。
② 源于古罗马的一种公共建筑形式，后被西欧天主教会的教堂沿用，特点是平面呈长方形，外侧有一圈柱廊，主入口在长边，短边有耳室，采用条形拱券作屋顶。

二世的首席大臣。有人可能会有这样的印象：米斯特拉斯的文化圈对于建筑风格兴味索然，吸引他们的是装饰。在建筑外部，砖石铺面展现出各式各样的图案，这些图案因犬齿带、花彩、凹座和假拱而变得活灵活现；在内部，墙面都饰有壁画。

在 14 世纪中叶以后，贫困而又阴郁的君士坦丁堡城区鲜有新建筑拔地而起。在圣索菲亚大教堂于 1346 年经历了一次地震之后，对其半圆形殿室的修缮是首都最后一项有据可查的重大艺术工程。我们还知道，在该世纪下半叶，希望圣母教堂（Church of Our Lady of Sure Hope）增添了壁画，霍拉救世主教堂（Church of Our Saviour in Chora）① 则做了更多工作。但当君士坦丁堡最神圣的圣殿之一——布雷契奈的圣母（Our Lady of Blachernae）② 教堂在 1434 年因失火而损毁时，当局既无财力，可能也无意愿去修复它。君士坦丁堡的画家们可能很早以前就去往其他地方寻求主顾了。在特拉比松帝国，高质量的艺术创作直到 15 世纪仍在进行。其他画家则离开君士坦丁堡前往米斯特拉斯。

米斯特拉斯现存年代最久远的壁画在圣狄奥多西教堂，因受损过于严重而无法被辨识。但很显然尼基弗鲁斯都主教和帕科缪修道院院长两人都为他们的都主教座堂和赫得戈利亚教堂雇用了高水平的艺术家。在都主教座堂，很多上层壁画被破坏

---

① 通常认为始建于公元 7 世纪。在帕列奥列格王朝时期教堂内拥有大量藏书，成为帝国最重要的图书馆之一，也是最美丽的教堂之一，内部有大量精美的马赛克镶嵌画和壁画。在 16 世纪被奥斯曼帝国苏丹巴耶济德二世改为清真寺，1948 年后成为卡里耶博物馆。译者在此处参考了马千译《1453：君士坦丁堡的陷落》（北京时代华文书局，2014）第 210 页的说法。
② 因为保存着一件珍贵的圣物——圣母面纱而闻名于世。译者在此处参考了庞国庆、吕丽蓉和陈悦译《拜占庭简史》（中信出版社，2017）第 122 页的说法。

是因为后来的都主教马修决定对屋顶进行修理和调整，而很多其他的原有画作被后来的作品或石膏覆盖。但现在足够多的画作得以重见天日，表明创作出这些作品的艺术家肯定是来自君士坦丁堡并且与伟大的拜占庭绘画杰作《地狱历劫》(The Harrowing of Hell) 的创作者属于同一流派，这幅杰作现存于君士坦丁堡的霍拉救世主教堂的侧殿礼拜堂。也几乎是同一批艺术家装饰了同时代的阿芙芬迪科教堂，也就是赫得戈利亚教堂，而且这里的壁画保存状态更好。画师手艺出神入化，画作美妙绝伦。画中人物形象三分慈爱、三分戏谑而又有三分悲悯，但丝毫无损其尊贵。画面动感十足，色彩丰富却不滥用，有些无视现实的意味（这源于特拉比松的画家们）。这些画作可能缺乏霍拉大师（Master of the Chora）那典型的克制，但创作出这些画作的艺术家被认作他的同行也当之无愧。

佩里布列普托斯教堂的壁画似乎创作于半个世纪之后。在那里工作的艺术家到底是专程从君士坦丁堡前来，还是曾为尼基弗鲁斯都主教和帕科缪修道院院长工作的艺术家在当地创办的学校的门生，如果我们能知道，那将会是一件很有意思的事。不幸的是，君士坦丁堡这一时期的壁画无一幸存，无法指引我们寻找答案；而那些在专制君主曼努埃尔的圣索菲亚教堂里的壁画（他肯定雇用了当时请得到的最好的艺术家来创作这些壁画），先是被覆于其上的画作，然后又在教堂被改建为清真寺时被石膏层严重毁坏，以至于无法提供有用的证据。因为缺少进一步的证据，后人很容易认为佩里布列普托斯教堂的壁画属于一个当地流派——鉴于它们有其自身的独特性。它们属于霍拉救世主教堂里那些壁画的传统。画作依然出色，尽管那时的艺术家喜欢用更微妙的色彩渐变来柔化轮廓。质朴的威严感仍存在于很多人物形象中，但处处都有一丝惆怅之情潜入，令画作略微丧失了些许气势。上面的人物看起来与其说是在移动更像是在浮动。虽然如此，佩里布列普托斯教堂的装饰是米斯特拉斯所有教堂里最为有趣和成功的。一些单独的场景画，例如北面半圆形后殿的《圣餐仪式》（Divine Liturgy）（很不幸地位于教堂最阴暗的角落），或者南面十字耳堂的《耶稣的诞生》（Nativity），都可被归入最伟大的拜占庭艺术作品之列。

  建于1428年的潘塔纳萨教堂，通过其内部装饰表现出在这期间的半个世纪里审美品位是如何变化的。艺术家们依旧技艺精湛，在色彩运用的多样化和对现实的无视上几乎达到了狂欢的地步；但画作的效果却因为将过多的人物填进空间的欲望而大打折扣。不知何故，早期拜占庭作品中强烈的宗教色彩消失了。我们仿佛在看一本童话故事书中的插图，能感觉到的是，艺术家们正试图将适合书本插画的风格用在并不适合其发挥的较大空间中。这一切自有其伟大魅力，但是这种艺术属于一个超越其政治基础的文明，是一种流连怀旧、没有未来的艺术。米斯特拉斯的潘塔纳萨教堂中的画作成了中世纪自由希腊世界里最后一座重要的里程碑。

96

第十章　米斯特拉斯的哲学家

早在 14 世纪末以前，自由的希腊世界在劫难逃就已是显而易见的事。在 1400 这一年，大多数希腊人生活在奥斯曼苏丹的领土上，而其他很多人，尤其是居住在岛屿上的希腊人，则生活于威尼斯政府或当地意大利领主治下。拜占庭皇帝统治着一小块不断缩减的领土，而君士坦丁堡的人口生活在饥寒交迫之中，数量不断下降。然而，这座帝国城市从未像现在这样充满了杰出的学者、神学家、历史学家和科学家。作为长久不衰的学术中心，它不仅吸引着所有的希腊学者，还有意大利人，他们现在迫不及待地想要学习被拜占庭人守护了数个世纪之久的古希腊学问。但是对于希腊人来说，君士坦丁堡并不是唯一的文化中心。直到 14 世纪中期发生狂热派革命（Zealot revolution）①之前，塞萨洛尼卡在学术研究上与君士坦丁堡齐名。远在东方的特拉比松帝国也自有其学术流派，以研究数学和天文学而闻名于世——尽管这些流派的很多学者流落到了君士坦丁堡。然后在 14 世纪末，米斯特拉斯崛起成为一座文化之都，不仅仅是因为它从君士坦丁堡吸引了很多一流艺术家，还因为它在此时已成为学者们的避难所。

---

① 狂热派起源于 12 世纪初东正教会的内部斗争，主张教会自由和独立，反对政府当局干涉教会事务。在 14 世纪前半期取得对世俗教士的优势，并参与领导了 14 世纪中期塞萨洛尼卡市民反对大地主的革命，建立起激进的民主政体。

这是危险使然。米斯特拉斯已经有诸如都主教尼基弗鲁斯·莫斯霍布鲁斯和修道院院长帕科缪这样杰出的知识分子居住，他们与君士坦丁堡的学术界朋友交往密切。大约在14世纪中叶，学者德米特里·西多内斯给一个名叫乔治的朋友写了一封信，这个乔治很可能是他的堂弟乔治·西多内斯，此人决定在米斯特拉斯定居和学习。在开明的专制君主曼努埃尔和马修·坎塔库泽努斯的统治下，学者们在那里理所当然地受到欢迎；而他们的父亲，前皇帝约翰·坎塔库泽努斯，是那个时代最为博学的人之一，他的频繁到访为这座城市的学术声望又增添了色彩浓厚的一笔。然而，为米斯特拉斯在学术界带来国际性声誉的是15世纪早期乔治·杰米斯图斯·普勒桑的到来，他是所有拜占庭思想家中最引人注目和最具有创新精神的一个。

乔治·杰米斯图斯之所以选择普勒桑这个名字，既是因为它与自己的家族姓氏具有相同的意义，即"完全"，更是因为它呼应了他的偶像柏拉图的名字。他于14世纪60年代早期在君士坦丁堡出生。他出身于学术世家，父亲在牧首区身居高位。他在学生时代成绩优秀，但是在君士坦丁堡完成学业后他做出了一个让国人大为震惊的举动：前往阿德里安堡，也就是后来奥斯曼苏丹国在欧洲的首都继续修学。他在那里师从一个名叫以利沙（Elisaeus）的犹太人，在其门下学习了数年之久。以利沙不仅在阿威罗伊（Averrhoes）① 的亚里士多德学

---

① 1126~1198，中世纪阿拉伯哲学家，阿威罗伊是他的拉丁名，本名伊本·路世德（Ibn Rushd），奉哈里发之命翻译并注释了亚里士多德的全部哲学著作。他将伊斯兰的传说与希腊哲学，特别是亚里士多德的哲学融合并形成了自己的哲学体系，是中世纪阿拉伯-伊斯兰哲学的集大成者，对西方世界的影响极大，仅流传后世的哲学、宗教方面的著作就多达118本。

说（Aristotelianism）和犹太教神秘哲学（Kabbalah）① 上颇有造诣，而且在拜火教（Zoroastrianism）② 的学问（普勒桑同样为之痴迷）上也是一位权威。普勒桑在阿德里安堡待了好几年，直到以利沙在熊熊烈火中结束了自己的生命——这很可能是土耳其人偶然为之，因为他们从不采用火刑柱的刑罚方式；但对于信仰东正教的旁观者来说，一位拜火教同情者死于火元素中再合适不过了。普勒桑随后返回君士坦丁堡并开始在大学教授哲学。他对亚里士多德学说可谓知之甚多，但因钟爱柏拉图哲学而拒绝讲授前者。君士坦丁堡的宗教当局一直都对教授柏拉图主义的讲师紧张不已，尽管柏拉图的学说已经渗透到东正教的神学体系中。他们担心有关柏拉图学说的教学活动会导致一次新柏拉图主义的多神教兴起，而普勒桑的情形表明他们的担心不无道理。他的讲课内容引发抗议，而且很可能有人暗示要把他当成异端分子起诉。皇帝曼努埃尔——普勒桑的私人朋友——同时拥有真正的虔诚以及睿智和善良的宽容，他向普勒桑提议说从首都迁往米斯特拉斯会稳妥一些。

这一时间大约是1407年，因为在1405年普勒桑似乎仍在首都教学。这是一个契机。曼努埃尔刚刚将次子狄奥多西——自己的孩子中最好学的一个——派去自己垂死的弟弟狄奥多西一世那里接管伯罗奔尼撒的统治，而他本人也马上要动身前往那里巩固年轻的专制君主的统治。普勒桑搬往那里可以被看成是他与皇室家族之间良好关系的体现。他可以担任狄奥多西二

---

① 又译"卡巴拉"，从基督教产生以前开始，在犹太教内部发展起来的一整套神秘主义学说。
② 又译"琐罗亚斯德教"，是基督教诞生之前在中东最有影响力的宗教，古代波斯帝国的国教，也是中亚等地信仰的宗教。其创始人琐罗亚斯德又被称为查拉图斯特拉。

世的老师和谋臣。

普勒桑非但没有因此次搬迁感到沮丧,反而很高兴能发现自己居住在一个离古希腊主要历史中心之一很近的城市。自君士坦丁大帝时代以来的多个世纪里,"希腊人"(Hellene)① 一词已经丧失了其真正含义。这个词曾被用来指代某些信仰古希腊宗教的人,也就是与基督徒相对的异教徒,而非希腊人。拜占庭帝国的公民们在其辉煌的日子里将自己称为罗马人。他们可能用希腊语互相交谈,他们的教育可能全程都是用希腊语进行的,但他们知道自己是罗马帝国的继承人。然而,拜占庭帝国大厦将倾。在 14 世纪,很多拜占庭学者意识到自身的世界正在进入政治上的衰败,也意识到自己拥有的一件无价之宝就是拜占庭人所保留的纯粹的古希腊学问和文学,这件无价之宝让西方学者艳羡不已,于是他们开始复兴"希腊人"这个词。他们将自己称为希腊人,并不是要否定自己的基督教信仰,而是要表明他们是古典希腊文化的继承者。普勒桑在这一新传统的熏陶下成长,并将其发扬光大。他认为,一个希腊人就应该居住在希腊(Hellas)②,而不是新罗马(New Rome)③,后者指的是君士坦丁堡。此外,作为柏拉图的信徒,他与柏拉图一样对

---

① Hellene 来源于 Hellen(赫楞),指希腊人的祖先,希腊一词即从他的名字演变而来。Hellenes 是古希腊人共用的自我称谓,与拜占庭学者复兴希腊文化的雄心正好契合。
② Hellas 一词原是古时对希腊中部福基斯地区的称谓,其范围包括位于温泉关附近安西利(Anthela)的阿耳忒弥斯(Artemis)神殿与位于德尔斐的大地女神、太阳神阿波罗和酒神狄奥尼索斯的神殿,这些都是备受希腊人崇敬的场所与人们领受神谕的至圣之处。后来该词的语义扩大为指代整个希腊地区。
③ 君士坦丁大帝于公元 323 年开始营建罗马帝国的新都,建成之后在敕令中将其称为"新罗马"。

古雅典人的民主宪政制度不以为然。他认为民主宪政制度与雅典的衰落有直接的因果关系。他更推崇斯巴达那纪律严明的传统。他的政治英雄是吕库古，而现在他安居授业的地方就在吕库古生活过和教学过的场所不远处。

除了1438~1439年在意大利度过之外，普勒桑的余生定格在了米斯特拉斯。他于1452年6月26日以90岁的高龄在那里去世。1427年，专制君主狄奥多西二世赐给他一些地产，阿尔戈利斯（Argolis）和拉科尼亚各一座村庄，随后又通过官方法令予以确认。实际上，君士坦丁十一世在离开米斯特拉斯去往君士坦丁堡前发布的最后一道政令，就是规定普勒桑的儿子德米特里和安德罗尼柯应当在普勒桑死后继承这些地产。但普勒桑本人是否曾在自己的封地里居住是高度存疑的。他是米斯特拉斯元老院的一员并在那里有一间高级官员办公室。现在已不可能知道他在米斯特拉斯的官邸的确切位置，但是我们可以为他勾勒这样一幅画面：作为秉承逍遥学派（peripatetic）①之古老传统的哲学家，他与自己的学生们在专制君主宫殿外的大广场（这是拥挤的山城中唯一平坦开阔的空地）上闲庭信步。

他在那里得到帝国皇室的友好支持，且远离牧首区的宗教当局，因而可以在某种程度上自由发表自己的政见。但他还是小心翼翼，没有公开出版他的哲学作品，他的学说即使对于他自己的庇护人来说也过于离经叛道了。他最受欢迎的作品——以作品抄本幸存数来衡量的话——是他对君后克丽奥佩的短篇

---

① 亦称"亚里士多德学派"。亚里士多德弟子世代相传组成的学派。公元前335年，亚里士多德在雅典吕克昂体育馆附近建立学园。因吕克昂是一处宗教建筑，有可供散步的林荫道，亚里士多德常边散步边给弟子讲课，其学派因此得名。

悼文。这篇文章的成功之处可能在于,既表达出了她的广受欢迎,也展现出了他的文采斐然。他自己最为看重的则是他的政论文,曾以两篇洋洋洒洒的备忘录进呈皇帝曼努埃尔和专制君主狄奥多西二世。在这些文章中他直抒己见,证明在伯罗奔尼撒半岛建立起一个强大的希腊人国家仍然大有可为。伯罗奔尼撒几乎相当于一座岛,因而适合一场大胆的体制试验。他还宣称伯罗奔尼撒从最早的时代起就是一片由血统相同的希腊人世代居住的土地,没有后世的外来移民,且一直以来被希腊人视为属于他们自己的特有之地。他的爱国热情在这一论断里压过了历史准确性。

普勒桑的政治观念建立于柏拉图思想的基础之上,但他也力求实用和与时俱进。地方领主的无法无天和对贫苦大众的惯常压迫让他莫名惊怒。应该有一个强有力的中央集权君主制度。专制君主应该拥有完全的统治权,但是也应该有一个枢密院向他提供建议,枢密院的成员从社会各阶层吸收,选拔标准就是他们的睿智远见、克己节制与忧国奉公。他们理应行事稳健。在他们之下,社会被分为两大阶级。一个阶级是军人,全部是希腊血统(因为外国雇佣兵不值得信任),他们享有优厚的薪酬并且不用交税。另一个阶级是纳税人:商人、农场主和农民,他们用实物交税,供养军人阶级。土地所有权制度将被废除。所有土地应当归国家所有,但是每一个农场主和农民都将被允许在他和他的家庭力所能及的范围之内的土地上耕种,并将收成的三分之一为了政府的利益出售。他可以依靠土地为生并在其上种植任何他愿意种的作物。对于那些开垦荒地的人应予以特殊的鼓励政策。货币制度必须改革;对于进口和出口要严格管控。刑罚制度也必须改革:肉刑应该被废除,但死刑应当保留；而且在后续的著作中他坚决要求任何犯有性变态和性行为不检罪行的人都应该被绑在柱子上烧死。他似乎对奴隶制采取了姑息的态度。专制君主和他的大臣将允许保有一定数量的黑劳士。他不赞同禁欲主义，因为那对于大众利益毫无贡献。

普勒桑注意到，用他自己的话说，"政治复兴取决于体制改革"。但是他关于改革的献策，充斥着模棱两可之处，时而又互相矛盾，故而难以实行。当时的统治者无法在伯罗奔尼撒将这些建议付诸实践。我们必须赞赏他的创新能力和勇气，但是他所设想的国家社会主义独裁制度必然会引起大多数希腊人极度反感。拜占庭皇帝和专制君主，虽然热爱他们的哲学家朋友，但对他的建言置若罔闻。

他的宗教观点甚至为同时代的希腊思想体系所不容。在他漫长的生命即将结束之际，普勒桑终于写完了一本被他称为《论法律》的书，这本书他已写作了很多年。这是一部不寻常的著作，只有片段残留，关于其内容评论家们从他的时代起就争论不断。我们有该书的目录。他的目的是为他的政治思想提供道德和哲学背景。这实际上促使他提出了一种新的合成宗教，他声称这种宗教是基于最纯正的希腊传统，尤其是基于琐罗亚斯德（Zoroaster，他认为此人是荣誉上的希腊人）、毕达哥拉斯（Pythagoras）和柏拉图的教义。他还将很多其他古时的圣贤引为自己的权威例证，包括米诺斯王（King Minos）①、罗马国王努马（King Numa）②和印度的婆罗门（Brahmins）。实际上，

---

① 古希腊神话传说中的克里特国王，20世纪的考古学发现证明他的克里特王国确实存在。
② 古罗马王政时代七贤王中的第二位，全名努马·庞皮留斯（Numa Pompilius），喜欢哲学和冥想。

就琐罗亚斯德教而言,他所了解的全部知识不过是伪造的语录,或是神谕;他的柏拉图哲学观更多地归功于新柏拉图主义者而不是大师本人。至于其他先贤,他除了他们的名字外其他几乎一无所知。在他的万神殿里可以找到很多古典希腊传说中的诸神的踪影,他们与其说是神灵不如说是被当成了符号,全部被归为一统,由被他称作宙斯的至高无上的全能神统领。人类是众神与非理性野兽之间的纽带,因此必须强调其理性,同时要确保生命周期的延续。这部著作中包含了大量礼拜仪式的颂词和祷文,并以猛烈抨击"诡辩家"而结束,关于这些诡辩家,普勒桑指的正是东正教会的神学家。

所以,普勒桑没有冒险公开发表这样一部作品可能是很自然的事。当他于1452年去世时,这部作品的手稿落在了当时正统治米斯特拉斯的专制君主德米特里的手里。德米特里不知道如何处理,但是他的妻子,君后狄奥多拉读了之后感觉她必须将此事告知她的老朋友——哲学家乔治·斯科拉利乌斯(George Scholarius)。此人于1453年改名吉那迪乌斯(Gennadius)并成为苏丹治下君士坦丁堡的牧首。当他听说此书的内容后便写信给君后,嘱托她毁掉这部作品。她对于承担这份责任很不情愿,可能因为普勒桑也是她的朋友。的确,普勒桑的最后一个作品差不多就是给她写了一封感人至深的吊唁信,悼念她的婆婆、皇太后海伦娜的去世。于是她什么也没做,但当她和德米特里被征服米斯特拉斯的苏丹驱逐出去的时候,他们将手稿带到君士坦丁堡并将其转交给牧首。他越读越是惊恐,然后在一干人等的见证下,将手稿的大部分付之一炬。在牧首关于此事的记述中,我们能觉察到他对这么做也有一些负罪感。他曾是普勒桑的朋友,尽管他们在柏拉图和亚里士多德各自的成就上有过不堪回首的争论。但是在那样的年代作为牧首他不可能任由这样一部充满异端邪说的著作被信徒读到。其他的同时代哲学家，马修·卡玛瑞奥特斯（Matthew Camariotes）和特拉比松的乔治同样对这种学说震惊不已。我们可能会对牧首的行为扼腕叹息，但不应感到吃惊。

普勒桑得以启发后人的并非他的新异教主义，而是他对东正教教义的挑战所产生的间接效果。似乎可以肯定的是，在他的主导和鼓励下，米斯特拉斯存在一个新异教徒小团体。1450年，伯罗奔尼撒的总督曼努埃尔·拉乌尔·奥塞斯（Manuel Raoul Oises）逮捕了一位名叫尤维纳（Juvenal）的巡游学者。在一次听证会后，尤维纳被处以打断大腿骨并被扔入大海的判罚。如此酷烈的刑罚在拜占庭并不多见，仅会出现在被认定为危害国家的异端分子身上。尤维纳一案的细节扑朔迷离。唯一存世的证据来自乔治·斯科拉利乌斯所写的一封回复奥塞斯发给他的报告的信函，他当时是君士坦丁堡的首席法官。尤维纳曾声称他是曼努埃尔二世的长兄皇帝安德罗尼柯的私生子，公然让皇室蒙羞。皇帝约翰八世在当地统治集团的要求下将他从君士坦丁堡流放，然后又将他从避难地阿尼诺斯（Aenos）再次放逐。于是他迁往之前的求学地伯罗奔尼撒半岛，也就是在那里，他惊动并冒犯了奥塞斯，因而遭受了可怕的命运裁决。

尤维纳很可能是一个陷入半疯状态的老人，百无禁忌因而终于招致杀身之祸。但斯科拉利乌斯确信他正是在米斯特拉斯学习了异端邪说。关于新异教徒小团体的进一步证据则是由德米特里·拉乌尔·卡瓦克斯（Demetrius Raoul Kavakes）提供的。他后来在意大利的时候，编订了一部叛教者尤里安（Julian the Apostate)① 关于太阳神的著作并留下了这样的言语：他对自己的老师普勒桑没能知道并利用这本书而懊悔不已。至于他自己，按照他告诉我们的话来说，从 16 岁就开始崇拜太阳神了。从贝萨里翁吊唁他们父亲的信函中判断，普勒桑的儿子们似乎也追随了新异教团体，这封信的字里行间都是新柏拉图学说的术语，而且贝萨里翁在信中宣称自己亏欠恩师甚多。贝萨里翁彼时已在罗马教会担任枢机主教达十五年之久。我们无法分清他的用词到底是出于心胸豁达的礼节，还是暗地里忠于导师的教义。

　　普勒桑的新异教学说在他所深爱的希腊世界毫无未来可言。在奥斯曼的征服浪潮之下，希腊人只能通过坚定不移地忠于东正教会来保留他们的民族认同。当牧首区的大演说家（Grand Orator）马修·卡玛瑞奥特斯发表长篇大论抨击普勒桑和他的教义时，不过是在鞭打一匹死马罢了。甚至在意大利，米斯特拉斯的新异教学说也没有多少持久的影响。它唯一的一个杰出传人就是希腊和意大利混血作家米哈伊尔·马鲁卢斯·塔查尼奥特斯（Michael Marullus Tarchaniotes），此人被龙萨（Ronsard）②称赞为"最优秀的希腊将军和诗人"。正是凭借自身作为教师和柏拉图学说拥护者的个人影响力，普勒桑才为文明世界带来了启迪。

　　普勒桑的存在无疑吸引着学者们前仆后继地来到米斯特拉斯。早在 1409 年，在普勒桑出席的一场仪式上，一位年纪轻轻

---

① 君士坦丁大帝的侄子，最后一位试图恢复古罗马多神教的罗马皇帝，在位期间打压基督教，因而被后世称为"叛教者"。
② 全名皮埃尔·德·龙萨（Pierre de Ronsard），法国第一个近代抒情诗人，也是最早用法语写作的诗人之一。

的名叫伊西多尔（Isidore）的伯罗奔尼撒神职人员被挑选出来，当众朗读皇帝曼努埃尔为亡弟专制君主狄奥多西一世所作的悼文。伊西多尔作为普勒桑的学生留在了米斯特拉斯，直到1413年被任命为莫奈姆瓦夏都主教。十七年后他被提升为基辅（Kiev）都主教并成为俄罗斯教会的领袖。他在伯罗奔尼撒的那些年里是一位多产的作家。与普勒桑一样，他也热爱着君后克丽奥佩。乔治·斯科拉利乌斯不止一次访问米斯特拉斯，都很可能发生在14世纪30年代。那时他与普勒桑的关系十分融洽。尽管他们毫无疑问争论过柏拉图和亚里士多德各自的成就，但他们的争论之中并无言辞尖刻之处。普勒桑最忠诚和最杰出的学生是特拉布宗的贝萨里翁。他年轻时前往君士坦丁堡并进入那里的大学深造，然后于1431年来到了米斯特拉斯，被分配到一座修道院。他在那里度过了六年时光，在普勒桑的座下修习，将普勒桑视作自己的主要导师。尽管对普勒桑的异教学说有所了解，但他在官方场合还是维持着一个坚定的基督徒形象。当他最终前往意大利时，他最急于完成的任务之一就是将罗马神学中的经院主义（scholasticism）与他在米斯特拉斯习得并欣赏的柏拉图学说中的一些内容调和起来。在普勒桑的学者朋友中最引人注目的是约翰·尤金（John Eugenicus），以弗所（Ephesus）都主教马克的弟弟。马克终其一生都是反对与罗马教会联合的领头人物。约翰与兄长关于教会联合的意见一致，但就像贝萨里翁一样，他既倾心于柏拉图学说，又忠诚于基督教信仰。普勒桑的座下还有其他一些名气稍逊一筹的学者：查瑞托尼姆斯·赫莫尼姆斯（Charitonymus Hermonymus）和修士乔治，两人都是普勒桑悼文的作者；藏书家约翰·多杰艾努斯（John Dokeianus）和富有学识的尼基弗鲁斯·杰拉斯

（Nicephorus Cheilas，人送绰号"王子"）；约翰·莫斯霍斯（John Moschus），继普勒桑之后成为当地首屈一指的哲学家。

作为学者群星中最闪耀的一颗，普勒桑成了享誉世界的名人。在意大利，那里的学术圈逐渐意识到拜占庭有一座知识宝库正待发掘，知识分子都渴求能见这位久负盛名的哲学家一面。他们的机会于1438年初春到来，拜占庭皇帝约翰八世率领代表团来到费拉拉，讨论并试图完成东正教会与罗马教会的联合，普勒桑是随行成员之一。皇帝竟然选择一个已被怀疑有异端倾向的人加入代表团，乍一看让人惊诧不已。但是约翰急于让希腊世界最有威望的哲学家和神职人员参与这次讨论。他因此邀请了当时还是平信徒的斯科拉利乌斯代表君士坦丁堡的哲学家，乔治·阿米罗特斯（George Amiroutzes）① 代表特拉布宗的哲学家，以及普勒桑代表伯罗奔尼撒。对于普勒桑来说，访问意大利的机会是如此诱人以至于他是不会让任何哲学上的顾虑挡道的。

在费拉拉，普勒桑与几个意大利人结为好友。他与枢机主教切萨里尼共进晚餐并且在邻近的城市博洛尼亚见到了弗朗西斯科·菲勒尔弗（Francesco Filelfo）②。但是当教会会议随后移到佛罗伦萨进行时，他便开始自得其乐。虽然他并没有全然忽视教会会议，偶尔还是会加入其中为希腊人的观点摇旗呐喊；然而，他对会议结果感到沮丧。他很可能没有在联合敕令（Decree of Union）上签字，而且必定在最后的仪式开始之前就

---

① 1400~1470，希腊学者、哲学家，生于特拉布宗，后在意大利生活、教书，最终在君士坦丁堡去世，曾帮助奥斯曼帝国与特拉比松帝国末代皇帝谈判，劝说对方投降，避免百姓在城破后遭到屠杀。
② 意大利人文主义学者，曾在君士坦丁堡学习希腊语，娶拜占庭学者赫里索洛拉斯的女儿为妻。

安排行程离开了佛罗伦萨，与皇帝的弟弟、同样厌恶教会联合的德米特里一道上路。但在同一时间，他做了好几场关于柏拉图的讲座，让在场的观众为之倾倒。无论他有多么不喜欢意大利人的神学理论，他发现佛罗伦萨的学者们很善于接受不同观点，而他们的仰慕也让他非常受用。在将柏拉图的学术研究成果实际引入意大利的学院一事中，普勒桑的门徒例如贝萨里翁和约翰·阿伊罗普洛斯（John Argyropoulos）做出的贡献要比他们的老师多。但是普勒桑被公认为先驱者。马尔西利奥·费奇诺（Marsiglio Ficino）① 在将普罗提诺（Plotinus）② 的《九章集》（Enneads）翻译出版时，在引言中向普勒桑致敬，称其为"第二个柏拉图"。科西莫·德·美第奇（Cosimo de' Medici）③ 在佛罗伦萨创立学院也是为了向普勒桑表示敬意。

在返回米斯特拉斯之前，普勒桑拜访了身在博洛尼亚的菲勒尔弗。他在意大利留下了很高的声誉。意大利学者们纷纷前往希腊去看望他。安科纳的西里亚库斯可以被认为是西方古典考古学的创始人，他曾两次前往米斯特拉斯去拜访普勒桑。对于我们来说不幸的是，尽管西里亚库斯很高兴发现自己离古代斯巴达的遗址不远，但他对同时代的米斯特拉斯一点也不感兴趣。

1465 年，在普勒桑去世几年之后，一支威尼斯军队在具有一定文化素质的佣兵队队长——里米尼的西吉斯蒙德·潘多尔福·马拉泰斯塔（Sigismondo Pandolfo Malatesta）指挥下深入米

---

① 1433~1499，意大利哲学家和神学家，为文艺复兴做出重要贡献。
② 205~270，又译柏罗丁，新柏拉图主义奠基人，其思想对中世纪神学及哲学，尤其是基督教教义都有很大影响。
③ 1389~1464，美第奇家族代表人物，文艺复兴时期在佛罗伦萨建立起僭主政治，曾替教皇打理财政，策动教会联合会议由费拉拉转移到佛罗伦萨。

斯特拉斯。当他被迫撤退时，马拉泰斯塔将普勒桑这位著名学者的遗体从简易的坟墓中移出并带走，之后将其安置在里米尼一处贵族墓地。那里的一段碑文将普勒桑颂扬为"他所在的时代最伟大的哲学家"。他在米斯特拉斯大放异彩，但那时这座城市散发出的无上光芒已经熄灭。他的骨灰安放在意大利再合适不过了，因为这是他帮忙带来文艺复兴的国度。

第十一章　异教徒的统治

在失去了专制君主及学者的宫廷后，米斯特拉斯成为浩瀚的奥斯曼帝国内的一个行省首府。在米斯特拉斯世代居住的伯罗奔尼撒望族，比如法兰克波洛斯、拉乌尔或是拉里斯，追随他们的君主流亡国外，多半倾向于居住在威尼斯共和国仍然保留在希腊大陆上的殖民地：迈索尼、纳夫普利翁，尤其是科孚岛。小地主们继续待在他们的乡间庄园里，很少来到米斯特拉斯。但是这座城市仍然商贾云集。它是斯巴达谷地丝绸业的中心，受到土耳其当局的政策鼓励。直到1540年它还是管理伯罗奔尼撒桑贾克①（行省）的帕夏最钟爱的居所，尽管他有时也驻节科林斯或莱昂塔里翁。1540年，在奥斯曼帝国夺取了纳夫普利翁之后，帕夏的首府就移到了那里。但在1574年，威尼斯丢掉希腊大陆上最后一块领土时，土耳其人对该地区的行政区域进行了重组，将伯罗奔尼撒半岛划分为两个桑贾克，一个立足于帕特雷，另外一个则以米斯特拉斯为中心。

土耳其人似乎接管了上城区。帕夏居住在专制君主的老宫殿里。宫殿教堂圣索菲亚被改造成一座清真寺。山丘顶的城堡所在地现在有一座大的土耳其军营、一栋属于军事指挥官的房子，还很可能有一座小清真寺。在下城区，希腊人不受干扰地生活着。城墙外部无序伸展的郊区仍旧由外国商人占据着大部

---

① 原文 sandjak，在土耳其语中意为旗帜，是奥斯曼帝国的地方行政区域名称，相当于省区。

分区域。过去在专制君主治下存在一个小的犹太人移民区，而在土耳其人的统治下这块移民区得到了极大的扩张。

在伯罗奔尼撒的很多地区，苏丹一如他在希腊大陆中部的做法，向他手下的老兵分封采邑。掌控一块较大采邑者，土耳其人称之为扎米特（zaimet）的领主，依令需向苏丹的军队提供十五名全副武装的骑兵。而掌控一块提马尔（timar）采邑的领主只需提供两名骑兵。但这种采邑并没有设在米斯特拉斯周围的土地上。后来的旅行者们都注意到斯巴达谷地的人口是纯粹的希腊人。伯罗奔尼撒半岛上的城镇被允许保留他们的自治性市政府。很少有土耳其人居住在他们中间，除了要塞的守军以及行政中心的一些官员。只要城镇秩序稳定且能正常缴税，土耳其当局就无意干涉。税赋基于人头税征收，总体上低于专制君主统治下的课税；而且每个城市都有权派出两名被选举出来的官员，人称"监督长"（primates），每年前往君士坦丁堡向苏丹报告任何违法的苛捐杂税或由当地政府煽动的迫害。此外，行省下的每块行政区域可以从上层市民中选出两名代表，每年一次或者两次与帕夏讨论当地事务。至于司法管理，希腊人有自己的法庭，由市政府在教会的权威下行使管理权。只有当穆斯林牵涉其中时，这个案子才需要被转交给穆斯林法官——卡迪（cadi）审理。每个主要城市都有卡迪常驻。教会仍然保有其古老的特权。教士们都免于官方的交税义务。但实际上，地方主教发现有时向帕夏和他手下的官员们进献大宗礼品是很明智的，尤其是当教职任命需要得到土耳其当局的首肯时。

总而言之，伯罗奔尼撒半岛上的希腊人在土耳其人的统治下的日子过得并不坏，至少直到16世纪末，土耳其政府依然在高效、宽容地运转。但是希腊人也绝望地意识到他们在异教徒政权的统治下沦为二等公民的事实，而且他们有两大怨恨。土耳其人坚定不移地阻挠基督教学校的设立。商人或较为富裕的店铺经营者的孩子可能会接受基础教育，但若一个聪明的男孩想得到高等教育，他就不得不前往君士坦丁堡求学，那里的牧首区教会学院（Patriarchal Academy）仍在官方的允许下运行。然而更好的方法是设法自行前往一个威尼斯殖民地，然后去到威尼斯，那里富有的希腊移民会照管他，并且（如果可以的话）将他送入帕多瓦大学（University of Padua）①。与其他意大利大学相比，这所大学的独特之处在于不会试图引诱这个男孩背离自己的东正教信仰。对于乡间的农民来说，此时已没有适合他们的教育体系。曾经提供简单教育的修道院已自顾不暇，本身就充斥着目不识丁的修士，甚至连修道院院长和主教也无法正确地拼写。

第二大怨恨的缘由就是男童征募制度，希腊人称之为"paidomazoma"②，这是苏丹的精英部队赖以招纳新兵的制度。每五年，有时会更频繁，一位土耳其官员就会突然出现在城镇和村庄里，要求当地头领提交一份基督徒家庭及其子女的名录。然后，父亲们会被命令交出他们的儿子以供检查，而这位官员会挑选出那些看起来最强壮或最聪明的。之后，这些男孩会被带到君士坦丁堡并被迫皈依伊斯兰教。一旦他们进入为苏丹提供工程师、技术员和士兵的部队，他们不仅被禁止结婚，还不得不捐躯报国。最初，被征募的男孩年龄为六七岁；每个家庭只允许征募一人，独子不会被征募；一个地区符合条件的男孩中只能征募五

---

① 欧洲最古老的顶级大学之一，建于1222年，以倡导和保卫学术教学自由为初衷。
② 本意为大规模绑架儿童。

分之一。在 16 世纪这些规定被废弃了。土耳其人可能会以随机比例征募男孩，而且其中包括可能已是十几岁的青少年。只有在 17 世纪晚期，当近卫军（Janissaries）被允许结婚并因而将这支部队变为一个世袭团体时，男童征募制度才逐渐消亡。伯罗奔尼撒半岛受这项制度的影响似乎要比其他的基督徒所在区域略轻一些。值得注意的是只有一次由这项制度引发的叛乱被记录在案，而且这起叛乱是阿尔巴尼亚基督徒于1565年组织发起的。谣传一些基督徒家长欢迎这项征募制度，因为近卫军可以青云直上，集财富与权力于一身，尤其是那些在青少年时被征募的男孩，他们往往与自己的亲属保持着联系并有能力从多方面帮助自己的家庭。甚至还有谣言说一些穆斯林家庭假扮成基督徒以图儿子成为近卫军并为家人带来好处。但从总体上而言，基督徒社区不得不承受损失大批最有才能的男孩的痛苦。

　　奥斯曼统治的最大好处可以说是由此带来的相对稳定的和平与秩序，因为这个行省自从上个世纪以来一直被连续不断的战争困扰。当然和平并非没有被打破过。土耳其人与威尼斯人之间从 1463 年到 1479 年一直有断断续续的战争。在这些战争期间，威尼斯虽然失去了阿尔戈斯，但也满足了其公民夺取伟大的要塞莫奈姆瓦夏的愿望。从 1499 年到 1503 年战端又起，威尼斯失去了除纳夫普利翁和莫奈姆瓦夏之外的所有伯罗奔尼撒领土，而在 1537 年至 1540 年的战争中，威尼斯人通过一项屈辱的协定将这两座坚守下来的要塞割让给土耳其人。但这些战争多半发生在海上，而且只有沿岸地区受到严重影响。1465年，西吉斯蒙德·马拉泰斯塔远征至米斯特拉斯，并于此期间将普勒桑的遗体带走。

　　在那之后超过两个世纪的时间里，米斯特拉斯都处于平静之中。城市享受了空前的繁荣。土耳其政府整体而言高效而又仁慈，尽管对于基督徒还是相当蔑视。帕夏及其随行团队在这座城市的定期驻留刺激了巴扎（bazaar）① 的发展。谷地的丝绸农场蓬勃兴起；外国商人纷纷来到米斯特拉斯购买这些农场的产品。犹太移民区的发展表明米斯特拉斯是一个重要的商业中心。它处于内陆的地理特征不仅使其免受土耳其 - 威尼斯战争的影响，也摆脱了海盗的破坏，而在16世纪的最后几年里，海盗在爱琴海海域的破坏性活动愈演愈烈。

米斯特拉斯的一个长久以来的潜在风险就是离马尼半岛太近。马尼半岛的居民从来没有真正顺服于土耳其人过，而且他们抓住所有可能的机会揭竿而起并且试图拉他们的邻居入伙。在其他的时间里他们乐于跑到富裕邻居的领土上抢劫一番。这样一来米斯特拉斯的市民们是有理由对土耳其驻军时常心怀感激的。英国旅行者伯纳德·伦道夫（Bernard Randolph）曾于1671年参观米斯特拉斯并将其描述为伯罗奔尼撒半岛上规模仅次于帕特雷的大城市，引用他的话来说，"尽管这座城市远离大海，与那里的危险绝缘，然而马尼人是一个动辄就掠夺这里人民的民族"。

1612年前后，一位具有法兰克和意大利血统的贵族〔他从法国的母亲那里继承了纳韦尔（Nevers）的公爵领地，而他的父系祖母是帕列奥列格皇室谱系里继承蒙费拉侯爵领地的最后一名成员〕，也就是曼图亚的查尔斯·贡扎加（Charles Gonzaga），决定夺回君士坦丁堡的皇冠，并且派出秘密特使赴希腊大陆各处寻求支持。马尼人以极大的热情接待了他的来使。

---

① 意为集市、农贸市场。

三个马尼人前往法国拜访公爵并承诺：如果他能派遣军官去训练他们的士兵，他们就奉他为领主，世代效忠。公爵自己的特使也带回了乐观的消息，将他们在半岛上发现的热血斗志添油加醋了一番。他们说希腊人已经准备好改宗天主教，如果公爵能将土耳其人赶走的话。而马伊那主教还让他们带回一封信给公爵，他在信中将公爵尊称为君士坦丁·帕列奥列格，甚至说服了拉栖代梦尼亚都主教也一同签字。然而，很难相信出身显贵的拉斯卡里斯家族的都主教会接受这种宗教建议。有人预言说，不出几个月帕列奥列格家族的双头鹰旗就会飘荡在米斯特拉斯上空。公爵的计划也并非全无章法。经计算伯罗奔尼撒人能提供 15000 名战士，而土耳其人在这个行省再怎么挖掘也只能拥有 8000 名士兵，其中大多数还是较大要塞里的守军。但是，公爵拖延了计划的实施。他小心翼翼，不想在没有坚实的外交佐助下就冒险，而且他希望在奥斯曼帝国的其他欧洲行省组织起义。他的努力收效甚微。当他最后集合起五艘船准备运送他自己的士兵前往希腊时，这些船却毁于大火——很可能是有人故意破坏，而他自己在巴尔干的代理人们也无法承诺给他足够的帮助。枉费心机十二年后，公爵放弃了他的计划，满足于本国的曼图亚公爵领地。这很可能让米斯特拉斯的市民们和他们的都主教大大地松了一口气。

大约二十年后，威尼斯与土耳其于 1645 年再起战事，米斯特拉斯再一次受到马尼人的威胁。威尼斯司令官莫罗西尼（Morosini）①

---

① 弗朗西斯科·莫罗西尼，1619~1694，出身于威尼斯世家望族，是著名的威尼斯海军舰长，数度与土耳其人交手，令敌人闻风丧胆。作为威尼斯海军总指挥领导了 1666~1669 年的克里特岛干地亚围攻战，最后为了避免不必要的牺牲，宣布投降，威尼斯也因此失去了克里特岛。

毫不费力地就说服他们去奔袭邻近省份，与此同时，一场阿尔巴尼亚人的起义蹂躏了伯罗奔尼撒半岛的中部和西部地区，但米斯特拉斯及其直属区域堪堪避过这次袭击。而当奥斯曼帝国的维齐尔（Vizier）① 艾哈迈德·科普鲁律（Ahmed Köprülü）② 设法在马尼人的两大首领家族之间挑起随后将波及整个马尼地区的仇杀时，马尼人的袭掠随即停止，伯罗奔尼撒的其他地区也大感欣慰。威尼斯与土耳其之间的漫长战争一直延续到1669年才结束，以威尼斯失去克里特岛告终。不过，希腊本土于此期间再未受到侵扰。

伯纳德·伦道夫正是在此和平协议缔结不久造访了米斯特拉斯并写下了今日我们所拥有的第一份来自英语旅行者关于这座城市的记录。数年之前，法国人吉罗（Giraud）和英国人弗农（Vernon）都分别到过米斯特拉斯，但是几乎没有留下关于这座城市的记录，除了它并非建于古代斯巴达旧址之上的记述之外——尽管当地人那时已经相信这种说法，但伦道夫疑信参半。对于他来说这座城市是"梅斯萨（Mesitha），以前被叫作拉栖代梦"。他还记述了一些遗迹，包括与山丘下的城区毗连的一座引水渠的拱梁，他认定其必然属于那座古代城市。他发现斯巴达谷地"非常怡人"并对其繁华程度印象深刻。但他对于当地居民的迷信（他认为是）不敢苟同，并且津津乐道地讲述了一位近期当权的帕夏的故事，这位帕夏在听说附近的一个村子里有一幅能施展神迹的圣母圣像画之后，就把这幅画弄到手，

---

① 伊斯兰国家历史上对宫廷大臣的称谓，大维齐尔的权力仅次于苏丹，实际上行使着相当于帝国宰相的权力。
② 17世纪后期奥斯曼帝国重要的政治家，因推动减税和发展教育并且攻占克里特岛而备受拥戴。

将它与一幅世俗画一起扔到火里,并说哪幅画能从火中幸存他就供奉哪幅。结果两幅画都消失了。这个故事典型地反映了奥斯曼当局对于单纯质朴的基督教村民极尽嘲弄羞辱之能事。

乔治·惠勒(George Wheler)爵士和他的法国伙伴斯庞(Spon)医生于1677年来到了伯罗奔尼撒半岛,但是没能到达米斯特拉斯。吉罗,一位在雅典担任英国领事并娶了一个希腊女子为妻的胡格诺教徒(Huguenot)①,让他们相信米斯特拉斯不是斯巴达,而弗农也报告说古代遗址上并无可堪一览之物。他们很可能由此认为米斯特拉斯不值得一游。

1684年,威尼斯人与土耳其人再次开战。仍为十五年前克里特岛的沦丧而痛心不已的威尼斯人抓住了大好时机。土耳其人刚刚于1683年在维也纳城下遭到惨败,而哈布斯堡(Habsburg)皇帝②和统率大军解救帝国首都的波兰国王约翰·索别斯基(John Sobieski)③急于乘胜扩大战果。在教皇的支持下,威尼斯、奥地利和波兰结成了一个神圣同盟。在1684年3月于林茨(Linz)④召开的一场会议上,每个国家都宣誓决不单独媾和,而且都立刻向苏丹宣战。土耳其人被迫集中主力部队应对奥地利人的进攻;至于波兰人,实际上只在这场战争中扮演了一个微不足道的角色。希腊半岛因此没有足够的守军来防御威尼斯人。威尼斯人的军队主体是德意志雇佣兵,由他们自

---

① 基督教新教加尔文教派在法国的称谓,在法国长期遭受迫害,胡格诺战争由此爆发。
② 指当时的神圣罗马帝国皇帝,哈布斯堡家族的利奥波德一世(1658~1705在位)。哈布斯堡家族为欧洲历史上统治时间第二长、统治地域最广的封建家族。
③ 波兰立陶宛联邦最后一个强有力的国王,因解除维也纳之围而被称为波兰之狮。
④ 奥地利北部城市,拥有多瑙河上游最大河港。

己的司令官们指挥,其中最有名的是柯尼希斯马克伯爵(Count Konigsmarck)。但最高指挥权被授予了老将弗朗西斯科·莫罗西尼,他曾在与土耳其人的战争中负责克里特岛的防守,尽管最后失败,他还是英勇地坚守了很长时间。

莫罗西尼在1685年和1686年夺取了很多重要的沿海要塞。当时的行省首府纳夫普利翁也在1686年年底被攻下。第二年春天,莫罗西尼的部队开始有条不紊地征服伯罗奔尼撒的内陆地区。土耳其守军的抵抗很微弱。米斯特拉斯是最后一个落入威尼斯人手中的城市。到8月,威尼斯人控制了除莫奈姆瓦夏之外的整个伯罗奔尼撒半岛,莫奈姆瓦夏在经过漫长的围城之后也于1690年因粮尽而开城投降。感恩戴德的共和国将"伯罗奔尼撒库斯"(Peloponnesiacus,意为"伯罗奔尼撒征服者")的头衔授予莫罗西尼。

对伯罗奔尼撒的征服标志着威尼斯人在这场漫长的战争中达到了成功的极限。莫罗西尼继续进攻雅典,1687年9月26日,一位来自吕讷堡(Lüneburg)①的炮手发射出一发致命的炮弹,将土耳其人设置在帕特农神庙的火药库引爆。土耳其守军在这个月月末投降。但是莫罗西尼很快就意识到他没有足够的兵力去对抗集结在底比斯的土耳其大军。到了1688年3月,这座城市被放弃。供水系统在围城中受到破坏,瘟疫也开始在部队中初现狰狞。很多当时欢迎威尼斯人入城而现在惧怕土耳其人报复的雅典家族随军队一同离开,被安置到伯罗奔尼撒的新家,那里的希腊人对他们冷脸相迎。莫罗西尼的下一个征服计划包括入侵优卑亚岛,但也无果而终。他本人因年老多病而

---

① 德国北部城市。

退休，回到威尼斯，在那里成为总督并度过了余生。与此同时，土耳其政权在富有活力的新维齐尔穆斯塔法·科普鲁律（Mustafa Köprülü）的领导下重整旗鼓，他可能是人才辈出的科普鲁律家族①里最有能力的一位，在任期内完成了与基督教少数派群体和解的特殊任务。战事旷日持久，土耳其人开始从神圣同盟那里收复失地，直到奥地利人于1697年9月在萨伏依的欧根（Eugene of Savoy）②领导下，于蒂萨河（River Theiss）③上的森塔（Zenta）④取得一场伟大的胜利之后，战争才恢复了平衡状态。交战双方现在准备接受英国的调停。和平条约于1699年1月在卡尔洛夫奇（Carlovitz）签订⑤。

通过这项和平协议，威尼斯得以在爱琴海上保有除了莱夫卡斯岛、埃伊纳岛（Aegina）和蒂诺斯岛（Tenos）以外的伊奥尼亚诸岛，伊庇鲁斯的两座要塞和克里特岛上的两座要塞，以及整个伯罗奔尼撒半岛。土耳其人没有试图收回半岛，而威尼斯人则在那里确立了有效的管理机制。

伯罗奔尼撒人起初是欢迎他们的新主人的。这里的土耳其当局在来自君士坦丁堡的约束力度不够的情况下变得肆意妄为、贪污腐化。重归基督教的统治之下是一种解脱。虽然威尼斯人

---

① 17世纪奥斯曼帝国的一个重要政治家族，源自阿尔巴尼亚，先后出过六位帝国大维齐尔，为帝国中兴做出了重要贡献。杰出人物包括1656年以八十岁高龄出任大维齐尔、厉行改革的军人政治家穆罕默德·科普鲁律，他的儿子、上文中提到过的法齐尔·艾哈迈德·科普鲁律，以及兵败维也纳的卡拉·穆斯塔法。
② 奥地利乃至欧洲历史上最杰出的军事统帅，在其军事生涯中多次击败土耳其人和法国人。
③ 多瑙河中游左岸支流。
④ 塞尔维亚东北部城市。
⑤ 这是奥斯曼帝国历史上第一次向欧洲各国割让土地。

信仰天主教，但是他们在宗教宽容方面素有良好的声名。威尼斯的希腊移民区繁华热闹，并且拥有自己的东正教教堂，很多年轻的希腊人在那里接受教育并进入帕多瓦大学深造。众所周知，威尼斯官员效率很高，而且威尼斯的司法体系也相当公正。

但是幻灭很快就出现了。在莫罗西尼1687年的作战活动后不久出现的瘟疫席卷了整个半岛，居民们将瘟疫的流入归咎于入侵者。根据威尼斯当局的统计，当地人口从入侵前的约20万人，到1688年年底降为10万人以下。2111个村庄中，656个处于荒废状态。比起伯罗奔尼撒半岛的西部地区，米斯特拉斯和斯巴达谷地受到战事和瘟疫的冲击比较小，但是它们也并非毫发无损。

人们很快就对威尼斯政府产生了不满情绪。尽管它比土耳其人的政府更有能力，但土耳其人至少还允许城镇自治。现在威尼斯的督政官（provveditore）全面接手了市政管理权。这对米斯特拉斯来说特别痛苦。这座城市现在已不是一个行省首府。拉科尼亚行省的首府被定为莫奈姆瓦夏。但是，连同其他六个次级城市一起，米斯特拉斯被一个专门的督政官管辖，这名督政官因为不用分心管理行省，可以把所有的时间都用在干涉公民事务上。更为甚者，虽然希腊人免受定期贿赂土耳其当局之苦，但威尼斯人征收的税赋要比土耳其人高得多，而且征税效率奇高。此外，尽管威尼斯人做了很多工作来鼓励当地农业和一些地方产业的发展，但他们故意阻止那些与意大利本国企业形成竞争局面的产业的发展。这一政策沉重地打击了米斯特拉斯，因为其繁荣在很大程度上依赖周边地区的丝绸农场。为保护威尼斯丝绸农场主的利益而施加于当地丝绸业的繁重税款使斯巴达产出丝绸的价格高涨，以至于外国商人转战小亚细亚购买更便宜的丝绸。

最后还存在宗教方面的问题。在威尼斯本土和伊奥尼亚诸岛，天主教会与东正教会之间的关系还算融洽。威尼斯人在一开始也急于向新臣民的教会展现出自己的好意，威尼斯政府向（东正教）教众力保，他们有权选举出自己的主教而不会受到任何政治上的压力。而且，威尼斯人只设立了一个天主教教区——科林斯大主教的教区，大主教名义上常驻威尼斯在半岛上的行政首府纳夫普利翁。然而，紧随威尼斯官员进入这个国度的是一大批天主教司铎，威尼斯总督科尔纳罗（Cornaro）悲哀地评价道，这是一群与其说是匡正他人之恶还不如说是因自己之恶而被派到这里接受惩罚的人。他们对当地神职人员的傲慢无礼使他们成为人们痛恨的对象，但他们当中的一些人开办了学校。对于在土耳其人压迫下缺乏教育的希腊人来说，这为他们的下一代提供了学习知识的机会。很多希腊男孩都利用了这个机会，不过，让他们父母愤怒不已的是那里的教师总是企图劝诱这些男孩改变信仰。

然而，最现实的宗教问题不是威尼斯人的错。伯罗奔尼撒半岛的东正教会在宗教关系上服从于君士坦丁堡的牧首，他不仅有权对十九名主教和较大修道院院长的选举结果进行确认，使这些神职人员直接听命于他，而且东正教教徒在主显节（Epiphany）① 和复活节的捐献有一半要由他接收。然而，牧首活在苏丹的阴影下，在当选仪式上他要发誓让在他照看下的基督徒忠于苏丹的世俗统治。于是威尼斯人不只剥夺了牧首确认主教选举结果的权利，也看不出有任何理由让伯罗奔尼撒的大

---

① 每年1月6日纪念耶稣显灵的节日。

114　把财富流入敌国。奥斯曼帝国的领土上还有一些教堂和修道院，比如说耶路撒冷牧首区①（Patriarchate of Jerusalem）和阿索斯的一些经院，也在伯罗奔尼撒半岛拥有田产。结果被派去收取教徒捐赠和地租并确认主教选举结果的牧首区督主教被威尼斯人拒绝入境。虔诚的伯罗奔尼撒人对于威尼斯人为他们争取的教会独立毫无感激之情，对于被允许将原属牧首区的钱财用于自家教区也绝无欣喜之意。他们的高级教职人员，帕特雷都主教尽其所能地确保牧首及奥斯曼帝国领土上其他利益相关的教堂和修道院能够得到应有的收入，这让威尼斯总督一直很是恼火。同时，消息传到伯罗奔尼撒，苏丹统治下的基督徒臣民的境遇在维齐尔穆斯塔法·科普鲁律的影响下得到了显著改善。

尽管如此，希腊人也没有试图起义反抗威尼斯人的统治。桀骜不驯的马尼人只要不被要求交税，还是喜欢威尼斯人远胜过土耳其人。他们停止了袭扰陆上邻居的行为，把精力集中到海盗营生上。其他的伯罗奔尼撒人也对战斗没有任何兴致。威尼斯的观察家们认为他们不过是一群彼此猜忌、懒散无为之辈，没有伊奥尼亚人有文化：这是自然，因为伊奥尼亚人与威尼斯渊源颇深而且也拥有自己的学校。在卡拉马塔也能寻见知书达礼的男女，但米斯特拉斯才被公认是这个行省最文明开化的城

---

① 在基督教会的早期历史上，罗马帝国境内有五个资深教区的教长最有影响力，即罗马、君士坦丁堡、安条克、耶路撒冷和埃及的亚历山大教区。当罗马天主教会和东方正教会分裂时，罗马的教长成为天主教的教皇（Pope），而其余四个东方教区的教长仍保留牧首（Patriarch）称号。安条克、耶路撒冷和亚历山大在被阿拉伯人占领后，当地教区在名义上服从君士坦丁堡牧首的领导。

市。威尼斯作者科罗内利（Coronelli）① 作为地理学家为威尼斯共和国服务，在共和国征服这一行省后不久出版了一本关于伯罗奔尼撒的著作，他在这本书里详细描述了米斯特拉斯。他坚定地认为这座城市"开始叫作斯巴达，然后是拉栖代梦尼亚，现在是米斯特拉斯"。他的记录里还包括一段带有几分传奇色彩的斯巴达历史记述、一份斯巴达列王的不完整清单和一些与这座城市中世纪历史相关的不太准确的信息。但是科罗内利的记述就其时代而言称得上可靠。和过去一样，这座城市被分为几个区域。他将城堡（被他称为 Castron）当成一个区域。下一个区域是被他称为拉泰拉（La Terra）②、被希腊人称为乔尔（Chore）的帕列奥列格时代的上城区。在威尼斯人来了以后，该区域将土耳其人的住宅区也包含了进去，其中的每一间屋子，他告诉我们，都有装满粮食的地窖，以备围城时军队所用。上城区还有大量的蓄水池。在其下方是中城区（Mesokhorion，他将其误拼为 Melokorion），这是中世纪时代的下城区，而现在，正如其名字所隐含的意思，成了中部的城区。城墙外则是外城区，小小的维索利河（River Vasolipotamos）将其与城市其他区域分隔开来，河上只有一座桥。外城区必定曾延伸到了米斯特拉斯的现代城区。土耳其人把外城区叫作莫拉切（Maratche）。

根据其他威尼斯资料的估算，米斯特拉斯在威尼斯征服时代的人口大约是 4 万。伦道夫曾认为在伯罗奔尼撒只有帕特雷算得上较大的城市，但是威尼斯人的行政首府纳夫普利翁在体

---

① 全名维琴佐·马里亚·科罗内利（Vincenzo Maria Coronelli），文艺复兴时期著名的地图制作师和地球仪生产商，曾创制两个巨型浑天仪，向太阳王路易十四致敬。
② 意为"大地"。

量上迅速超过了这两座城市。

共和国拥有伯罗奔尼撒半岛的时间很短暂。到1714年土耳其人已经准备好复仇了。他们刚刚击败了俄国人并且与其他所有邻国都处于和平状态。他们在外交上得到了法国人的支持，因为法国商人急于扩大与黎凡特地区的贸易，不惜以伤害威尼斯人的利益为代价。土耳其人知道希腊人是不会出力支持他们的威尼斯主人的。在苏丹的请求下，普世牧首写信督促他的主教们向原来的主人重新效忠。而共和国的前盟友，哈布斯堡帝国和波兰也不会干涉。威尼斯被孤立了。

苏丹于1714年年底宣战，借口是威尼斯人一直在武装黑山人（Montenegrans）① 以对抗他。第二年早些时候，一支超过十万人的土耳其大军南下科林斯地峡，而一支大舰队也驶入爱琴海，未经抵抗就占领了作为威尼斯领地已超过三个世纪的蒂诺斯岛。威尼斯人决定采取只防守沿海要塞的战略。在经历了五天的狂轰滥炸之后，科林斯的指挥官米诺托（Minotto）以荣誉性的条件投降，但兵工厂的一次爆炸事件使得土耳其人对他的诚意产生了怀疑。他们屠杀了守军和大批希腊平民，米诺托本人则被送到士麦那（Smyrna）② 的奴隶市场，在那里他被荷兰领事的夫人买下。有了这一事例，土耳其人便没有遇到进一步的抵抗，他们在城镇和乡间都被当作拯救者而受到欢迎。更为甚者，就如法国旁观者布吕（Brue）诧异地发现，土耳其军队与威尼斯人不同，他们在向农民征集补给时按价付钱。在纳夫普利翁，为威尼斯人服务的希腊人都离开了自己的岗位，即

---

① 在巴尔干地区，黑山是唯一没有被奥斯曼土耳其征服的国家。
② 土耳其第三大城市伊兹密尔（Izmir）的旧称，位于安纳托利亚西端的爱琴海边的港口城市。

便有再高的薪水也不愿回来。那里的威尼斯守军做出了一些抵抗。但是土耳其人已经从曾经在威尼斯军队里担任军官的法国人德·拉·萨莱（De la Salle）那里获得了大城堡帕拉梅德（Palamede）的全套设计图纸，这座城堡居高临下地控制着整座城市。在这些图纸的帮助下，土耳其人猛攻城堡并从那里进入城市。在随后的大屠杀中威尼斯幸存者所剩无几，拉丁大主教也在死者当中。

纳夫普利翁的陷落使得伯罗奔尼撒的整个内陆向土耳其人门户洞开。威尼斯人迅速将米斯特拉斯和其他内陆城市的守军撤走。随后，在若干场哗变之后，他们甚至放弃了沿海的城堡。莫奈姆瓦夏的总督巴多尔（Badoer）忙不迭地向土耳其海军司令交出了他的要塞，而后者认为自己从来都不可能靠进攻拿下这座要塞。同时，威尼斯海军司令小心翼翼地避免任何作战行动，唯恐会给他的国家带来另一次败仗。到1715年年底已经没有威尼斯人留在这个半岛上了。

战争又持续了三年，将奥地利也拖下了水。在1718年7月签订的《帕萨罗维茨条约》（Treaty of Passarovitz）中，威尼斯失去了所有的希腊帝国领土，除了伊奥尼亚诸岛，包括莱夫卡斯岛以及科孚岛对面的布特林特港（Butrinto）①。与此同时，伯罗奔尼撒重回旧状，成为奥斯曼帝国的一个行省。

威尼斯人统治的插曲对于伯罗奔尼撒的希腊人来说不是一段美好的体验。他们被当作臣属，视为异端，为了威尼斯商人的利益而被剥削利用。但这一插曲也在希腊人的思想中创造了

---

① 位于科孚海峡和布特林特湖之间的小半岛。自史前时代就有人类聚居。它先后成为希腊殖民地、罗马人的城市和主教管辖区，随后迎来拜占庭统治下的繁荣时期，接着被威尼斯人占领，后被遗弃成为荒泽。

一种新的精神。威尼斯的官僚机构运转缓慢且烦琐，维护费用高昂，但是它在这个行省维持了井然的秩序。无论它有多么自私，它还是扶助了农业和商业，且它尊重个人权利，就如同这些权利原本就有一样。奥斯曼帝国的帕夏政府容易相处却任意妄为、腐败成性，回归其统治之下虽然让人宽心却只能被看成是一种倒退。土耳其人的统治还带来了教育上的衰退。整整一代的伯罗奔尼撒男孩都可以顺利地进入威尼斯，在那里的高等院校和帕多瓦大学里学习。拉丁神父在伯罗奔尼撒半岛上也创办了学校，尽管他们因为试图劝诱改宗而招人憎恨，却保证各方面都得到了保障和支持。当土耳其人卷土重来时，他们不再像过去那样对基督徒的学校百般仇视。但是，他们依然抵制这些学校，而且无论如何，受过专业训练的本土教师都非常稀缺。有天分的男孩逃往西方也不再像以往那么容易。但是后继前往西方的那些人在那里找到了一种新的精神，他们为了所谓的启蒙而将旧有的价值观，尤其是旧有的宗教价值观抛之不顾。他们回来时头脑中充满了为希腊人争取自由的思想。教会对于这类想法可高兴不起来。土耳其人的重返之所以受到东正教会欢迎，不仅是因为他们将东正教徒从罗马教会的传教士试图劝诱改宗的伎俩中拯救出来，更是因为伯罗奔尼撒的东正教会与君士坦丁的牧首在宗教上的联系得以修复。如果伯罗奔尼撒的希腊人要追求自由，必须取得东正教会的帮助才行。在17世纪，保罗·里科（Paul Ricaut）就注意到希腊人在谈及时带有喜爱之情的一个外国政权就是俄国——一个独立自主的东正教政权。俄国在罗曼诺夫（Romanov）皇朝的沙皇统治下，总是对东正教兄弟们抱有同情慈爱之心，而且随着18世纪的推进，俄国给予他们实际帮助的能力也在稳步提升。如果信仰东正教的俄国人打算帮助希腊人夺取自由，普世牧首及其教众对苏丹的忠诚度就要大打折扣了。

1768年，俄罗斯帝国的女沙皇叶卡捷琳娜二世（Catherine Ⅱ）①向苏丹宣战。战争的导火索主要是波兰的异见分子寻求与土耳其人结盟以对抗女沙皇对他们王国越发严密的控制。但是，她安插在奥斯曼帝国的间谍们不厌其烦地强调着她的利益与备受压迫的东正教徒的福祉休戚相关。他们在爱琴海诸岛和伯罗奔尼撒半岛找到了一拍即合的听众。1770年早些时候，一支俄罗斯大舰队从波罗的海启程，其正式的指挥官是阿列克谢·奥尔洛夫（Alexis Orloff），但实际是由英国出生的水手格雷格（Greig）和埃尔芬斯通（Elphinston）指挥的。在绕过直布罗陀海峡之后，这支舰队于4月初抵达希腊海域并在维伊特洛（Vitylo），也就是今天的奥伊特洛（Oitylo）外的海面停泊。一支俄军小分队在奥尔洛夫的兄弟费奥多（Fyodor）的率领下登陆。

俄国人满心期待希腊人会发动一次大范围起义响应他们。他们的间谍之前在整个半岛分发武器并且向他们传递了各村头领报告的准备工作情况的消息。根据密报，在上个秋季，一群从帕特雷的市集兴高采烈地返家的农民被土耳其人误认为是叛乱分子而横遭杀害，激起了广大民愤。但实际上民愤已经消退，而头领们的准备只是由他们设想的工作而不是他们实际完成的工作组成。虽然如此，当地主教还是前来与俄国人会合，随行的还有拉栖代梦尼亚都主教和来自米斯特拉斯及其周边乡村的很多战士，而马尼人则随时准备加入与土耳其人大干一场。费

---

① 即俄罗斯历史上著名的叶卡捷琳娜大帝。

奥多·奥尔洛夫一马当先，率领一支希腊 - 俄国联合小部队翻山越岭向米斯特拉斯进发。驻守在米斯特拉斯的土耳其军队规模很小，而且没有得到帕夏的增援，在几天的抵抗之后就向基督徒的队伍投降了。就在军队将要对土耳其人展开大屠杀的节骨眼，都主教和他的神职人员制止了他们，并以绝罚威胁所有有意伤害土耳其人的人。于是土耳其人被允许前往安全的地方。与此同时，他们的房屋，连同许多希腊人的房屋被俄国人洗劫了个底朝天。

118　　1770 年 5 月 27 日（旧历①），女皇给她的朋友伏尔泰（Voltaire）先生写信说费奥多·奥尔洛夫的部队已经占领了摩里亚。她写道，米斯特拉斯，也就是古代的斯巴达的抵抗最为激烈。但即使在她写出这封报捷信的那天，伯罗奔尼撒的战事进展也很不顺利，所以费奥多·奥尔洛夫已经占领了整个行省的说法是不真实的。他的小军队没能走出拉科尼亚地区。希腊人原来期待俄国人能够提供一支比现在大得多的军队、多得多的武器和资金。而他们现在得到的所有援助都不足以让他们冒险发动起义。俄国人在对待潜在盟友的方式上也谈不上明智或圆滑。在维伊特洛，阿列克谢·奥尔洛夫与马尼人的主要头领马沃罗米凯利（Mavromikhaili）发生了不愉快的争吵，后者再也不会接受一个自命不凡的俄国人的命令。俄国舰队则急于继续航行以寻求同土耳其舰队会战。在此期间，土耳其的行省总督正在北部集结起一支由阿尔巴尼亚穆斯林组成的大军来镇压起义。他开始向米斯特拉斯进军。当他进入斯巴达平原时双方发生了小规模战斗，然后俄国人便撤向海岸，留希腊人去承受

---

① 指沙皇俄国采用的旧儒略历法。

土耳其人报复的锋芒。

俄国舰队在士兵登船后,于 6 月驶离维伊特洛,在下一个月于希俄斯岛外部的海域大胜土耳其舰队,并在几天之后用火攻将切什梅湾(Gulf of Cheshme)内的土耳其舰队全歼。但是,这些基督徒的胜利对于米斯特拉斯的希腊人毫无用处。在帕夏的阿尔巴尼亚军队进入米斯特拉斯之前,俄国人差点没能逃走。

随之而来的是对这座城市冷酷而又彻底的洗劫。房屋先被洗劫一空,然后被放火点燃。阿尔巴尼亚人没有心情细加区分,因此很多土耳其人的房屋遭受了与他们希腊邻居相同的命运。甚至山顶的城堡也化为一堆瓦砾。教堂遭到了有组织的抢劫,一些被彻底摧毁,一些由于损坏太严重而不堪再用;但幸运的是,较为精美的教堂无一遭受较大的结构性破坏。都主教座堂似乎是受损最为严重的。在这座教堂的庭院里帕夏以欢迎俄国侵略者的罪名指控并处死了都主教阿纳尼亚斯·兰博迪斯(Ananias Lambardis),罔顾正是由于都主教在侵略者到达米斯特拉斯时出手干涉才有如此之多的土耳其人得救。很多其他希腊人的生命也消失在阿尔巴尼亚人的屠刀之下,还有很多基督徒儿童被带走并被变卖为奴。

到了 1770 年的秋天,米斯特拉斯已是一片废墟。它的标志性建筑物和房屋历经三个世纪的异教徒统治几乎完好无损地保存了下来。但现在它的伟大时代业已结束,它的生命时光屈指可数。

第十二章　古典米斯特拉斯的终结

在整整九年的时间里，斯巴达谷地的生活，乃至整个伯罗奔尼撒半岛的生活都苦不堪言、极度凄凉。带领阿尔巴尼亚人镇压希腊人起义的土耳其帕夏发现自己无力支付士兵们所要求的薪水。士兵们于是将自己的土耳其长官们扔出军营，分成小股开始蹂躏这个行省。这些人大概有两万之众，可以随心所欲地对待被禁止拿起武器的人群。连被允许使用武器的土耳其地主对他们也无可奈何。在厌恶希腊人这方面，阿尔巴尼亚人与土耳其人可谓臭味相投。

俄土战争[①]于1774年以双方签订《库楚克-凯纳尔吉和约》而结束，和约里略为含混不清的用词给了女皇代表奥斯曼帝国内东正教臣民干涉内政的权力。但是，在那里的起义失败之后，叶卡捷琳娜对伯罗奔尼撒再也不感兴趣了。"希腊人，斯巴达人，是堕落的一代，"她在1770年10月写给伏尔泰的信里说，"他们喜欢掠夺胜于自由。"伏尔泰的回信言辞恭顺，将俄国人的失败归咎于希腊人。伯罗奔尼撒人再也不能指望从圣彼得堡获得任何帮助了。君士坦丁堡的苏丹却严密关切起伯罗奔尼撒来，但只不过是因为他无法从这个动荡不安的行省得到任何财政收入。在1770年至1779年之间，前后有十一位不同的帕夏被派到那里恢复秩序。在这些人中，有些人报告说没有军

[①]　史上通称第五次俄土战争。

队的协助他们无能为力；有些人只是畏缩在特里波利斯的城墙之后，直到他们在宫廷的朋友能够安排将他们调任到一个更快乐的职位上；有些人在从阿尔巴尼亚人那里收受贿赂之后就任其为所欲为。最后，在1779年，苏丹派出了一团士兵，由他手下最有能力的军官——帕夏船长哈桑（Hassan）率领。哈桑曾是阿尔及利亚海盗，也是唯一一位在俄土战争中依靠战功被提拔起来的奥斯曼海军军官。他对希腊人可并不友好。战争结束之后他接到了恢复爱琴海诸岛上的秩序的任务。他的手段很简单。据说在那里有十万名希腊人被处死。但伯罗奔尼撒的希腊人欢迎他的到来并给予他一切帮助。

哈桑和手下人马在5月到达纳夫普利翁。他在阿尔戈斯等了一个月，试图说服阿尔巴尼亚人的各路头领不战而降。他们的回答是拼凑出一支一万人之众的大军进攻特里波利斯。听说阿尔巴尼亚人在那里集结之后，他连夜出兵，翻越从阿尔戈利斯（Argolid）① 到阿卡迪亚平原的山口。6月11日的拂晓，他从天而降，猛攻毫无戒备的阿尔巴尼亚人。他让他们见识到了什么叫毫不留情。到了夜幕降临的时候，大多数阿尔巴尼亚人被杀——哈桑在特里波利斯的东门外堆起了一座由四千个头骨组成的金字塔，二十年之后仍然可见。少数从战斗中逃出来的阿尔巴尼亚人被哈桑的人马紧追不舍，最终在逃进一处狭窄的河谷后被屠戮殆尽。

在半岛上还有为数不少的阿尔巴尼亚人定居在他们强行夺取的村庄和农场里。不过他们没有再制造什么麻烦，而是寻求融入当地人。无论如何，他们中间似乎很少有人在斯巴达谷地

---

① 阿尔戈斯所在的地区，位于伯罗奔尼撒半岛东部。

定居。在那里，当秩序被修复后，希腊人以他们特有的韧性在很大程度上恢复了过去的繁荣。在历经阿尔巴尼亚人对城市的洗劫之后，人口降到了 8000 左右，但三十年后人口数量已经上升至 15000～18000。由普克维尔（Pouqueville）医生在 1800 年编制的一张统计表显示，米斯特拉斯及其周边地区的年产值据估算可达 875000 皮阿斯特（piastre）①。在这项数据上米斯特拉斯远远领先于该省的其他地区。帕特雷的产值列居第二，估算为 696092 皮阿斯特。米斯特拉斯的繁荣主要归功于当地丝绸农场的复兴。

18 世纪的最后几十年见证了来到希腊游览的西方旅行者数量的大幅增长。人们对古典考古学的兴趣与日俱增。在英国，艺术爱好者协会（Society of Dilettanti）② 资助了一系列学术探险，以调查并记录古代遗址。法国人则继承了一种更为古怪的传统，这种传统始自吉耶（Guillet），他更喜欢自称为勒·吉列蒂埃（Le Guilletière），并且在 17 世纪 70 年代出版了两卷本著作《古代与现代的雅典和古代与现代的拉栖代梦》（Athens, Ancient and Modern and Ancient and Modern Lacedemon）。实际上，这两个地方他哪也没去过——细心的学者斯庞医生很快就发现了这一事实——他只不过是从帕特雷的一位嘉布遣会③修士那里获取了信息。在 18 世纪 30 年代出现了一位富尔芒神父

---

① 货币名称，曾通用于中东国家、西班牙帝国及西属美洲以及法属印度支那（在中国被称为坐洋），现在仍在埃及流通。
② 始建于 1732 年，由一群在意大利旅行时相识的绅士创立，总部设在伦敦，逐渐成为英国启蒙运动中最具有影响力的协会，其成员还资助了皇家艺术学院和大英博物馆的创立。
③ 正式名称为"嘉布遣小兄弟会"，天主教方济各会的一支。1619 年完全独立于方济各会之外而成为一个新的修会，但仍被视为方济各会三大派之一。

(Abbe Fourment），奉路易十四（Louis XIV）之命游历四方，收集铭文。他确实收集了一些铭文，但是在余生试图单枪匹马地破坏自己去过的古代遗址。在其他地方中他还去过斯巴达，在那里花了六周时间进行"热切"的破坏工作。他的一大懊悔就是未能摧毁奥林匹亚。后来的法国人偏爱更加多愁善感的工作，将古希腊的辉煌与现代希腊的没落相比较。直至1790年前后，法国旅行者还占据着（数量上的）优势。然后法国大革命爆发了，随之而来的是拿破仑建立一个东方帝国的梦想，使得法国旅行者在奥斯曼帝国的领土上不再受到欢迎；英国人取而代之。与法国的漫长战争打断了壮游（Grand Tour）① 的惯常行程，而壮游被认为是英国年轻绅士教育的一部分。但是，随着拿破仑入侵埃及的计划以失败告终，通过地中海航行到希腊就变得可行。拜伦勋爵（Lord Byron）只是众多成行的旅行者中的一员。在那些将自己的旅行经历记录下来的人中，很少有人游览过米斯特拉斯；一定有为数不少的人去过却没能留下自己的名字。德·夏多布里昂子爵（Vicomte de Chateaubriand）1805年身在希腊，那时法国已经与土耳其讲和，他宣称在伯罗奔尼撒半岛的每条路上都能看见英国旅游者，而且在米斯特拉斯有一家名为"英国旅馆"的客栈，为顾客提供烤牛肉和烤猪肉。

在这些英法旅行者当中为我们提供了关于米斯特拉斯最详细介绍的人当属普克维尔医生。此人的境遇殊非寻常。他在1798年作为随军医生随法国远征军前往埃及，但当年秋天他被选派陪同一些高级军官前往马耳他。当纳尔逊（Nelson）在尼

---

① 指文艺复兴之后流行于欧洲贵族乃至平民阶层的一种活动，年轻人尤其是临近毕业的大学生在家财或赞助人的支持下在欧洲大陆游历学习。

罗河河口海战①取得大胜之后，法军已无可用船只调拨给他们，于是他们登上了一艘来自里窝那（Leghorn）②的单桅帆船。糟糕的天气加上同样糟糕的航海技术把他们带到了卡拉布里亚海岸而不是马耳他，在那里他们的船被一艘巴巴里海盗③船接舷并俘获。海盗船长是一个来自乌尔奇尼（Dulcigno）④的阿尔巴尼亚人。他曾在利比亚加入一群来自的黎波里（Tripoli）的海盗，然后被马耳他骑士团俘获。而法国人在占领马耳他之后将他从桨帆船队⑤里释放，随后他作为杜拉斯（Duras）将军的用人前往埃及。然后他又逃离法国军队，重操旧业。当他的俘虏们发现他会讲法语之后，便劝说他将他们在桑特岛（Zante）⑥放下，因为那时桑特岛和伊奥尼亚群岛中的其他岛都已经被法国占领。他们承诺他将会收到丰厚的报酬。不幸的是，由于恶劣的天气一直没有好转，这两艘船不得不到纳瓦里诺（Navarino）⑦的港湾里避难。海盗船长在那里得知法国与土耳其处于战争状态而且土耳其人攻占了桑特岛，因此决定把俘虏交给当地的贝伊，这位贝伊又决定将他们送给驻节在特里波利斯的帕夏。

普克维尔医生在特里波利斯度过了七个月的战俘生活。他

---

① 也被称为阿布基尔湾海战（Battle of Aboukir Bay），英国舰队在此战中摧毁法国舰队，并将拿破仑的军队困在埃及。
② 意大利西岸港口城市，位于意大利托斯卡纳西部。
③ 指那些在北非海岸活动的穆斯林海盗，包括土耳其人、柏柏尔人与希腊人。
④ 黑山东南部沿海城市，如今是一个著名的旅游胜地。
⑤ 按照当时的惯常做法，被俘获的异教徒海盗不是被绞死就是被发配到桨帆船上作为划桨的奴隶。
⑥ 又称扎金索斯岛（Zakynthos），位于希腊西部，伊奥尼亚群岛中的第三大岛。
⑦ 位于伯罗奔尼撒半岛西南沿岸。

的囚禁生活算不上艰难。他得到允许可以在城中自由行走，而且他似乎还能够在警卫的陪同下到邻近的地点去旅行。他将尽可能多地了解这个国度当成自己的事业，并且做了大量的笔记。他最终在返回法国后，于1805年出版了一部关于他的旅行的著作，并将其献给了拿破仑皇帝。后来他被任命为约阿尼纳（Yannina）①的法国领事并撰写了一部四卷本的现代希腊史（1740~1824）。

普克维尔的作品得到的评价褒贬不一。拜伦勋爵在试图辨认古代遗址的时候对他的错误嗤之以鼻。夏多布里昂在使用他的著作旅游时，宣称他描述了很多囚犯不可能游览的地方。但是，他对米斯特拉斯的描述还是完整且可信的，而且也看得出是基于个人经历，与他对马尼的描述截然不同——他本人也承认那都是他从马尼的朋友处道听途说而来的。与他的前辈一样，普克维尔将米斯特拉斯分为四个区域。在这四个区域中，城堡已成为一片废墟。上城区，也就是被他称为米斯特拉斯本城的地方，满是狭窄、崎岖和肮脏的街道，毁坏的房屋比比皆是，人们总是从这些废墟中拾取砖石去修复那些还未完全损坏的房屋。远处的建筑物则绚丽多彩，尤其是土耳其人的房屋装饰得色彩明亮。而希腊人不得不给他们的房屋涂上毫无生气的棕色。他把都主教座堂也放进了这个区域并认为其是献给圣母的。他的记忆一定欺骗了他。他说这座教堂在近期被修复了而且值得一游。他还提到了潘塔纳萨，将其称为潘达内西（Pandanessi）。修道院已被阿尔巴尼亚人摧毁，里面的修女也被屠戮殆尽。尽管修女们后来收回了这块地产，但她们仍不

---

① 希腊西北部的一座城市，也是伊庇鲁斯地区最大的城市。

得不寄宿在其他地方。

在中城区他注意到那里的房屋（1770 年之前有三千栋之多）现在已经非常稀少了，周围环绕着花园和果树林。他说我们不必费神去参观佩里（布）列普托斯教堂（Church of the Perileptos）（原文如此），或是被他称作圣帕拉斯科维（St Paraskevi）的教堂（他可能指的是福音布道者教堂）。自从这两座教堂遭受洗劫之后，他说，那里已经没有留下什么有意思的东西了。巴扎和旅馆全位于中城区，他认为那里的空气要比米斯特拉斯本城清新得多。

如果有人想要去实际上已属另一个城市的外城区的话，他说道，那么这个人必须通过一座六拱桥过河才行，这条河被他错误地叫成欧罗塔斯河。外城区也被称为犹太城区（Evreocastron），因为现在居住在那里的是犹太人。他估计犹太人构成了米斯特拉斯人口的八分之一，也就是说，大约有两千人或更多一些。他注意到，他们分为两个群体，彼此之间毫无联系。他将这两个群体称作正统派犹太人和撒都该人（Sadducees）①。而实际上这两个互相区分的群体很可能是塞法迪（Sephardim）② 犹太人和阿什肯纳兹（Ashkenazim）③ 犹太人，因为后者中有很多人在过去很早的时候从俄国和波兰迁移过来以求在土耳其的伊斯兰世界里寻得一个更加友善的环境。有人告诉普克维尔所有犹太人在自己人中间都说葡萄牙语，但

---

① 公元前 2 世纪形成的一个犹太教的派别，其成员主要是大祭司、贵族，是犹太教中的当权派。
② 指的是中世纪生活在伊比利亚半岛上的犹太人，15 世纪后期被当地天主教政权逐出。
③ 指的是中世纪生活在德国莱茵兰一带的犹太人，其中很多人自 10 世纪至 19 世纪向东欧迁移。

他很可能没有见过任何一个阿什肯纳兹犹太人。

普克维尔不认为米斯特拉斯是建在古代斯巴达的遗址之上的，他认为遗址位于该城以东半个里格①处的一个土丘之上，那里有一些年代无法确认的废墟。但他认为米斯特拉斯在建造时使用了古城的石材，而且他提到米斯特拉斯的市民们坚定地认为他们生活在斯巴达，将市场（他似乎指的是专制君主旧宫殿前的那块平地）认定为斯巴达人公共集会的场所。他对米斯特拉斯的人民赞誉有加。那里的男人高大英俊，女人貌美如花——英国地志作者利克（Leake）也注意到了这一点——而且所有人都没有大多数伯罗奔尼撒人那种奴颜媚骨的特征。他们与土耳其邻居友好相处，后者占总人口的三分之一。这些土耳其人明显有一大半希腊血统，说希腊语的时间比土耳其语还多，而且他们在发怒的时候会用希腊语诅咒，呼唤基督或是圣母（Panaghia）的名字。他们对于普克维尔来说也是好人，比大多数定居在这个行省的土耳其人要好。

夏多布里昂于1806年8月抵达米斯特拉斯。他似乎在出发前已经读过普克维尔于1805年在巴黎出版的著作。他对这部著作的看法并不公正，指责普克维尔到最后还是接受了当地人将米斯特拉斯认定为斯巴达的说法。结果他本人也被诱使相信，当他躺在米斯特拉斯的床上时，他就在海伦和墨涅拉俄斯生活过的地方。但在一段漫步之后他偶然来到了古代斯巴达的实际位置，这激发了他浪漫的思绪；然而，他的发现实际上并无新奇之处。这处遗址早已为其他旅游者所知，其中还包括他那破坏成性的同胞富尔芒神父。不过，没人能像夏多布里昂这样逸

---

① 一种古老的长度测量单位，在陆地上，一里格通常被认为等于3英里，即4.827公里。

兴遄飞地描述这里。

尽管他在米斯特拉斯待了好几天，但夏多布里昂在对其地形的描述上犯了几处错误。想必是他缺乏对希腊的了解所致，他把上城区（据他说已经严重损毁了）称作居民区（Katokhorion），并把犹太移民区也归进了这一区域。这样一来，将中城区与犹太移民区分隔开来的河，也就是他笔下的"希伯来之河（Hebriopotamos）、犹太人的河流"，就不得不从城区发源了。实际上，他对米斯特拉斯不感兴趣。他借宿在中城区的一户土耳其人家里，但他在那里唯一的观光行为就是爬到城堡处登高望远，并且不情愿地到都主教的宫殿里拜访。然后他被带去参观都主教座堂，这一回他正确地说明了这座教堂是献给圣德米特里的。他对这座教堂没有太多关注。嵌花大理石地板被漫不经心地评价为"一般"，而壁画"完全是模仿佩鲁吉诺（Perugino）① 之前的流派涂抹出来的"。他不喜欢这座教堂的外表，对它的穹顶也十分排斥。

在伯罗奔尼撒的每条道路上夏多布里昂都能看见英国旅行者，但其中去过斯巴达谷地的游客很少有名字留存至今，而且我们也不知道都有谁真正在米斯特拉斯的英国旅馆留宿过。威廉·盖尔（William Gell）爵士在1801年来到米斯特拉斯。他认为这座城市远观风光秀丽，近看则大体上废墟一片。他将其分成五个区域，赋予城墙外的区域两个名字——特利泽拉（Tritzella）和帕罗瑞亚（Parorea）。爱德华·多德韦尔（Edward

---

① 意大利画家，擅长画柔软的彩色风景、人物和脸以及宗教题材。佩鲁吉诺的艺术在意大利中部影响较大，与达·芬奇、波提切利同是安德烈·德尔·韦罗基奥的学生。由于他还是拉斐尔的老师，因而对文艺复兴的美术发展有不小的贡献。

Dodwell)也于 1806 年来到此处。他注意到此处是由一位总督（voyevod）管理并且估计这里的人口在七千上下。但是他对于米斯特拉斯的兴趣仅限于在那里找到刻纹装饰的石头和铭文，而这些文物明显是来自斯巴达或者阿米克莱的遗迹的。像那个时期前往希腊的大多数旅行者一样，他对该地中世纪的历史几乎没有兴趣。

夏多布里昂提到有两个英国人在 1798 年参观了斯巴达，这两人被他叫作斯文顿（Swinton）和霍金斯（Hawkins）。关于斯文顿他可能指的是约翰·西布索普（John Sibthorpe），此人似乎是与约翰·霍金斯（John Hawkins）结伴在此城游玩。他们几乎都没有提及米斯特拉斯。这一时代更为浪漫一些的旅行者，比如 J. B. S. 莫里特，将最热切的目光投向了马尼半岛，那里的居民传统上被认为是古代斯巴达人的后代——尽管从当时的记述判断，他们不光与斯巴达人的生活习惯截然不同，对于能够弄到手的任何奢侈品都趋之若鹜，而且他们的语言里也没有丝毫拉科尼亚语的成分。但他们还是被当成古典世界在当代的唯一幸存群体，且因此广受赞誉。

尽管心系古典文化的旅行者们可能忽视了米斯特拉斯及其精美之处，这座城市在 19 世纪的最初几年悄悄地繁荣起来。它再也不是 1770 年之前的样子了，此时只不过是一个小的行省首府。但是，正如盖尔所注意到的，谷地物产丰饶而且丝绸农场欣欣向荣。当俄国与土耳其之间的战争于 1787 年再次打响时，伊庇鲁斯的希腊人受到俄国间谍的煽动而起来反抗，伯罗奔尼撒人依然保持平静。但是整个希腊世界的气氛正在发生变化。苏丹的统治越发独断专行且低效无能。而且，尽管相当多的西方旅行者认为希腊人腐化堕落并比其主人还要奴颜婢膝，目光更敏锐的人还是注意到以往未曾见到的一种急躁与希望交织的精神状态。法国大革命带来了关于自由的新思想。拿破仑一度被视作可能的拯救者，但事实证明，他的诺言与叶卡捷琳娜女皇的一样玩世不恭且不可信赖。然后又出现了一位潜在的盟友——阿里（Ali）帕夏①，约阿尼纳令人敬畏的领主，他尽管对希腊人态度模棱两可，但又似乎急于援助他们的起义，以便让苏丹陷入麻烦之中并提升自身的独立地位。希腊人也在宣扬起义。在他位于巴黎的舒适公寓里，阿达曼提奥斯·科拉伊斯（Adamantios Korais）②号召自己的同胞反抗压迫者，让他们记起祖国在古时的伟大，而且，（不是很愉快地）为他们发明了一种人造的新古典语言，他认为这种语言会使他们对自己光荣的先祖产生认同感。更有勇气的是诗人里加斯（Rhegas），他的诗篇虽然文风质朴，但雄浑有力，与科拉伊斯的作品有异曲同工之妙。他大多数时间身居故土，直到1798年前往维也纳向那里富有的希腊移民寻求帮助却被奥地利警察逮捕。奥地利人卑劣可耻地将他引渡到土耳其，致使他被处死。他曾协助创立了一个叫作友谊社（Etaireia tôn Pililikôn）的秘密社团，其成员来自奥斯曼帝国内外的希腊人社区。友谊社步步为营地策划着一次希腊人大起义。实际上，其成员中有很多人梦想着复兴拜占庭帝国。不过，个人层面的明争暗斗和政见分歧不断地削弱着友谊社的效率。

---

① 1740~1822，阿里帕夏，生于阿尔巴尼亚，是奥斯曼帝国在巴尔干南部地区的统治者，绰号"约阿尼纳的雄狮"。通过各种手段为自己开拓出包括阿尔巴尼亚南部、希腊北部和马其顿地区在内的大片领地。统治期间通过与外国结盟，为地方谋福利，推动希腊文化发展，但以残忍暴虐出名。
② 1748~1833，流亡巴黎的古典学者，希腊现代文学的奠基人，希腊独立运动和现代希腊民族国家的精神导师。

教会对这一切犹豫不决。君士坦丁堡的牧首不可能忘记他对苏丹效忠的庄严宣誓。而且，他已目睹之前叛乱的灾难性后果。他怎能鼓励他的教众选择一条几乎注定导致屠杀的道路呢？但作为一个希腊人他又渴望自由。随着各行省的希腊人，尤其是身在希腊的同胞们忍无可忍，想要发动起义，以及科拉伊斯和他的朋友们谴责教会对异教徒的屈从，他承受着教众大批脱离教会的风险。实际上，希腊的修道院甚至一些主教为北部的山区游击队（Klephtic brigands）①和任何被奥斯曼当局找麻烦的人提供庇护已是尽人皆知。牧首的那些年长的平教徒顾问——来自君士坦丁堡的法纳尔（Phanariot）②区的希腊富人，建议他以耐心处之。奥斯曼帝国已经如此腐朽不堪，因此其衰败是必然之事，土耳其人甚至可能准备好要让希腊人接管政府了。但是较年轻的法纳尔人不愿坐等下去，而且现在正是他们在运作友谊社。

友谊社计划在1820年年底发动起义。年轻的法纳尔人亚历山大·伊普西兰提（Alexander Ypsilanti）③的家族在很久之前来自特拉布宗，他宣称自己是科穆宁（Comneni）④家族的

---

① 原文Klepht意指在15世纪土耳其人征服希腊大陆后逃进山里的希腊人，其后代以土匪勾当为营生一直生存到19世纪，此后这种土匪行径在近代希腊人眼中逐渐升华为反抗奥斯曼帝国暴政的义举，这些人继而演变成支持希腊独立的革命团体。
② 君士坦丁堡东正教牧首教廷所在地，位于金角湾海岸，也是希腊人聚居地，有些法纳尔人家族在17世纪已经拥有巨大财富和势力，但放弃了传统的经商而进入奥斯曼帝国的官僚机构，担任重要神职及政府文官。
③ 曾于拿破仑战争中在沙皇俄国的军队里服役，成为俄罗斯帝国骑兵高官。
④ 拜占庭帝国历史上的一个著名王朝（1057~1059、1081~1185），且一直统治着特拉比松帝国。通过与帝国其他贵族家族的联姻，使拜占庭几乎所有的主要贵族家族都或多或少与其有血缘联系。

后代，打算在俄国人的支持下从俄国出发入侵摩尔达维亚（Moldavia）①，挺进巴尔干，然后所有的巴尔干基督徒将起义并加入他的军队。实际上，瓦拉几亚人已经在民族领袖图尔多·弗拉迪米雷斯库（Tudor Vladimirescu）的率领下起义了。同时，亚历山大的兄弟德米特里被派往伯罗奔尼撒去组织那里的起义。

事情不可避免地出现了一些拖延。亚历山大·伊普西兰提发现俄国人不愿襄助一项他们认为是有勇无谋的事业，而且他们认为这不光会给他们与土耳其的关系造成麻烦，更会妨碍他们与奥地利的关系。但是，亚历山大已经集合好他的队伍，现在退缩为时已晚。德米特里也报告说伯罗奔尼撒人对于拖延愈加不耐烦。于是在2月22日（旧历）这一天，亚历山大·伊普西兰提率部渡过普鲁特河（River Pruth）②并向布加勒斯特（Bucharest）进军。

但是瓦拉几亚起义军已经先到达了那里并且拒绝他入城，而且保加利亚人和塞尔维亚人也没有任何起义的迹象。4月，一支土耳其大军向北进发，亚历山大不得不向土耳其边境撤退。他的军队在德拉伽塞尼（Dragasani）一役中被击溃。到了6月中旬，起义被平定，亚历山大则在一座奥地利监狱里饱受折磨。

为了让土耳其人猝不及防，亚历山大·伊普西兰提在起事前并未就自己的入侵行动预警他的同志们。当消息传到君士坦丁堡后，牧首急忙召开圣议会（Holy Synod）。如果教会对参加起义的成员予以严厉谴责，那么这些教众就有可能活下来。但

---

① 在当时是奥斯曼帝国境内的一个附庸公国，后与瓦拉几亚公国合并为现代的罗马尼亚。
② 多瑙河支流，现为罗马尼亚和摩尔多瓦的界河。

是，他们没能让自己活下来，只有一两位主教和一些显贵的平教徒设法在土耳其警察进入牧首区之前逃出这座城市。几天之后，牧首和他的高级主教们在牧首区的大门处被吊死。在接下来的几天里，他的首要平教徒顾问也一个接一个地走上绞刑架。

在伯罗奔尼撒半岛，德米特里同样被弄得措手不及。马尼半岛早已处于起义的状态，但这几乎仅限于一隅之地。在其他地方，尽管人民已经表现出不耐烦，但是很多人还没有被组织起来。土耳其的行省总督立刻命令高级主教帕特雷都主教以及其他一些希腊贵族前来特里波利斯协商。他们深知自己一旦入城就会被劫持为人质。他们按时从帕特雷出发；但是，当他们于3月25日（旧历）到达卡拉夫里塔附近的阿吉亚·拉夫拉修道院（Monastery of Agia Lavra）时，都主教盖尔马努斯（Germanus）升起了起义的大旗。人民的反应迅速而热烈。在整个半岛，成群的农民和手工业者都集合在当地首领的领导下。他们装备很差而且组织散乱，但是他们的数量超出了当地土耳其守军能够对付的程度。

斯巴达谷地不可避免地加入了起义。就像普克维尔所注意到的那样，米斯特拉斯的男人们是伯罗奔尼撒半岛奴性最少的一类。他们早就准备好直面土耳其人了。莫里特先生，就是鄙视除了马尼人之外所有希腊人的那位，记述说一个刚刚从雅典回来的老"拉栖代梦尼亚人"这样评论道："我来自一个充满荣誉感的地方。"米斯特拉斯的人民在争取独立的奋斗中自然也不甘人后。

在伯罗奔尼撒的很多城市，土耳其人都退入当地要塞固守待援。在米斯特拉斯似乎并没有出现抵抗，而且土耳其人被允许和平地离开。1821年年底发生在土耳其行省首府特里波利斯的可怕场面并没有出现在米斯特拉斯，当时起义的希腊人一路杀入城中，放任自己进行冷酷无情的大屠杀。很多友善的土耳其人之前从米斯特拉斯离开到那里避难，肯定也在受难者当中。

　　希腊独立战争的历史漫长而又复杂，战斗也异常激烈残酷。起初，伯罗奔尼撒的起义者们进展得似乎很顺利。到1821年年底，他们已经攻占了半岛上的每一座城镇——经常伴随着骇人的屠杀，比如在纳瓦里诺——除了纳夫普利翁和帕特雷，以及南部的科罗尼和迈索尼。纳夫普利翁于1822年秋天被攻下。科林斯湾北部的情况则不太顺利。约阿尼纳的阿里帕夏起兵反抗苏丹，保护着起义军的侧翼，但起义以他于1822年的败亡而告终。几个月之后，希腊地区西部的起义军在伊庇鲁斯的佩塔（Peta）战役中被击溃。他们剩下的地盘只有迈索隆吉翁（Missolonghi）① 了。拜伦于1823年抵达那里并给予起义军以鼓舞，却在当年4月不幸死于高烧。一支土耳其军队在德拉马（Drama）帕夏的率领下，在佩塔战役结束的几天之后于1822年6月进入伯罗奔尼撒，但是他们被起义军打得溃不成军，只好狼狈地逃走。伯罗奔尼撒人建立了一个省级政府，其第一次会议在埃皮达鲁斯（Epidaurus）② 召开。然而，很快成员内部的猜忌和竞争升级，导致了内战的爆发。结果这个已被解放的行省无法为希腊北部的义军事业提供帮助。

　　1824年，害怕会永远失去伯罗奔尼撒的苏丹不情愿地乞求他手下势力最大的封臣——埃及帕夏穆罕默德·阿里（Mehmet Ali）的援助。穆罕默德·阿里出生于马其顿的卡瓦

---

① 希腊中南部城市，南临帕特雷湾。
② 位于伯罗奔尼撒半岛的纳夫普利亚省，距希腊首都雅典140公里，公元前6世纪医药之神阿斯克勒庇俄斯的祭祀在此进行。

拉（Kavalla），是阿尔巴尼亚冒险者和当地土耳其地主之女的儿子。他于1798年带领一个阿尔巴尼亚团来到埃及，此后利用马穆鲁克（Mamelukes）① 在埃及军队中迅速崛起，随后又对他们大肆屠杀。到了1806年，苏丹批准他成为埃及帕夏。他立刻着手创建了一支高效的舰队，然后又是一支高效的陆军，雇用法国军官和工程师服务于他。在他们的帮助下，他使自己成为阿拉伯西部地区和苏丹（Sudan）的主宰者。他不断增长的权势给他名义上的宗主苏丹敲响了警钟，但现在苏丹急需他的援助。1822年，苏丹勉强赐予他克里特帕夏的称号，因为他在那里扑灭了克里特希腊人所有的独立苗头。现在他又被授予摩里亚帕夏的称号，而且，叙利亚南部似乎也唾手可得——如果他能镇压希腊起义。

1824年秋，穆罕默德·阿里派出一支装备精良的舰队搭载着一支陆军前往克里特，这支军队的指挥官是他的继子，宣称自己为摩里亚帕夏的易卜拉欣（Ibrahim）。

希腊起义军的海军司令米亚奥利斯（Miaoulis）麾下的舰队由来自各岛的轻装商船组成，他率领舰队成功地对前往克里特岛途中的埃及舰队发动了袭扰战，甚至还捕获了一些运输船。但他手下船长之间的争吵阻碍了他的行动。他没能阻止埃及人抵达克里特岛的苏达湾（Suda Bay）②，也没能在埃及舰队于2月驶离苏达湾前往迈索尼的时候做出任何举动，于是一支装备精良的埃及大军在那里登陆上岸。

---

① 原意是"奴隶"，出自阿拉伯帝国阿拔斯王朝时期的"古拉姆"制度，逐渐在埃及形成了一个独特的军事贵族集团。
② 克里特岛行政中心干尼亚的西北海岸的一个狭长海湾，距干尼亚城约7公里。

希腊起义军迄今为止所遇到的土耳其军队，从头到尾不过是组织涣散、装备低劣之辈。而易卜拉欣的军队则是由法国人一手训练出来，这些法国人曾在拿破仑手下服役，他们调教出来的军队在效率上足以比肩当时的任何一支西方军队。当这支军队无情地穿越半岛进军时，所到之处希腊人的抵抗无一不土崩瓦解。从迈索尼出发，易卜拉欣锋头直指纳瓦里诺；在得到其优良港湾后，他又率军穿过行省的中部和北部；到了科林斯他转而南下进入阿尔戈利斯地区。他沿途经过的每一个地方，无论城镇和村庄都被有系统地烧毁，田地也被破坏。所有人，除了那些能够逃进深山里的和一小部分被认为是有价值的囚犯之外，都被屠杀。到9月这支军队已经到达了斯巴达谷地。

易卜拉欣的残忍无道在全欧洲激起一片骇怒，并且最终导致大国强权走到一起采取联合行动来拯救希腊人。与此同时，英国政府派出军官汉密尔顿（Hamilton）去截住易卜拉欣并如有可能就安排一次和平的战俘交换。汉密尔顿上尉从纳夫普利翁这个行省中唯一仍在希腊起义军手里的城市出发，希望能在米斯特拉斯找到易卜拉欣。与汉密尔顿同行的是一位名叫斯旺（Swan）的英国牧师。他留下了有关此行所见的记述。当他们进入谷地的时候，离得很远就能看见一股股烟柱从米斯特拉斯腾空而起。他们在9月14日下午晚些时候到达那里时，发现房屋都处于熊熊烈火之中，整座城市已被遗弃，除了一只猫和一只狗以外。破碎的家具器物在街头散落了一地。一些半途与他们结伴的希腊人为他们找到了一栋位于开阔空地还未被火舌吞噬的房子。他们在那里宿营过夜，无时无刻不盼望早点离开找到安全之所。他们得知易卜拉欣已经在下令摧毁米斯特拉斯的那个早晨搬离了这座城市。他们于第二天在通向伊西翁

(Gytheion)的道路上追上了他。易卜拉欣彬彬有礼地接待了他们，但告诉他们说，尽管他也感到那么做没有必要，却还是打算烧毁整个摩里亚。"我不会停止，"他重复道，"直到摩里亚成为一片废墟。"斯旺把他形容为一个粗壮、棕色面孔、相貌粗俗的男人，满脸疤痕，但自有一股杀伐决断的气势。他的副司令官苏莱曼（Suleiman）是一个叛教的法国人，曾是内伊（Ney）①元帅的副官，后来在波旁王朝复辟的时候逃到埃及。斯旺认为他的面貌比他的主子更加粗俗，脸上的麻子有过之而无不及。

9月17日，汉密尔顿一行在返回纳夫普利翁的途中经过米斯特拉斯，它依旧火光弥漫，荒无人烟。

这就是米斯特拉斯的终结。破坏太大了，使得任何修复工作都不值得。在之后的几年里，易卜拉欣的军队再一次横穿半岛完成了他们的毁灭之旅。直到1827年，欧洲的大国——英国、法国和俄国才最终达成一致，采取联合行动为希腊人挽救伯罗奔尼撒。10月20日，在一场更多是出于意外而非精心设计（尽管盟国的海军司令急于求战）而爆发的战斗中，埃及舰队的主力以及之前与其会合的土耳其舰队主力在纳瓦里诺湾被歼灭。

纳瓦里诺海战确保了希腊以一个独立国家之姿崛起。但直到1828年8月，易卜拉欣才不得不带着数目依旧可观的部队从伯罗奔尼撒撤出；一支法国军队在迈松（Maison）将军的领导下试图清理乡间，恢复交通并帮助重建城镇和村庄。不过，米斯特拉斯仍然是一片废墟。

---

① 拿破仑手下的法兰西第一帝国二十六位元帅之一，被称为"勇士中的勇士"。

130　　最终，在 1832 年，希腊王国正式成立。随后，在 1833 年 1 月，它的新国王，巴伐利亚亲王奥托在纳夫普利翁上岸并接管了王国政府。奥托和他的顾问们（大多是卖弄学问的德国人）痴迷于希腊的古典过往，而对其中世纪的历史不屑一顾。米斯特拉斯被摧毁之后，在拉科尼亚设立一个新的行政中心显得十分必要，而当局决心重建斯巴达。新城的建设工程于 1834 年破土动工。很快，被易卜拉欣驱散的米斯特拉斯市民便搬迁到那里居住，将他们在山丘上的旧家弃之不顾，任其继续荒废。只有最远方的郊区，也就是外城区的南面部分，曾被威廉·盖尔称作帕罗瑞亚的地方，存续下来并成为今日为人所知的怡人小镇米斯特拉斯。

尾 声

许多年来,米斯特拉斯的废墟就在那里静静地自生自灭。修女们回到了潘塔纳萨修道院,但除此之外城墙围住的旧城里再无市民居住。来到拉科尼亚的旅行者们都去参观古代斯巴达的遗址,但是这些遗址分布得太过稀疏而无法吸引到很多游客。他们偶尔会一路走到米斯特拉斯并攀爬到城堡遗址处去欣赏壮观的景色。他们与教堂擦身而过。没有人对它们或它们可能包含的内容感兴趣。

凡事都有例外。1842年,一位名叫库绍(Couchaud)的法国建筑师出版了一本关于希腊的拜占庭教堂的书。他在前言中开宗明义地评论道,人们已经开始意识到建筑艺术可以包含除了古风之外的美妙之处。这本书主要关注的是雅典的小教堂,但库绍参观过米斯特拉斯并且对潘塔纳萨的教堂专门研究了一番。他不光画下了整座建筑,还将其建筑细节和装饰细节也包括在内,并且在笔记里称赞了壁画的精美。他似乎没有研究其他教堂中的任何一座,尽管他也为圣狄奥多西教堂绘制了一幅画作,还错误地将其称作圣尼古拉斯教堂。

库绍的传人不多。而直到19世纪末米斯特拉斯的艺术才重见天日并得到重新评价。这主要归功于一位法国学者——加布里埃尔·米勒(Gabriel Millet),他的著作出版于20世纪初期,揭示了这些教堂里壁画的范围和种类。其他学者紧随其后,希腊当局也着手进行急需的保护工作。壁画被清理出来并得到保护，建筑物也被巧妙地修复以确保它们的生存。对于那些了解这一遗址超过半个世纪的人来说，这些行动取得的成果有多让人欢欣鼓舞，未竟的任务就有多让人瞠目结舌。

拜占庭人总是热爱争论，这一喜好也被研究拜占庭的艺术史家们继承。一些人看不起米斯特拉斯的艺术，认为其纵然赏心悦目但未免局限于一省之地；可是他们中的大多数即使面对拜占庭的整体艺术成就也无动于衷。而其他人，在意识到米斯特拉斯是王侯居所，也是学者和艺术家愿意从帝国之都君士坦丁堡欣然前往的首都城市时，更愿意欣赏它的不朽丰碑。对于后者来说，争论的焦点在于佩里布列普托斯和潘塔纳萨的壁画的各自价值所在，而对于另外一些人来说，最好的壁画位于都主教座堂。这些分歧是对米斯特拉斯艺术家们的杰作的致敬。

这座城市已经获得了最伟大的文学赞誉。正是在米斯特拉斯，歌德在他的传世之作《浮士德》的第二部中，让浮士德与特洛伊的海伦相会。歌德从未踏足希腊，他对希腊的了解也不够深入。米斯特拉斯对于他而言不过是斯巴达后院塔吉图斯山后蜿蜒北行的一处荒凉山脊，但他对象征意义的感知把握十足。当世再无他处比这座城市更适合古典世界与中世纪世界的交会，这座中世纪城市与古代斯巴达的遗址比邻，古典学问在这里得到精心保护并被传授给后人。正是这种交会促使文艺复兴产生新学问，也正是在这种交会中米斯特拉斯的哲学家发挥了不可估量的作用。

古城现已无人居住，除了那些仍然居住在潘塔纳萨修道院、维护东正教信仰之永恒传统的善良修女，以及都主教座堂旁的小博物馆中那些乐于助人的守卫和职员。当一个人离开古城墙外的现代小镇，经过为这座古城历史上最英勇的君主——陨落在君士坦丁堡城墙前的皇帝君士坦丁所立的雕像时,他所进入的世界必定充斥着臆造之物。但是,在一些人眼中,历史绝非枯燥无味而又落满灰尘的一堆故纸,对他们来说,想象力提供了一个宏大的选择:无论是武士还是艺术家,落落大方的女士抑或满腹经纶的哲学家,或是在乡间可人之处纵情狂欢的维尔阿杜安领主,或是留着黑须、身着礼袍的专制君主与他们的建筑家和艺术家在讨论如何为这座城市再增添一道荣光,或是伟大的哲学家普勒桑本人正在与自己的学生谈经论道,而克丽奥佩夫人在经过他时从轿子中向他欠身施礼;或是后来的奥斯曼帝国帕夏们坐在王位上颐指气使,对外国游客礼遇有加,而对于基督教臣民则鄙夷不屑;或者仅仅是普普通通的工匠和手艺人,以及前往集市的农民,我们也许仍可以看到他们的后代驱赶着羊群经过崎岖狭窄的街道,他们身后是塔吉图斯山的山峰与峡谷,展现在他们面前的则是斯巴达空谷的壮美无匹。

参考书目

在撰写米斯特拉斯的历史所要依靠的原始资料里，没有一份将这座城市作为其主题，但提及米斯特拉斯或是与其历史相关的材料不计其数。D. Zakythinos 在他于 1932 年出版的《摩里亚的希腊专制君主》（*Le Despotat grec de Morée*）第一卷里提供了极好的参考文献目录，引用了大约 85 份原始叙述性资料、7 份未经编辑的手稿和大约 60 份文集。并非所有材料都与米斯特拉斯本身有关，但这些材料都与伯罗奔尼撒的一段历史相关，而米斯特拉斯在这段历史中是伯罗奔尼撒最重要的中心城市。

伯罗奔尼撒半岛在 13 世纪的历史的主要来源是一部编年史，现存三个版本，可能都来源于已经佚失的原始版本。其中一个版本是用希腊当地方言以打油诗的形式写成的，其中充满了来源于法兰克语的词汇，书名为《摩里亚编年史》（*The Chronicle of Morea*）（该书最好的版本是 P. P. Kalomaros 在 1940 年于雅典出版的）。这一版本讲述的历史事件的跨度至 1292 年。还有一个版本是用古法语写成的《博爱之王征服之书》（*Le Livre de la conqueste de la Princée de l'Amorie*, ed. J. Longnon，巴黎，1911），记叙的时间至 1304 年。另一个版本用阿拉贡语写成，《摩里亚公国征服与年代之书》（*Libro de losfechos et conquistas del Principado dela Morea*, ed. A. Morel-Fatio，日内瓦，1885），叙事的跨度直至 1377 年，但是关于 13 世纪的细节较少。此外还有一个简短的意大利语版本，是希腊语版本的缩减版。这部编年史的所有版本的立场都严重偏向法兰克人而对希腊人多有贬斥。其中的一些细节显然是不正确的，但它还是将当时生活的画面生动活泼地呈现了出来。后来的西方编年史对于伯罗奔尼撒半岛的历史最多不过是略有涉及，尽管有一些史书的记述对于某些事件很重要，比如说 Ramon Muntaner 记述了加泰罗尼亚佣兵团的著作（*Chroniea*, ed. K. Lanz, 斯图加特，1844）。关于亚该亚公国后期历史的资料主要来自那不勒斯安茹王国的档案，以及威尼斯人的编年史和档案。

对于拜占庭编年史家和历史学家而言，伯罗奔尼撒半岛发生的事件在起初至少是次要的。乔治·帕希梅尔（George Pachymer）记录了拜占庭在佩拉戈尼亚战役后收复伯罗奔尼撒部分地区。在 14 世纪，前皇帝约翰·坎塔库泽努斯对于米斯特拉斯有了更多的记述。他曾任命他的一个儿子为那里的专制君主，他在晚年撰写自己的史书时，也曾数次到访米斯特拉斯。他的同时代人，尼基弗鲁斯·格雷戈拉斯在其史书中对米斯特拉斯没有过多记述，尽管此人一直与专制君主曼努埃尔和马修保持通信联系。最后一代拜占庭历史学家提供了更多的信息。确实，在他们所处的时代，米斯特拉斯对于拜占庭世界更为重要。杜卡斯记述的最少。在其他历史学家中，劳尼科斯·卡尔孔迪利斯是一个雅典人，因而关注希腊半岛的事件；克利托布鲁斯（Critobulus）是土耳其人征服的辩护者，也是米斯特拉斯最后一位专制君主德米特里的朋友；而乔治·斯弗兰泽斯将他大部分的工作时间用于服务君士坦丁·帕列奥列格。除了拜占庭历史学家的著作，还有大量的信件和葬礼悼文使这段历史的轮廓更为清晰，比如普勒桑的政论建言书。帕希梅尔、约翰·坎塔库泽努斯和格雷戈拉斯的史书分别于 1835、1828 ~ 1832 和

1829～1855年于波恩以《拜占庭历史文集》(Corpus scriptorum historiae Byzantinae)的形式出版。卡尔孔迪利斯著作的最佳版本由E. Darko（布达佩斯，1922～1927）出版，而杜卡斯、克利托布鲁斯和斯弗兰泽斯的著作的最佳版本由V. Grecu（布加勒斯特，1958、1962和1968）出版。很多较短的资料源自S. Lambros于1912～1930年在雅典出版的《帕列奥列格和伯罗奔尼撒》(Palaeologeia kai Peloponnesiaka)（以希腊语写成），和K. N. Sathas的《希腊中世纪文库》(Bibliotheca graeca medii aevi)（威尼斯/巴黎，1872～1894）。

在第二手资料中，对中世纪时期而言最重要的是D. A. Zakythinos的《摩里亚的希腊专制君主》。这部著作的第一卷论述的是政治历史，于1932年在巴黎出版；第二卷论述的是日常生活和制度体系，于1953年在雅典出版。William Miller的《拉丁人在黎凡特》(The Latins in the Levant, 伦敦, 1908)也价值非凡；《剑桥中世纪史》(Cambridge Medieval History, 1966)中的一个由K. M. Setton编写的章节，即第四卷第一部分的"拉丁人在希腊和爱琴海"极其实用。F. Masai对米斯特拉斯的学术界进行了最完整的研究，他的著作是《普勒桑与米斯特拉斯的柏拉图主义》(Plethon et Ie Platonisme de Mistra, 巴黎, 1956)。从普勒桑的作品中摘录出来表达其政治观点的语句，可以在E. Barker的《拜占庭的社会政治思想》(Social and Political Thought in Byzantium, 牛津, 1957)一书中找到。

关于米斯特拉斯的艺术最基础的著作是G. 米勒的《米斯特拉斯的拜占庭遗迹》(Monuments byzantins de Mistra, 巴黎, 1910)。A. Orlandos的希腊语著作《米斯特拉斯的宫殿和房屋》(Palaces and Houses in Mistra, 雅典, 1937)也很重要。每一部关于拜占庭艺术的现代作品都包含与米斯特拉斯相关的一个章节，尽管作者们对于画作的来源和质量意见并不统一。

米斯特拉斯在土耳其人统治下的历史并不如中世纪时期的资料完整。自 George Finlay 以来还一直未有关于土耳其人统治下的希腊的总体性历史著作，他的著作《奥斯曼帝国和威尼斯统治下的希腊历史》（History of Greece under Othoman and Venetian Domination）于 1856 年在伦敦出版，并且在他的另一部著作《希腊史：公元前 146 至公元 1864》（History of Greece, BC 146 to AD 1864）的最后几卷中再版，后一部著作由 H. F. Tozer 以五卷本的形式编辑出版（Oxford, 1877），这本著作充满了有意思的材料，但其中很多内容过时了且明显带有 Finlay 那怪僻的观点和偏见。William Miller 的《拉丁人的东方论文集》（Essays on the Latin Orient，剑桥，1921）中有两个章节很有用处，主要讲的是土耳其治下的希腊和威尼斯复兴。希腊人本身倾向于忽略他们的这段历史，认为它多少有些不光彩。他们错了，因为正视这段历史反而是在向他们这个种族及其历史传统的坚强不屈和英雄主义致敬。据我所知，现在还没有以希腊语写就、以米斯特拉斯和拉科尼亚为主要内容的原始资料。像《加拉克西季编年史》（Chronicle of Galaxidi）或所谓的《莫奈姆瓦夏的多罗索斯的编年史》（Chronicle of Dorotheus of Monemvasia）这类作品偶尔会略带几笔马尼半岛但从来没有触及米斯特拉斯。我们所能依赖的是威尼斯人的记录，这些记录相当丰富，时间跨度直至 1718 年共和国最终撤离摩里亚。那些有能力深入挖掘奥斯曼帝国档案的学者可能会发掘出更多的信息。至于 18 世纪和 19 世纪初期的历史，最有价值的信息来自那些游历希腊的西方旅行者。我在本书中使用了其中一些人的记述。第一个从个人经历的角度描述米斯特拉斯的英国人是伯纳德·伦道夫，他的作品《摩里亚的现状》(Present State of the Morea) 于 1686 年在牛津出版。在接下来的一个半世纪中，许多英国旅行者出现在希腊，其中不少人的记述由罗伯特·沃波尔牧师 (Rev. Robert Walpole) 以两卷本的形式编辑出版，牧师本人也是一个勤勉的旅行者，这部作品的名字是《有关欧洲和亚洲土耳其的回忆录以及东方各国旅行志》(Memoirs relating to European and Asiatic Turkey and Travels to various Countries of the East, 伦敦，1818 和 1820)。这些记述中有一些提到了米斯特拉斯。然而，最完整的记录来自法国旅行者普克维尔于 1805 年在巴黎出版的作品《摩里亚游记》(Voyage en Morée)。随后是夏多布里昂，尽管比起米斯特拉斯他更关注古代斯巴达的遗迹。我参考了他的作品《希腊游记》(Travels in Greece) 的英文版（由 F. Shoberl 翻译，伦敦，1811）。两位出类拔萃的英国地志学者威廉·盖尔爵士和 W. M. 利克直到他们的伯罗奔尼撒之旅结束了一段时间之后才出版他们的记述。盖尔于 1804~1806 年在那里旅行，直到 1823 年才出版他的著作《摩里亚旅行纪实》(Narrative of a Journey in the Morea)，之前没有出版是因为担心会对希腊革命的支持产生阻碍。利克的《摩里亚游记》(Travels in the Morea) 直到 1830 年才面世，而这本书的增补本《伯罗奔尼撒》(Peloponnesiaca) 则出版于 1840 年。这两部作品对米斯特拉斯的描述都相当简要；考德威尔 (Caldwell) 的 William Mure 在他的作品《希腊旅行日志》(Journal of a Tour in Greece, 伦敦，1842) 中也是如此。他在新斯巴达城创立之后参观了米斯特拉斯。在关于希腊独立战争的海量文献中，唯一一部述及米斯特拉斯的作品是 C. 斯旺牧师的《东地中海游记》(Voyage *to the Eastern Mediterranean*，伦敦，1826），我引用了他在这部作品中关于易卜拉欣帕夏烧毁这座城市的描述。

关于米斯特拉斯的较短小的描述性作品还有：Marie Sotiriou 的《米斯特拉斯：一座死城》(*Mistra, une ville morte*，雅典，1965)；Manolis Chadzidakis 的《米斯特拉斯：历史、遗迹、艺术》(*Mistra, History, Monuments, Art*，以希腊语写成，雅典，1956)，他本人曾从事遗迹的保护工作；Panyotis Kanellopoulos 的《米斯特拉斯：拜占庭的庞贝城》(*Mistra, das byzantinische Pompeji*，慕尼黑，1962)。苏联历史学家 I. P. Medvedev 曾就中世纪的米斯特拉斯历史写了一部《米斯特拉斯》(*Mistra*，以俄语写成，莫斯科，1973)。

由 Nikos V. Georgiades 写成、Brian de Jongh 翻译的一本短小精悍的指南可以在米斯特拉斯遗址所在处买到。De Jongh 的精彩作品《南希腊伴游指南》(*Companion Guide to Southern Greece*，伦敦，1972) 对于遗迹的描述实属上佳。

谱系表

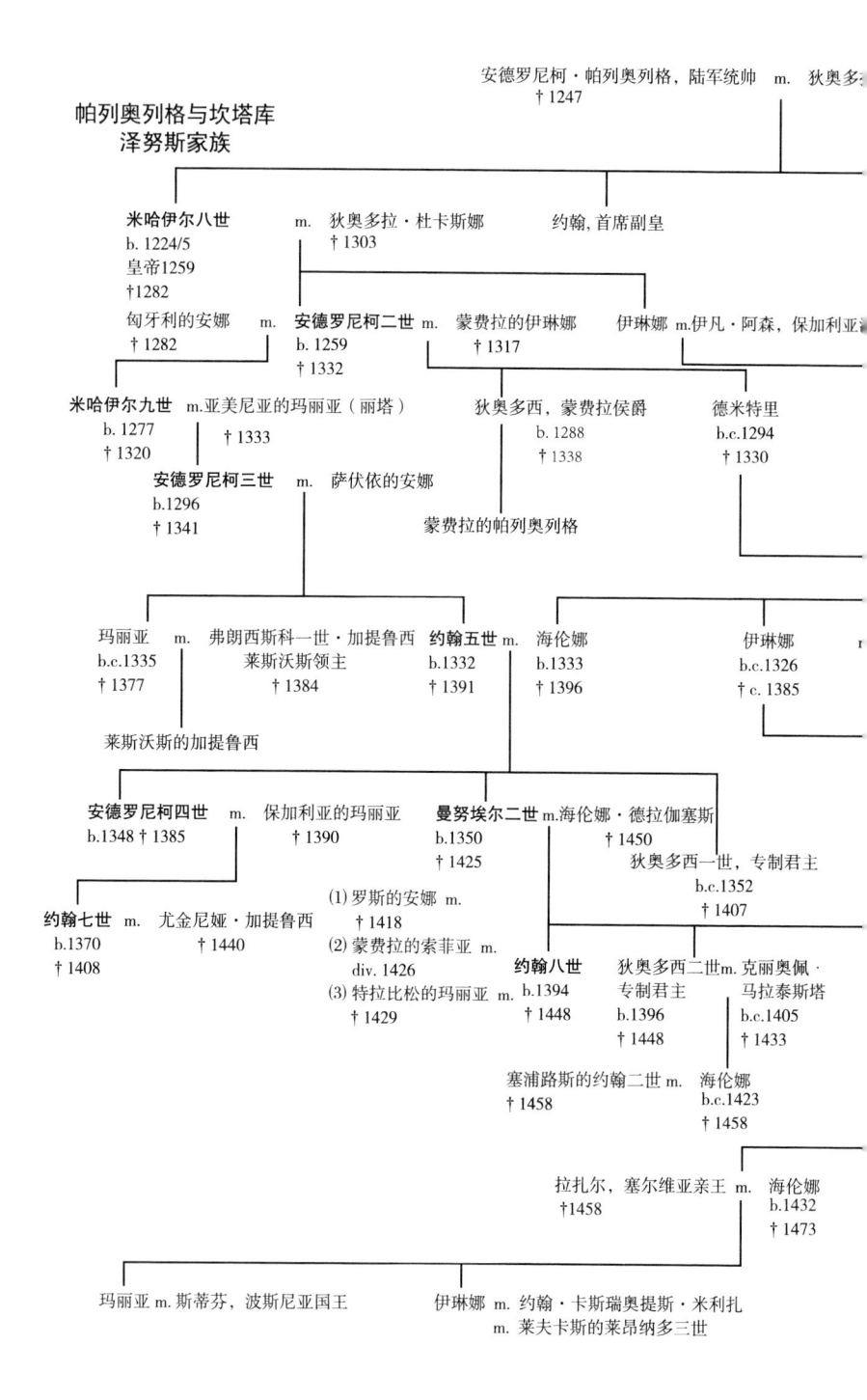

帕列奥列格与坎塔库泽努斯家族

- 安德罗尼柯·帕列奥列格,陆军统帅 m. 狄奥多拉
  † 1247

- 米哈伊尔八世
  b. 1224/5
  皇帝1259
  † 1282
  m. 狄奥多拉·杜卡斯娜
  † 1303

- 约翰,首席副皇

- 匈牙利的安娜 m. 安德罗尼柯二世 m. 蒙费拉的伊琳娜   伊琳娜 m. 伊凡·阿森,保加利亚
  † 1282   b. 1259   † 1317
                      † 1332

- 米哈伊尔九世 m. 亚美尼亚的玛丽亚(丽塔)   狄奥多西,蒙费拉侯爵   德米特里
  b. 1277   † 1333   b. 1288   b.c.1294
  † 1320   † 1338   † 1330

- 安德罗尼柯三世 m. 萨伏依的安娜
  b.1296
  † 1341

- 蒙费拉的帕列奥列格

- 玛丽亚 m. 弗朗西斯科一世·加提鲁西   约翰五世   海伦娜   伊琳娜
  b.c.1335   莱斯沃斯领主   b.1332   b.1333   b.c.1326
  † 1377   † 1384   † 1391   † 1396   † c. 1385

- 莱斯沃斯的加提鲁西

- 安德罗尼柯四世 m. 保加利亚的玛丽亚   曼努埃尔二世 m. 海伦娜·德拉伽塞斯
  b.1348 † 1385   † 1390   b.1350   † 1450
                                       † 1425

  - 狄奥多西一世,专制君主
    b.c.1352
    † 1407

- 约翰七世   尤金尼娅·加提鲁西
  b.1370   † 1440
  † 1408

  (1) 罗斯的安娜 m.
      † 1418
  (2) 蒙费拉的索菲亚 m.
      div. 1426
  (3) 特拉比松的玛丽亚
      † 1429

- 约翰八世   狄奥多西二世 m. 克丽奥佩· 马拉泰斯塔
  b.1394   专制君主   b.c.1405
  † 1448   b.1396   † 1433
            † 1448

- 塞浦路斯的约翰二世 m. 海伦娜
  † 1458   b.c.1423
                          † 1458

- 拉扎尔,塞尔维亚亲王 m. 海伦娜
  †1458   b.1432
                           † 1473

- 玛丽亚 m. 斯蒂芬,波斯尼亚国王   伊琳娜 m. 约翰·卡斯瑞奥提斯·米利扎
                                        m. 莱夫卡斯的莱昂纳多三世

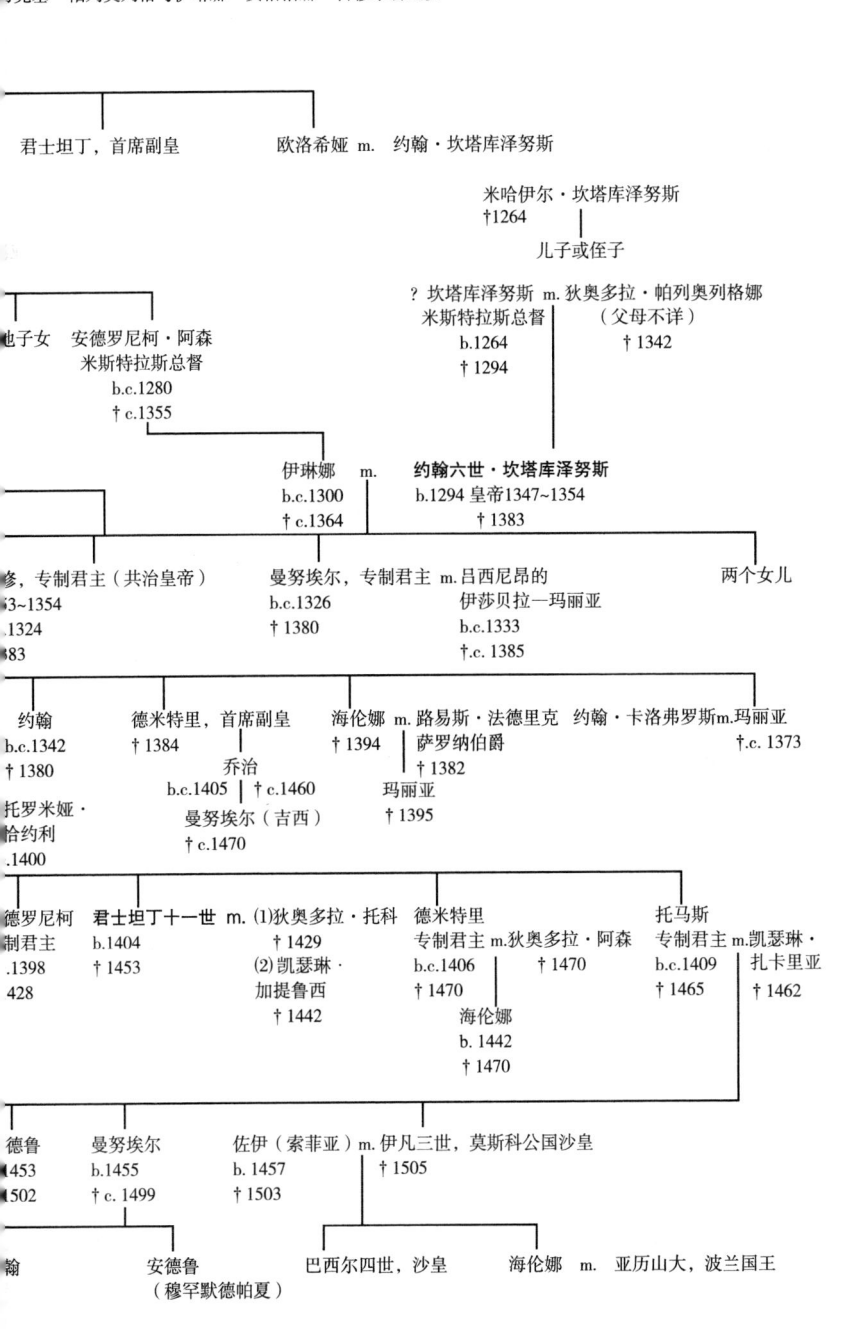

阿列克塞·帕列奥列格与伊琳娜·安格洛娜·科穆宁娜之女

君士坦丁，首席副皇　　　欧洛希娅 m. 约翰·坎塔库泽努斯

米哈伊尔·坎塔库泽努斯
†1264

儿子或侄子

独子女　　安德罗尼柯·阿森　　　？坎塔库泽努斯 m. 狄奥多拉·帕列奥列格娜
　　　　　米斯特拉斯总督　　　　米斯特拉斯总督　　　（父母不详）
　　　　　b.c.1280　　　　　　　b.1264　　　　　　　†1342
　　　　　†c.1355　　　　　　　†1294

伊琳娜　　m.　约翰六世·坎塔库泽努斯
b.c.1300　　　　b.1294 皇帝1347~1354
†c.1364　　　　†1383

参，专制君主（共治皇帝）　曼努埃尔，专制君主 m.吕西尼昂的　　　　　两个女儿
3~1354　　　　　　　　b.c.1326　　　　　伊莎贝拉—玛丽亚
1324　　　　　　　　　†1380　　　　　　b.c.1333
83　　　　　　　　　　　　　　　　　　　†c.1385

约翰　　德米特里，首席副皇　海伦娜 m.路易斯·法德里克　约翰·卡洛弗罗斯m.玛丽亚
b.c.1342　†1384　　　　　†1394　　萨罗纳伯爵　　　　†1382　　　　　†c.1373
†1380　　　　乔治　　　　　　　　　　　　　玛丽亚
托罗米娅·　b.c.1405 †c.1460　　　　　　　　　†1395
哈约利　　　曼努埃尔（吉西）
.1400　　　　†c.1470

德罗尼柯　君士坦丁十一世 m.(1)狄奥多拉·托科　德米特里　　　　　　托马斯
制君主　　　b.1404　　　　†1429　　　　专制君主 m.狄奥多拉·阿森　专制君主 m.凯瑟琳·
.1398　　　†1453　　(2)凯瑟琳·　　　b.c.1406　　†1470　　b.1409　　扎卡里亚
428　　　　　　　　加提鲁西　　　　†1470　　　　　　　†1465　　　　†1462
　　　　　　　　　†1442　　　　　　海伦娜
　　　　　　　　　　　　　　　　　　b.1442
　　　　　　　　　　　　　　　　　　†1470

德鲁　　曼努埃尔　佐伊（索菲亚）m.伊凡三世，莫斯科公国沙皇
453　　b.1455　　b.1457　　　　†1505
502　　†c.1499　　†1503

翰　　安德鲁　　　　巴西尔四世，沙皇　　海伦娜 m. 亚历山大，波兰国王
　　（穆罕默德帕夏）

索　引

（索引中的页码为本书页边码）

注意：索引中省略了文中频繁出现的人和地名。

Acciajuoli, Antonio, lord of Thebes, 57, 68; Bartolomea, Despoena, 56–9, 61, 63; Francesca, Duchess of Cephallonia, 57–8; Nerio I, Duke of Athens, 45, 55–57; Nerio II, Duke of Athens, 74, 75; Niccolo, banker, 45, 55
Acominatus, Michael, Archbishop of Athens, 16
Acrocorinth, 16–17, 18, 19, 22, 23, 58, 80–1, 111
Adrianople, 50, 84, 98
Aegean Sea and archipelago, 28, 31, 39, 46, 48, 109, 112, 117, 119
Aegina, 112
Agia Lavra, monastery, 127
Agnes, of France, Empress, 30; Princess of Achaea, 28, 29
Ahmet Bey, Turkish general, 79
Aigion, see Vostitsa
Akova, 47
Alaric, King of the Visigoths, 11
Albania, Albanians, 33, 74, 76, 78, 79, 108, 110, 128–30, 121, 128
Alexius II, Emperor, 30; Angelus, Emperor, 16, 22; V, Murzuphlus, 16
Alfonso I, King of Naples, 82
Ali Pasha of Yannina, 125, 127
Amasea, 63
Amiroutzes, George, philosopher, 104
Amyclae, 89, 124
Anchialos, 68
Andravida, 18, 20, 21, 37
Andrew, St, 91; governor of Mistra, 52
Andronicus I, Comnenus, Emperor; 30; II, Palaeologus, Emperor, 39, 47, 48, 88, 89; III, Palaeologus, Emperor, 48; IV, Palaeologus, Emperor, 52, 54–5, 102
Angelus dynasty, 14, 32, 34; members, Anna, Princess of Achaea, 33, 34; Eudocia, wife of Sgouros, 16; Helena, Queen of Sicily, 33; John, Prince of Epirus, 33; Michael I, Despot of Epirus, 16–17, 19; Michael II, Despot of Epirus, 32–3; Theodore, Prince of Epirus, 22–3
See Alexius
Ankara, Battle of, 60
Anna, of Savoy, Empress-Regent, 48; of Russia, Empress, 65
Aragon, Queen of (Constance), 43
Arakhova, 19
Arcadia, province, 37, 47, 57, 59, 67, 74, 78, 80, 83, 120
Argos 13, 15, 21, 23, 31, 34, 45, 56–59, 64, 70, 88–9, 108
Aristotle, Aristotelianism, 98, 102
Arkadia (Kyparissia), castle and lordship, 18, 19, 20, 71–2
Armenia, Armenians, 12, 49, 52
Asen, Andrew, 51; Andronicus Palaeologus, governor of Mistra, 47–9, 88, 93; Matthew, 79, 80–1, 82, 84; Michael, 51: Theodora, Despoena, 79, 82, 84, 101
Athena, goddess, 11
Athens, 10, 11, 12, 16, 23, 29, 31, 45, 47, 54, 57, 74, 99, 111–2, 127, 131
Athos, Mount, 37, 102
Austria, 111, 116, 125, 126
See Habsburg Empire
Avars, 12
Averrhoes, philosopher, 98
Aydin, 48

Badoer, Federigo, Venetian general, 116
Baldaja, Lope de, pirate, 85
Baldwin I, of Flanders, Latin Emperor, 15, 16, 22; II, of Courtenay, Latin Emperor, 28, 32, 39, 42

Basil II, Emperor, 14
Bayazet I, Ottoman Sultan, 57–8, 60
Benevento, Battle of, 39
Bessarion, Cardinal, 81, 102, 103
Bologna, 104
Boniface of Montferrat, King of Thessalonica, 15–16, 18, 22
Bosnia, 84
Boudenitsa, 28
Bourbon, Maria of, 50
Branas, Theodore, 30
Branković, George, Prince of Serbia, 74–5; Lazar III, Prince of Serbia, 84
Brue, M., French interpreter, 115
Bruyères, Geoffrey of, 31–2, 34–5
Bulgaria, Bulgarians, 13, 22, 28, 32, 47, 126
Burgundy, Dukes of, 44, 75; Louis of, 44
Butrinto, 116
Byron, Lord, 121, 122, 127

Calabria, 121; Duke of, 82
Camariotes, Matthew, scholar, 102, 103
Cantacuzene family, 46; Cantacuzenus, Cantacuzene, Demetrius, Sebastocrator, 51, 52–3, 55; Demetrius (Ghin), 79–80; Helena, Countess of Salona, 50, 60; John, son of Matthew, 50; John, general, 75; Manuel, Despot, 49–50, 90, 91, 101; Maria, 51; Matthew, sometime Emperor, 50–3, 97; Michael, general, 37–8, 46; (Matthew?), governor of Mistra, 46–47
Carceri, Carintana dalle, 30–31
Carlovitz, Treaty of, 112
Castriota, see Scanderbeg
Catalans, 69, 80; Catalan Company, 45, 47, 48, 49
Catherine II, Empress of Russia, 117–19, 125; of

索 引 / 197

Valois, titular Empress, 44–5
Cephallonia, 29, 44, 57, 58, 83
Cesarini, Cardinal, 74–5, 104
Chalcocondylas, Laonicus, historian, 76
Chamaterus, John, 14; Leo, 14, 16–17, 19, 21; Michael, 14
Champagne, 17, 18, 21
Champlitte, Hugh of, 20; Robert of, 20; William of, Prince of Achaea, 18–20
Charles I, of Anjou, King of Sicily, 39–43; II, King of Sicily, 43–4
Chateaubriand, Vicomte de, 121, 132–4
Cheilas, Nicephorus, scholar, 103
Chios, 39, 45, 118
Chlemoutsi, 38, 43
Chrysoloras, Manuel, scholar, 64
Clarenza, 68, 69, 70, 76, 78
Clement IV, Pope, 39
Conradin of Hohenstaufen, King of Germany, 39
Constance, Council of, 64
Constantine I, the Great, Emperor, 11; VII, 13–14; XI, Dragases, 62, 66–8, 83–7, 99, 132
Corfu, 33, 83, 106, 116
Corinth, 13, 15, 18, 21, 31, 37, 56, 57, 58, 59, 60, 63, 70, 78, 80, 106, 105, 128; Archbishop of, 113; Gulf of, 17, 36, 60; Isthmus of, 11, 16, 19, 57, 63, 64, 67, 70, 75, 115, 127
Cornaro, Venetian governor, 113
Corone, 18, 20, 23, 45, 59, 64, 70, 83, 85, 127
Coronelli, M., geographer, 114–5
Cos, 39
Couchaud, A., architect, 131
Crete, 85, 111, 112, 128
Cumans, 33
Cydones, Demetrius, scholar, 52
Cyprus, 31, 49, 52, 66, 71
Cyriacus of Ancona, antiquarian, 76, 104

DE LA SALLE, French soldier, 115
Demona, 12
Didymoticon, 84
Dokeianos, John, scholar, 103
Doxipatras, lord of Araklovon, 19
Dragas, Serbian prince, 62
Drama, Pasha of, 127
Ducas, historian, 65
Dulcigno, 121
Duras, General, 121
Dyrrhachium, 17

ECHINADES ISLANDS 68
Egypt, 121, 128
Elis, province, 18, 44
Elisaeus, Jewish scholar, 98
Elphinston, John, Russian admiral, 117
Enghien, Maria of, 56
Enos, 84
Epirus, 16, 17, 32, 68, 112, 124
Euboea, 28, 30–31, 42, 112
Eugenicus, John, scholar, 103; Mark, Archbishop of Ephesus, 103
Eugenius IV, Pope, 74
Eurotas, River, 9, 11, 21, 48, 90, 122
Evrenos Bey, 57, 59
Ezerites, Slav tribe, 13

Faust, 132
Ferdinand, King of Spain, 84; Infant of Majorca, 44
Ferrara, Council of, 71, 104
Ficino, Marsiglio, scholar, 104
Filelfo, Francesco, scholar, 104
Flanders, 15
Florence, Council of, 71, 74, 104
Fourment, Abbé, 120–1, 123

GARDIKI, 38, 50, 83
Gattilusi family, Lords of Lesbos, 71; Catherine, 71–2
Gell, Sir William, 124, 136
Gennadius, George Scholarius, Patriarch of Constantinople, 101–2, 104
Genoa, Genoese, 45, 54
George of Trebizond, Scholar, 102
Geraki, 21, 36
Germanus, Metropolitan of Patras, 142–3
Ghisi, Bartolomeo, 47
Gilopoulos, Syryannis, 50
Giraud, Jean, traveller, 110
Goethe, 132
Gonzaga, Charles, later Duke of Mantua, 109–10
Graitzas, Constantine Palaeologus, 83
Gregoras, Nicephorus, historian, 52
Gregory X, Pope, 40–41; XI, Pope, 50
Grieg, Sir Samuel, Russian admiral, 117
Guillet (Le Guilletière), Georges, traveller, 120
Gytheion, 129

HABSBURG EMPIRE, 111, 115. See Austria
Hainault, Florent of, Prince of Achaea, 44; Matilda of, 44–5
Hamilton, Captain, 129
Hassan, Kapitan-Pasha, 119–20
Hawkins, John, traveller, 124

Hedwig of Bavaria, Duchess of Swabia, 13
Helen, of Troy, 9, 11, 123, 132
Helena, Cantacuzene, Empress, 52, 54; Dragases, Empress, 62, 68, 77, 78
Henry of Flanders, Latin Emperor, 22
Hercules, 11
Hermonymus, Charitonymus, scholar, 103
Hexamilion, wall, 58, 64, 67, 74–6, 79, 80, 91
Hohenstaufen family, 39
Hospitaller, Knights, 23, 45, 55, 59–61
Hungary, Hungarians, 58, 67, 74–5, 80
Hunyadi, later King of Hungary, 74–5

IAGRUS, Manuel Palaeologus, 77
Ibrahim Pasha, 128–9, 130
Imbros, 84
Ionian Islands, 68, 116, 121
Irene, the Athenian, Empress, 12
Isaac II, Angelus, Emperor, 16
Isabella the Catholic, Queen of Spain, 84
Isidore of Monemvasia, Cardinal, 103
Ivan III, Tsar of Muscovy, 92; IV, the Terrible, 84

JAMES, infant of Majorca, 44
Janissary Corps, 107–8
Jerusalem, 28; Patriarchate of, 114
Jewish colony in Mistra, 93, 106, 109, 122–3
Joanna I, Queen of Naples, 45, 50, 55
John II, King of Cyprus, 66, 84; of Naples, Count of Gravina, 45
John III, Vatatzes, Emperor, 37; V, Palaeologus, Emperor, 48, 50–2; VI, Cantacuzenus, Emperor, 47–8, 50–3, 54, 94; VII, Palaeologus, Emperor, 55; VIII, Palaeologus, Emperor, 62–3, 64–5, 67, 68, 70, 75, 77, 102, 104
John Sobieski, King of Poland, 123
Julian the Apostate, Emperor, 102
Juvenal, heretic, 102

KALAMATA 18, 19, 20, 30, 63, 78, 81, 114
Kalavryta, 37, 59, 69, 70, 78, 88, 127
Karditsa, 83
Karydi, 31
Karytaina, 34, 47, 78
Kastritsa, 82
Katavolenos, Thomas, secretary, 82

Kavakes, Demetrius Raoul, scholar, 102
Kisterna, 36
Königsmarck, Count, Venetian general, 111
Köprülü, Ahmed, Grand Vizier, 110; Mustafi, Grand Vizier, 114
Korais, Adamantios, 125
Kossovo, Battle of, 57
Koundoura, 19
Kutchuk Kainardji, Treaty of, 119
Kyparissia, see Arkadia

LAGONESSA, Philip of, bailli of Achaea, 42
Lambardis, Ananias, Metropolitan of Lacedemonia, 117, 118
Lampoudius, rebel, 50-1
Langada pass, 30
Larissa, in Thessaly, 16; citadel of Argos, 23, 58
La Roche, Guy I of, Duke of Athens, 31-2, 34-5, 37, 44; Otho I of, lord of Athens, 23, 29; William of, lord of Veligosti, 3 1-2
Lascarid dynasty, 37
Lascaris family, in Peloponnese, 92, 109
La Trémouille, Guy of, bailli of Achaea, 42, 43
Leake, W. M., geographer, 124
Leghorn, 121
Lemnos, 50, 84
Leontarion, 58, 59, 74, 106
Leontarios, admiral, 68
Leontius of Achaea, St, 48
Les Baux, James of, claimant to Achaea, 45, 55
Lesbos, 39, 71
Licario, admiral, 42
Linz, 111
Lluria, Roger de, the elder, 48; the younger, 49
Lombardy, Lombards, 16, 30, 42
Louis IX, St, King of France, 31, 34, 39; XIV, King of France, 120
Loukanis, Nicephorus, 79-80
Luke, Metropolitan of Sougdaia, 89
Lusignan, Guy of, later King of Armenia, 49; Hugh of, Prince of Galilee, 50; Isabella-Maria of, Despoena, 49, 52
Lycurgus, 9, 11, 52, 99
Lyons, Council of, 37, 41, 42

MACEDONIA, 32, 43, 52, 57
Macrenos, general, 38
Maina, 30, 34-5, 36, 46, 48, 80; Bishop of, 109
Maison, French general, 129
Majorca, 44, 45
Makriplagi Pass, 38

Malatesta family, 64-5; Battista, of Montefeltro, 65-6; Cleope, Despoena, 65-6, 70, 109-10, 132; Malatesta, lord of Pesaro, 65-6; Pandolfo, Archbishop of Patras, 66, 69; Sigismondo Pandolfo, general, 105, 108
Mamonas family, 55, 57
Manfred of Hohenstaufen, King of Sicily, 32-4, 39, 43
Mani, Maniots 12, 13, 21, 30, 68, 78, 85, 109-10, 117-18, 124, 126, 127
Manolada, Battle of, 44
Mantinea, 81
Mantua, 66, 81, 109
Manuel I, Comnenus, Emperor, 16; II, Palaeologus, Emperor, 52, 54, 55, 57, 59-61, 62-7, 71, 91, 98, 100, 102
Margaret of Hungary, Empress, 16
Maria, daughter of Doxipatras, 19
Martin IV, Pope, 42; V, Pope, 64, 65-6
Matapan, Cape, 30
Mavromikhaili, Maniot chieftain, 118
Medici, Cosmo de, 104
Megara, 31, 49, 56, 58
Mehmet I, Ottoman Sultan, 63, 67; II, the Conqueror, Ottoman Sultan, 79, 78-85
Mehmet Ali, Pasha of Egypt, 128
Menelaus, King of Sparta, 9, 123
Mesemvria, 68
Messenia, 18, 20, 68, 78, 81
Messina, 42
Methone, 17-18, 20, 23, 45, 59, 64, 66, 72, 83, 84-5, 106, 127, 128
Miaoulis, Greek admiral, 116
Michael VIII, Palaeologus, Emperor, 33-4, 39-43, 54; IX, Emperor, 89n; Metropolitan of Patras, 97
Milengi, Slav tribe, 13, 21, 30, 37
Millet, Gabriel, 131
Minos, King of Crete, 101
Minotto, Venetian general, 115
Missolonghi, 127
Mistra, buildings in, Brontochion Church, 61, 89; Hodeghetria Church (Afthendio), 88, 93, 94; Lascaris mansion, 92; Metropolitan Church (St Demetrius), 77, 89, 90, 93, 122, 124, 132; Monemvasia Gate, 92; Nauplia Gate, 92-3; Palace of the Despots, 85, 87, 89, 90-2, 106, 123; Palataki, 91-2; Pantanassa Church,
87, 93, 95-6, 122, 131, 132; Peribleptos Church, 95, 122, 132; Phrangopoulos mansion, 92, 93; St Christopher Church, 92, 93; St Sophia Church, 77, 90, 93, 95, 106; Sts Theodore Church, 88, 93, 94
Moldavia, 126
Monastir, 33
Monemvasia, 12, 14, 21, 23, 29-30, 34-5, 36-7, 40, 46, 48, 55, 57, 59-60, 80-1, 82-3, 85, 87-8, 108, 111, 113, 116
Montenegro, 115
Montferrat family, 15, 65. See Boniface, Sophia
Morosini, Francesco, Venetian general, 110, 111-12
Morritt, J. B. S., traveller, 124, 127
Moschopoulos, Aaron, 89; Nicephorus, Metropolitan of Crete, 89-90, 94-5, 97
Moschus, John, scholar, 103
Mouchli, 55

NAPLES, 42, 44
Napoleon I, Emperor of the French, 121, 123, 125, 128
Naupaktos, 84
Nauplia, 15, 17, 18, 21, 23, 34, 45, 56, 64, 79, 85, 106, 108, 111, 113, 115, 116, 120, 127, 129, 130
Navarino, Bay of, 121, 127; Battle of, 129
Navarrese Company, 45, 55, 57-8, 68, 69
Neocastron, 79
Nevers, Duchy of, 109
Ney, French Marshal, 129
Nicaea, 22, 32, 34
Nicephorus I, Emperor, 12
Nicholas III, Pope, 42
Nicopolis, Battle of, 58
Nikli, 19, 21, 31, 34-5, 37
Nikon, 'Metanoeite', 13
Nilus, Metropolitan, 89
Nivelet, John of, 36
Numa, King of Rome, 101

OFFIDA, Luca de, Augustinian, 64
Oises, Manuel Raoul, 102
Olympia, 121
Omar Bey, son of Turdkhan, 79, 80, 81-2
Orloff, Alexis, Russian general, 117-18; Fyodor, 117-18
Otho I, Western Emperor, 13
Otho, King of Greece, 130

PACHOMIUS, Abbot, 88, 89-90, 94-5, 97
Pachymer, historian, 89
Padua, University of, 107, 112, 116
Palaeologus family, 33, 34, 54, 65, 109; Andronicus,

索 引 / 199

Despot, 62, 63, 67, 68; Andronicus, son of Thomas, 83; Constantine, Sebastocrator, 37–8; Constantine, grandson of Thomas, 84; Demetrius, Despot, 62, 71, 77, 78–84; Manuel, son of Thomas, 83; Manuel, general, 84; Theodore I, Despot, 52–62, 98, 103; Theodore II, Despot, 62–3, 65–72, 73, 76, 84, 93, 98, 99, 100; Thomas, Despot, 62, 68–71, 74–7, 78–84. (Palaeologaena) Eulogia, sister of Michael VIII, 38, 41; Helena, Queen of Cyprus, 66, 71, 84; Helena, Queen of Bosnia, 84; Helena, daughter of Demetrius, 82, 84; Irene, Despoena, 52; Zoe (Sophia), Tsaritsa of Muscovy, 91–2. See Andronicus, John, Manuel, Michael, Emperors
Palermo, 43
Palestine, 17
Parnon mountains, 9–10, 13, 82
Passarovitz, Treaty of, 116
Passava, 21, 30
Patras, 12, 18, 69, 76, 78, 80, 81, 83, 106, 109, 115, 117, 120; Archbishop of, 23, 45, 66, 69; (Orthodox), 89, 114, 126–7; Gulf of, 68
Pavia, 65
Pelagonia, Battle of, 33–4, 43
Peta, Battle of, 127
Peter I, King of Cyprus, 52
Petrobua family, 50
Philanthropenus, Alexius Lascaris, 77
Philes, general, 38; Manuel, scholar, 89
Philip, titular Latin Emperor, 42; of Anjou, Prince of Naples, 40, 41; Prince of Savoy, 44; of Taranto, Prince of Naples, 44
Phocas, Emperor, 12
Phocis, 75
Phrangopoulos family, 50, 92, 94, 106; Manuel, 62–3
Phrantzes, see Sphrantzes
Pindus mountains, 15, 75
Pius II, Pope, 81, 82, 83, 85
Planudes, Maximus, scholar, 93
Plato, Platonism, 98–102
Plethon, George Gemistus, 66, 98–105, 108, 132; sons, 99
Plotinus, 104
Poland, 84, 111, 115, 117, 123
Porto Longo, 83
Pouqeville, F. C. H. L., French traveller, 100, 121–3, 127
Procida, John of, 42–3
Pruth, River, 126
Pylos, Bay of, 23

Pythagoras, 101

RAGUSA 80
Randolph, Bernard, traveller, 109, 110
Raoul family, 106; Demetrius, 58
Ravenika, 22–3
Rhegas, poet, 125
Rhodes, 59
Ricaut, Sir Paul, 117
Robert of Taranto, Prince of Naples, 45, 49
Roger II, King of Sicily, 14
Romanus II, Emperor, 13–14
Ronsard, Pierre de, 103
Russia, 103, 115, 117, 123, 124–6, 129

ST GEORGE, castle, 47
St Omer, Nicholas II of, lord of Thebes, 43–4
St Petersburg, 125
Salmenikon, 83
Salona, 51, 60
Samos, 39
Samothrace, 84
Sanseverino, Francis of, bailli of Achaea, 50
San Superan, Peter of, Prince of Achaea, 45, 57, 58
Savoy, 44; Count of, 55
Scanderbeg, George Castriota, 74–5, 84
Scholarius, see Gennadius
Sclerus, Leo, 12
Selassia, 9
Selymbria, 71–2, 77
Senacherim, lord of Epirus, 17
Serbia, Serbs, 33, 57, 74, 83
Serres, 57, 62
Sforza family, 65; Bianca Maria, Duchess of Milan, 82
Sgouros, Leo, 15–17, 19, 21–2
Sibthorpe, John, traveller, 124
Sicily, 12, 14, 39, 42–3
Siderokastro, 79
Sigismund, King of Hungary, 58
Sikyon, 76, 78
Smyrna, 116
Sophia, Palaeologaena, of Montferrat, Empress, 65
Sophianus, Demetrius, ambassador, 58
Sougdaia, 89
Sphrantzes, family, 50; George, historian, 69, 70, 72, 77, 84
Spon, Dr Jacob, French traveller, 110–11, 120
Suda Bay, 128
Suleiman I, Sultan, 62–3; Turkish general, 129
Swan, Rev. Charles, 129

TAGLIACOZZO, Battle of, 39
Tarchaniotes, Michael Marullus, scholar, 103
Taygetus mountains, 9–10, 12, 19, 21, 30, 44, 46, 132, 133
Tegea, 9, 81

Templar Knights, 23
Tenos, 112, 115
Teutonic Knights, 23, 47
Thasos, 84
Thebes, 16, 23, 31, 44, 74
Theodore I, Lascaris, Emperor, 22
Theodosius, Metropolitan of Lacedemonia, 88
Theophano, Empress, 13–14
Therapne, 9, 11
Thermopylae, Pass of, 16, 28–9
Thessalonica, 15, 16, 22, 52, 62, 63, 67, 68, 97
Thessaly, 16, 22, 47, 57, 59
Thrace, 15, 32, 52, 83, 84
Timur (Tamurlane), Sultan, 60
Tocco, Carlo, Duke of Cephallonia, 57, 68; Theodora (Magdalena), Despoena, 68–9, 70
Toucy, Anselin of, 38; Narjaud of, 30
Tournay, Otho of, lord of Kalavryta, 37
Traianoupolis, Metropolitan of, 89
Trebizond, 22, 65, 94–5, 97, 104, 126
Tripoli, in Libya, 121
Tripolis, Tripolitza, 9, 119–22, 126, 127
Turakhan Bey, Ottoman general, 67, 76, 78, 79
Tzakones, tribe, 13, 21, 30

UMUR, Empire of Aydin, 48

VARDOUNOKHORIA, 10
Varna, Battle of, 75
Veligosti, 19, 21, 31, 37
Vernon, Francis, traveller, 110
Veroli, Leonard of, chancellor of Achaea, 39
Vienna, 125
Villehardouin, 17–18, 132; Isabella of, Princess of Achaea, 39–40, 41, 44; Geoffrey I of, Prince of Achaea, 17–27, 28; Geoffrey II of, Prince of Achaea, 20, 28–9; Margaret of, 40, 44; William of, Marshal, 17; William of, Prince of Achaea, 20, 29, 35, 36–7, 41
Visigoths, 11
Viterbo, 39, 41–2
Vitrinitsa, 75
Vitylo (Oitylo), 117–18
Vlachs, 13, 75
Vladimirescu, Tudor, Wallachian patriot, 126
Vladislav, King of Hungary, 74–5
Voltaire, 118, 119
Vostitsa, (Aigion), 36, 68, 76, 81, 83

WALLACHIANS, 126
Wheler, Sir George, 110–11

YAKUB PASHA, Ottoman general, 58–9
Yannina, 122, 125, 127
Ypsilanti, Alexander, 126; Demetrius, 126

ZACCARIA, Catherine, Despoena, 69, 70; Centurione, Prince of Achaea, 45, 63–4, 68, 69; John Asan Centurione, 79–80
Zaccarione, Maria, Princess of Achaea, 45

Zaganos Pasha, Ottoman general, 83
Zante, 121
Zeno, Venetian admiral, 48
Zenta, Battle of, 112
Zoroaster, 98, 101

图书在版编目(CIP)数据

拜占庭的失落之城:米斯特拉斯与伯罗奔尼撒的历史 / (英)斯蒂文·朗西曼(Steven Runciman)著;谭琦译. -- 北京:社会科学文献出版社,2020.9
书名原文:The Lost Capital of Byzantium: The History of Mistra and the Peloponnese
ISBN 978 - 7 - 5201 - 6311 - 8

Ⅰ.①拜… Ⅱ.①斯… ②谭… Ⅲ.①拜占庭帝国 - 历史 Ⅳ.①K134

中国版本图书馆 CIP 数据核字(2020)第 028819 号

拜占庭的失落之城:米斯特拉斯与伯罗奔尼撒的历史

著　　者 / 〔英〕斯蒂文·朗西曼(Steven Runciman)
译　　者 / 谭　琦

出 版 人 / 谢寿光
组稿编辑 / 董风云
责任编辑 / 钱家音

出　　版 / 社会科学文献出版社·甲骨文工作室(分社)(010)59366527
　　　　　 地址:北京市北三环中路甲29号院华龙大厦　邮编:100029
　　　　　 网址:www.ssap.com.cn
发　　行 / 市场营销中心(010)59367081　59367083
印　　装 / 三河市东方印刷有限公司

规　　格 / 开　本:889mm × 1194mm　1/32
　　　　　 印　张:7.25　插　页:0.75　字　数:150 千字
版　　次 / 2020 年 9 月第 1 版　2020 年 9 月第 1 次印刷
书　　号 / ISBN 978 - 7 - 5201 - 6311 - 8
著作权合同登记号 / 图字 01 - 2016 - 4731 号
定　　价 / 52.00 元

本书如有印装质量问题,请与读者服务中心(010 - 59367028)联系

▲ 版权所有 翻印必究